民國文化與文學^{研究}文叢

四編：南京大學特輯

李怡　沈衛威　主編

第 **7** 冊

從新文化公共空間到黨派「自己的園地」
——《民國日報·覺悟》研究

史 建 國 著

國家圖書館出版品預行編目資料

從新文化公共空間到黨派「自己的園地」——《民國日報·覺悟》研
究／史建國著 – 初版 – 新北市：花木蘭文化出版社，2014〔民 103〕
目 2+190 面；19×26 公分
（民國文化與文學研究文叢 四編；第 7 冊）
ISBN 978-986-322-801-1（精裝）
1.中國文學　2.文學評論
541.26208　　　　　　　　　　　　　　　　　　103012902

特邀編委（以姓氏筆畫為序）：

丁　帆	王德威	宋如珊
岩佐昌暲	奚　密	張中良
張堂錡	張福貴	須文蔚
馮　鐵	劉秀美	

民國文化與文學研究文叢
四　編　第七　冊　　　　　　　ISBN：978-986-322-801-1

從新文化公共空間到黨派「自己的園地」
——《民國日報·覺悟》研究

作　　者　史建國
主　　編　李怡　沈衛威
企　　劃　四川大學現代中國文化與文學研究中心
　　　　　北京師範大學民國歷史文化與文學研究中心
總 編 輯　杜潔祥
印　　刷　普羅文化出版廣告事業
出　　版　花木蘭文化出版社
發 行 人　高小娟
聯絡地址　235 新北市中和區中安街七二號十三樓
　　　　　電話：02-2923-1455／傳真：02-2923-1452
網　　址　http://www.huamulan.tw 信箱 hml810518@gmail.com
初　　版　2014 年 9 月
定　　價　四編 12 冊（精裝）新台幣 20,000 元

從新文化公共空間到黨派「自己的園地」
——《民國日報·覺悟》研究

史建國　著

作者簡介

史建國，1981 年 2 月生，山東臨朐人。2009 年 6 月畢業於南京大學文學院，獲文學博士學位；期間於 2007 年 10 月～2008 年 10 月入選國家建設高水平大學公派研究生計劃，赴德國波鴻魯爾大學聯合培養一年。2009 年起，任職於山東大學文學與新聞傳播學院中國現當代文學研究所，從事教學和科研工作。目前主持或參與省部級、國家級科研項目多項，已在海內外刊學術物發表論文 30 餘篇，出版專著 1 部、譯著 1 部（第二譯者），參撰教材 1 部。

提　　要

　　《民國日報・覺悟》是五四時期影響巨大的「四大副刊」之一，本書試圖其放置在思想史的視野中來考量其對五四新文化和新文學的貢獻。儘管附刊於一黨之機關報，是所謂「黨報副刊」，但在五四新文化運動的語境中《覺悟》卻並不黨同伐異。在「集思廣益」的辦刊方針指引下，它致力於推動新思潮發展和中國固有文化革新，儼然成了一塊探討新文化的公共空間。考察《覺悟》的歷史可以發現，對開放性辦刊方針的堅持、對副刊相對獨立性的堅守以及時代主潮的影響是其雖然身為黨報副刊卻獲得良好發展態勢的主要原因，而當其淪為宣傳黨見的輿論工具、成為一黨一派「自己的園地」時，《覺悟》的新文化使命就趨於終結、同時刊物本身也難以為繼了。本書對《覺悟》誕生的來龍去脈以及《覺悟》上對一些問題的討論展開分析，展示其在五四新文化運動中的表現。同時，針對編輯者的風格和特色、以及欄目設置等問題也予以探討；有鑒於《覺悟》的主編者和重要作者與高校（浙一師──復旦大學）的緊密關係，本書也將引入大學文化來對其中的某些現象進行解讀；而《覺悟》的編輯更迭以及「轉向」以往研究不多，本書也擬對其略作論述，以揭示許紹棣、陳德徵這批《覺悟》扶持起來的「新青年」在他們掌握了《覺悟》的主編大權後是怎樣對《覺悟》進行改造的。正是在他們手中《覺悟》最終完成了從一個傳播新文化的公共空間到一個專制政黨「自己的園地」的轉變。

目次

引　論

　　現代報紙文藝副刊與文藝雜誌在中國現代文學的產生和發展中所起的作用已經越來越受到研究者的關注，對中國近現代報紙文藝副刊和文學雜誌的研究也已經成爲近年來中國現代文學研究的熱點之一。現代文學史上一些著名的刊物如《新青年》、《新潮》、《新月》、《現代》、《現代評論》、《月月小說》、《小說月報》、《紫羅蘭》、《文學季刊》、《晨報副刊》、《京報副刊》、《大公報》……等等均有一篇甚至多篇博（碩）士論文對其進行探討，其它單篇研究論文或專著也屢見不鮮。之所以出現這一情況，一方面是由於研究界重視現代文學史料學的呼聲越來越高，另一方面這也表明了一種尋求突破既有的文學史敘述模式、力圖展示一種原生態文學史場景的努力。如果把原生態的文學史現場比作一片茂密的森林的話〔註 1〕，那麼其中起著主要支撐作用的經典作家作品就是一株株俊秀挺拔的參天大樹，而在這些參天大樹的周圍同時也遍佈著小樹、灌木叢甚至雜草。正是有了周圍這些小樹、灌木甚至雜草的襯托，參天大樹才成其爲參天大樹。並且參天大樹也是由小樹一步步長成的，並非一出現就挺拔健碩、卓爾不凡。應該說一部文學史，是由小樹、灌木、雜草和參天大樹共同展現的。只見樹木不見森林的文學史已經遠離了文學史的現場，因此必定會遮蔽文學史本應具有的豐富性和複雜性，而一廂情願地變得單一、簡單。在這個意義上，那些歷史的見證——泛黃的現代報紙文藝副刊和文學雜誌就成了我們進入文學史現場，體會其生動性、豐富性的最好工具。正如有研究者所指出的，「當我們從報紙文藝副刊進入新文學

〔註 1〕　「森林說」，參見沈衛威：《「學衡派」譜系・後記》，南昌：江西教育出版社　2007 年 8 月第 1 版。

史的航道，和從單行本進入新文學史的航道時，景觀是不一樣的。我們由報紙文藝副刊進入的是一個原生態的歷史野地，看到的是未經篩選、淘洗過的成熟或不成熟的作品，新文學生成過程中的稚嫩、新鮮，以及不可避免的淺薄，都呈現於此。而我們由單行本進入的是一個經過篩選的秩序化、等級化了的文學史狀態。文學史家在進行作品集的選集過程中，由於種種因素（這些因素在今人看來有些是可知的，有些是不可知的）的作用，還做不到歷史的客觀。」「……由現代報紙文藝副刊，我們想進入的是一個原生態的新文學生成過程，並試圖回到在後設文學史話語裏已經消失的『文學現場』，貼近活著的文學歷史，重建已經消失的『文學史現場』，這是我們研究現代報紙文藝副刊所採取的文學史立場」〔註2〕

再者，大眾傳媒的極速擴張，以及它所帶來的對人們日常生活的巨大衝擊，也越來越喚起人們對其存在、影響、甚至「魔力」的關注，進而促使人們由此回望在歷史上它所曾經扮演過的角色。陳平原先生在論述媒體的巨大影響時寫道：「『媒體帝國』操縱人類生活這樣的寓言故事，或許有些危言聳聽，但起碼也應承認一點：現代人的生活方式、情感體驗乃至思維與表達能力等，都與大眾傳媒發生極大糾葛。大眾傳媒在建構『國民意識』、製造『時尚』與『潮流』的同時，也在創造『現代文學』。一個簡單的事實是，『現代文學』之不同於『古典文學』，除了眾所周知的思想意識、審美趣味、語言工具等，還與其生產過程以及發表形式密切相關。換句話說，在文學創作中，報章等大眾傳媒不僅僅是工具，而是已深深嵌入寫作者的思維與表達。」因此，陳先生強調：「在這個意義上，理解大眾傳媒，不僅僅是新聞史家或媒體工作者的責任，更吸引了無數思想史家、文化史家以及文學史家的目光。」〔註3〕

就文學研究來說，儘管傳媒對新文學的產生和發展所起的作用顯而易見，並且引起了眾多研究者的廣泛重視，但具體到研究實踐，其難度還是相當大的。作為新文學載體的報紙副刊和文學雜誌，它們在編輯方式和發行方式上各具自己的獨特性，而且編輯者的編輯理念和辦刊方針也各有不同，所

〔註2〕 雷世文：《現代報紙文藝副刊的原生態文學史圖景》，載《中國現代文學研究叢刊》2003年第1期。

〔註3〕 陳平原：《文學史家的報刊研究──以北大諸君的學術思路為中心》，見《大眾傳媒與現代文學》（陳平原、山口守 編），北京：新世界出版社2003年1月第1版，第562頁。

有這些都直接影響到了新文學的成長，甚至影響到了某些特定文體的出現和發展。因此，從理論上講，在中國現代文學史上，報紙副刊與文學雜誌在推動新文學發展的過程中所扮演的角色，其差異性應當是比較明顯的。一般說來雜誌較報紙的周期長，可分周刊、旬刊、半月刊、月刊、雙月刊、季刊等等，並且印裝成冊，易於保存。它所擁有的較長的周期決定了其所能承載的文章篇幅也較報紙文字長，因而能夠從容地針對一些話題展開討論。而報紙副刊由於其篇幅限制，所載的文字一般短小精悍，針對性強。同時，因為發行周期短，流動性強，也更容易形成編讀互動，能夠更迅速地對一些事件做出反應，在推動新文學發展方面有著文學雜誌所不能取代的特殊作用。但在實際上，包括五四時期著名的「四大副刊」在內的中國現代報紙副刊在保有日報副刊的獨特性的同時，卻也有著「雜誌化」的傾向，這使得報紙副刊同雜誌的區分併沒有那麼明顯。當然也許正是因為其「雜誌化」傾向，才使得它們在新文化運動中大顯身手，扮演了同《新青年》、《新潮》等雜誌類似的角色，成就為公認的「四大副刊」。曾經主編過「四大副刊」其二，即《晨報副刊》和《京報副刊》的孫伏園在接辦《京報副刊》伊始，就對當時報紙副刊的編輯現狀進行了評論並對自己理想中的報紙副刊（他用了「附張」一詞）作了描述。他寫道：「……什麼是我理想中的日報附張呢？我們應先知道什麼才是今日中國社會對於日報附張的需要。」接下來，他結合當時的社會現實進行分析，一方面對副刊雜誌化的現實有所不滿，認為應當保留副刊的特色，另一方面在當時的情勢下副刊雜誌化又是不可避免的，即副刊必須服從「今日中國社會對於日報附張的需要」：「大戰終了以後，無論在世界上或在中國，人們心理中都存著一種懷疑，以為從前生活的途徑大抵是瞎碰來的，此後須得另尋新知識，作我們生活的指導。這時候日報上討論學問的文章便增加了。不過，大多數人盡可有這樣的要求，日報到底還是日報，日報的附張到底替代不了講義與教科書的。廚川白村說得好，報章雜誌只供給人以興味，研究學問需用書籍，從報紙雜誌上研究學問是徒勞的。而在中國，雜誌又如此之少，專門雜誌更少了，日報的附張於是又須代替一部分雜誌的工作。例如宗教、哲學、科學、文學、美術等，本來都應該有專門雜誌，而現在《民國日報》的《覺悟》、《時事新報》的《學燈》、北京《晨報》的《副刊》和將來的本刊，大抵是兼收並蓄的。一面要兼收並蓄，一面卻要避去教科書或講義式的艱深沉悶的弊病，所以此後我們對於各項學術。除了與日常生活有關的、

引人研究之興趣的或至少艱深的學術而能用平易有趣之筆表達的，一概從少登載……」〔註4〕儘管副刊的性質決定了它無法取代雜誌和教科書，但在當時文化啓蒙的浪潮中，一種歷史的使命感卻又讓以「四大副刊」爲代表的眾多報紙副刊勇敢地「越俎代庖」，部分地充當了雜誌和教科書。正如孫伏園在上面所引的那篇《理想中的日報附張》中所說的，完全可以把「四大副刊」的「合訂本當作雜誌看」。既然每日出版的副刊又逐月彙訂成「合訂本」發行，那麼在編輯過程中的內容選擇、版式設計等方面便都要考慮到合訂本的需要（實際上「四大副刊」的編輯者也都是這麼做的），副刊合訂本的出現實際上代表了編輯對於副刊雜誌化的一種有意識的追求。而事實上，當時的許多「覺悟」了的新青年，也的確將「四大副刊」當作教科書和雜誌來讀，從中獲得精神養料，指導自己的人生選擇。蘇雪林後來回憶當年在北京讀書親身感受新文化運動的情況時寫道，「我到北京的那一年，正值五四運動發生未久，我們在講堂上所接受的雖還是說文的研究，唐詩的格律，而我們心靈已整個地捲入那奔騰澎湃的新文化怒潮，每天我們都可以讀到許多有關新文化運動的報紙副刊，周期性的雜誌，各色各樣的小冊。每天我們都可以從這些精神糧食裏獲取一點營養料，每天我們都可以從名人演講裏，戲劇宣傳裏，各會社的宣言裏得到一點新刺激，一點新鼓動。」〔註5〕在此，蘇雪林甚至把「有關新文化運動的報紙副刊」放在了「周期性的雜誌」前面，足見當時新文化運動報紙副刊的啓蒙意義和教化作用之大。其身兼報紙副刊和定期雜誌兩方面的特色，是單純的雜誌所不能比擬的。很簡單，一個人也許沒有耐心一口氣讀完一本刊有長篇論文的雜誌，但要讀完一張日報副刊卻是輕鬆得多，而儘管副刊上也可能會有分節連載的長篇論文，但這種分節的方式最起碼免去了長時間集中閱讀的疲倦感。

其實關於究竟「何爲副刊」以及中國報紙的副刊源於何時等問題，直到今天在研究界也一直有著種種爭議。〔註6〕副刊研究者馮並主張副刊是中國所獨有的現象，結合中國報紙「副刊」稱謂出現的歷史，他寫道：「表面看來，

〔註4〕 孫伏園：《理想中的日報附張》，載《京報副刊》1924年12月5日第2版。

〔註5〕 蘇雪林：《我的學生時代》，見《蘇雪林文集》（卷二），合肥：安徽文藝出版社1996年4月版，第61頁。

〔註6〕 目前一種意見認爲中國最早的副刊是附於《申報》的通俗小報《民報》，另一些學者則認爲《字林滬報》附出的《消閒報》才是中國第一份正式的報紙副刊。

副刊的稱謂信手偶得，其沿用卻表明了一種必然性。附刊只是報紙的外在發行形式，副刊則點明了它和報紙『正張』的內在辯證關係。副——佐於報紙，副而成其為刊——有相對獨立的編輯形態。換言之，副刊不如附刊那樣龐雜無定。上至編餘新聞、本埠事情，下至貨價船期，都可入為附刊。」副刊之所以為副刊，它至少應具備兩個要素，其一，副刊應具「有自身的獨特的文體選擇、作家群、讀者群和相對穩定的編輯特色」；其二，副刊應具有「整體上的文化或文藝的色彩。或者說，從形體到內容，都是文化和文藝的，並由此造成了頗具特色的文體，如連載、雜文、和在筆記文基礎上發展起來的各類小品文字……」之所以強調「整體」其中也暗含了一種「內容形式的和諧統一」的意思，「這就排除了綜合編輯法造成的一種現象：副刊文字散見各版，卻構不成副刊。」〔註7〕

　　「何為副刊」以及中國副刊的起源等等畢竟都是專業的媒體研究者所關注的問題，作為非專業的研究者可以避開不談，然而，認識和把握副刊所具有的若干特徵卻有助於加深我們對某一特定副刊的認識——儘管嚴格說來我們面對的副刊並不純粹，而是如上所述，不可避免地摻雜了某些雜誌的特徵。從文學研究的角度看，在中國現代文學史上，報紙副刊所發揮的作用是巨大的，孫玉石先生指出：「現代文學許多現象的發生，作家許多作品最初的發表，除了文學雜誌以外，往往是以報紙文藝副刊為主要陣地的，報紙文藝副刊有它獨特的空間和影響。五四時代的『四大文學副刊』，1930年代的《申報·自由談》，20年代至40年代的《大公報》文藝副刊，都與新文學發展有著十分密切的關係。它們的資源發掘，對於瞭解和研究現代文學的生成、作家的產生與傳媒的關係，作家、作品從產生到發表的原初過程，某些文類（如小品、雜文、散文、書評）的產生與傳播，文學思潮流派與作家風格的產生，文學創作的原生態面貌，文學作家、批評家、編輯與讀者互動共生的文化生態等等，提供了豐富的文獻資源，也為原創性研究提供了一個重要契機和動力源泉。」〔註8〕在目前的研究界，對於五四時代影響巨大的「四大副刊」，研究比較深入的是《晨報副刊》，已有多篇博士論文和其它研究成果出現，《京報副刊》也已有專門的博士論文出現，只有《時事新報·學燈》和《民國日報·

〔註7〕　馮並：《中國文藝副刊史》，北京：華文出版社2001年5月第1版，第4頁。
〔註8〕　孫玉石：《報紙文藝副刊與現代文學研究關係之隨想》，載《河南大學學報》（社會科學版）2005年第2期。

覺悟》的相關研究成果還比較少。造成這種現象的原因是多方面的。其中最重要一點恐怕是資料的原因，「四大副刊」中只有《晨報副刊》和《京報副刊》有合訂本流傳至今，而且保存相對較完整，《晨報副刊》還有人民出版社 1981 年出的影印本，資料相對集中，也容易獲得，因而研究者也相對較多。而《學燈》和《覺悟》當時雖然也都有合訂本出版，但大部分都沒有流傳下來，研究起來難度較大。儘管人民出版社於 1981 年也影印了全套《民國日報》，但要把《覺悟》從堆積的報紙正張中分離出來進行閱讀、研究畢竟也是一項極艱苦的工作。事實上，要讀《覺悟》就要翻遍所有的《民國日報》，而且由於當時編者考慮裝訂合訂本的方便，在《覺悟》的版式設計方面動了許多腦筋，許多情況下，讀一期《覺悟》就要把厚厚的一巨冊《民國日報》顛來倒去地翻轉好多遍，這種閱讀上的困難無疑阻擋了許多研究者的腳步，因而時至今日相關的研究成果仍然較少。而且，目前所見大多數研究基本都集中於《民國日報·覺悟》在馬克思主義傳播、以及政治、廣告方面做出的努力，而有關《覺悟》在五四新文化運動和新文學革命中的作用等等則關注不多。從中國知網檢索結果可知，目前只有 2005 年的西南師範大學楊炯的碩士論文和 2010 年復旦大學杜竹敏的博士論文是從文藝角度切入對《覺悟》進行研究，其餘單篇研究論文也比較少。而在筆者寫作博士論文（2005～2009）期間，杜的博士論文則尚未面世。2011 年華中師範大學員怒華的《四大副刊與五四新文學》博士論文，雖也涉及到了《覺悟》，但並非研究《民國日報·覺悟》的專論。因此，時至今日，學界對曾經位列對新文化運動影響巨大的「四大副刊」之一的《覺悟》研究仍然是不夠的。

　　《民國日報》於 1916 年 1 月 22 日〔註9〕創刊於上海，是中華革命黨在國

〔註 9〕 1919 年 12 月 30 日《民國日報》刊出《本報紀念增刊擴張篇幅預告》，其中對於《民國日報》的歷史有所回顧：「本報是民國四年十二月二十日袁世凱稱帝的時候出版的，到了現在，雖受了許多的困難，僥倖還沒有短命，已經過了第四個週年了，我們現在就趁此慶賀民國九年新年的機會，同時舉行本報四週年紀念。在元旦的一天發行『紀念增刊』並且從這一天起擴張篇幅，把『覺悟』欄專印大半張。此外電報新聞等類亦竭力擴張，以副社會的要求……」按照這裡的說法，《民國日報》則應該是創立於 1915 年 12 月 20 日。另外于右任、姚婉雛所撰的《葉楚傖先生墓碑記》也有「四年，民國日報創成，君任總編輯，邵君力子為經理」的記載（于右任、姚婉雛：《葉楚傖先生墓碑記》，見《葉楚傖詩文集》（葉元編），上海：生活·讀書·新知三聯書店上海分店 1988 年 1 月版，第 9 頁。）這裡大概是陰曆陽曆的區別，1916 年 1 月 22 日對應的陰曆則是民國四年（1915）年 12 月 18 日。

內主要的言論陣地。由陳其美集資創辦，主編爲葉楚傖，邵力子是經理。主要撰稿人爲戴季陶、沈玄廬等。《民國日報》雖然是在《生活日報》的基礎上創辦的，但若從其編輯成員來看，其淵源卻可以上溯至「三民報」以至《神州日報》。1907年4月2日，于右任、邵力子等人主辦的《神州日報》在上海誕生，發刊詞中鼓吹「神州社會主義」、「神州國家主義」、「神州帝國主義」等三大主義，「和同盟會綱領相呼應，以喚醒沉睡的神州」，然而不幸於1908年8月整個報館毀於大火。接著，于、邵二人又募集資金於1909年5月15日創辦《民呼日報》，以「大聲疾呼，爲民請命」爲宗旨，自稱是「人民的呼聲」。由於該報立足於揭露清朝政府官員貪污腐化，遭到當權者的嫉恨和誣告，被迫於8月14日停刊，僅僅存在了92天。《民呼日報》被封後僅僅20天，于右任、邵力子便又迅速行動，委託法商出面登記並創辦了《民吁日報》，但很快由於披露日本意圖侵略滿洲進而吞併整個中國的陰謀而遭到日方抗議，向清政府上海道施加壓力，於是上海道蔡乃煌會同租界當局於11月19日蠻橫地查封了《民吁日報》。這份報紙僅僅存在了48天。《民吁日報》被封後，邵力子曾赴陝西高等學堂任教，旋因宣揚進步思想遭到陝西巡撫的嫉恨，拉攏不成竟欲施以毒手，邵力子只好再次返回上海，並於1910年10月11日跟于右任創辦了《民立報》。同前幾份報紙一樣，《民立報》仍然是于右任爲社長而邵力子負責報紙經理。有了前面辦報的經驗教訓，于右任、邵力子採取「銳而不露」、「隱中求明」的宣傳手法，終於使報紙穩定下來。先後擔任《民立報》主筆的有宋教仁、邵力子、呂志伊、范鴻仙、徐血兒、章士釗等人。1911年7月31日，中國同盟會中部總會在上海成立，于右任、邵力子、宋教仁、陳其美、范光啓、呂志伊等參加，並決定將《民立報》作爲其機關報。後來《民立報》在「宋教仁案」、「二次革命」等過程中都發揮了其進步作用，也正因如此，隨著討袁的「二次革命」失敗，《民立報》也於1913年9月4日被禁停刊。《民呼日報》、《民吁日報》和《民立報》便是當年赫赫有名的所謂「三民報」。《民立報》被禁之後，于右任、邵力子等人很快又在上海辦起《生活日報》，繼續鼓吹反袁鬥爭、倡揚革命。1916年1月，在袁世凱忙碌準備「登極」之時，爲增強輿論宣傳、反對袁世凱的倒退復辟，邵力子與葉楚傖等人又在《生活日報》的基礎上創立《民國日報》。〔註10〕可見，《民國日報》是與上述各報一脈相承的。

〔註10〕關於《神州日報》及「三民報」的有關論述參考朱順佐：《邵力子》第三章「辦報生涯」，石家莊：花山文藝出版社1997年3月第1版，第41～70頁。

　　1920 年 1 月 1 日，《民國日報》出版四週年紀念增刊，國民黨元老吳敬恒也特意撰文指出《民國日報》同《民立報》的承繼關係：「……民國日報，是民立報的後身，因爲主持這報的幾位先生，就是民立報當年的幾位中堅人物，他是一個貫徹民立報主張的，他是逐漸把民立報進步的……爲什麼說他是貫徹民立報主張呢？民立報是一個民黨最初發表總意志的機構，所以民立報主張也就是民黨初衷所抱的主張。不知民立報活到今天，到底如何。因爲民立報夭折以後，民黨要用苦肉計，感動官僚，於是藏了他的初衷……惟有民國日報把民立報復活，始終堅持民立報在亡清末年及民元的主張，絲毫不肯讓步……」〔註11〕按照吳敬恒的說法，《民立報》是「發表民黨總意志的機構」，是國民黨的所謂「機關報」，而《民國日報》是《民立報》的後身，自然也就接續了「機關報」的角色。

　　眾所周知，政黨的機關報是宣傳黨的綱領、路線、方針、政策的工具，從性質上來說是具有強烈的排他性的，不符合本黨黨見的理論、觀點如要在黨報上出現，恐怕只能作爲分析批判的對象，而絕無可能不加區分地同本黨所信賴的主義、思想平等地出現在黨報上。黨報的這一性質也決定了其受眾不可避免地具有局限性。儘管一個政黨可以借助其它力量來推廣其機關報，並盡可能在最大程度上引導輿論，但這種「一黨之言」要獲得不同階層、不同領域的民眾的廣泛認可，還是不太可能做到的，除非這個政黨真正代表了「最廣泛的人民群眾的根本利益」。當然，在排他性問題上，執政黨的黨報與非執政黨的黨報也存在著差異，相對來說，執政黨的黨報排他性更強，而非執政黨的黨報由於其監督和批判的立場，則常常能夠體現出一定程度的包容性。

　　在清末民初，軍閥割據，國民黨（1914 年 7 月 8 日，重組爲「中華革命黨」，1919 年 10 月 10 日復名「中國國民黨」）尚未成爲執政黨的前提下，《民國日報》的總體面貌是進步的、革命的，辦報理念也比較開放。所以儘管它是所謂一黨之「機關報」，但仍然受到了廣大讀者和群眾的支持。在成立之初，《民國日報》即在「發刊詞」中表示當此「帝制獨夫暴露之春，海內義師義起之日……而民國日報乃大聲疾呼以興」，〔註12〕並從三個方面向同胞呼籲維護共和、發揚民治、反袁護國，在當時的情勢下呼籲反對袁世凱復辟、維護

〔註11〕吳敬恒：《民國日報與世界的進化》，載 1920 年 1 月 1 日《民國日報紀念增刊》。
〔註12〕哀：《本報發刊辭》，載 1916 年 1 月 22 日《民國日報》。

共和無疑是極具進步意義的，也得到了廣泛的響應。當然，將《民國日報》
的影響發揚光大，並使其在中國報刊史以及文化史和文學史上留下重重一筆
還是 1919 年 6 月創辦的副刊《覺悟》。《覺悟》創辦於五四的聲浪中，堪稱「五
四之子」，在五四新文化的語境裏，它積極傳播新文化、鼓吹和實踐文學革命、
同各種封建守舊思想作鬥爭，成爲無數「新青年」所信賴的精神導師和思想
食糧。與同在上海的《時事新報》副刊《學燈》以及北京的《晨報副刊》和
《京報副刊》一起，被稱爲新文化運動中著名的「四大副刊」。

　　1978 年，由中共中央馬克思、恩格斯、列寧、斯大林著作編譯局研究室
編的《五四時期期刊介紹》第一集上冊曾以將近 40 頁的篇幅來介紹《民國日
報‧覺悟》，儘管現在看來這篇長文主要是試圖對《覺悟》之宣傳社會主義和
馬克思主義作一歷史評價，對其追求「進步」與「表現欠佳」的方方面面做
出詳細評述，其中的大量描述都帶有強烈的意識形態色彩，價值評判也不無
偏激和可探討之處，但其對有關史實的整理還是相當嚴謹和紮實準確的，時
至今日也沒有研究者能夠對之做出更爲翔實可靠的描述。在此我把其對《覺
悟》的史實描述照錄在這裡：

　　　　「覺悟」的確切創刊日期不詳（我們已見最早一期是一九一九
　　年六月十六日，無發刊詞，內容也不像是創刊號），從創刊到一九二
　　四年，版式幾度改變。一九一九年底以前，每期只占四開一版的大
　　半頁，一九二〇年起篇幅擴大爲四開兩頁；五月二十日起，爲了讀
　　者保存的方便，改成單行的八開四頁，隨報附送，並從七月起每月
　　發行彙刊單行本；一九二四年二月起又改爲十六開八頁，五月以後
　　擴大爲十六頁，這種形式一直維持到一九二八年底，以後的「覺悟」
　　還未見到。隨著版式和內容的改變，「覺悟」的分欄也有增減。一九
　　一九年的「覺悟」不分欄，內容以論文爲主，其中譯文占很大比重。
　　一九二〇年後篇幅擴大一倍多，開始分欄，常設各欄爲：評論、講
　　演、選錄、譯述、詩歌、小說、通訊、隨感錄等，此外還有參考資
　　料、勞動問題、社會調查、平民血淚、旅東隨感錄等欄。一九二四
　　年二月改版以後，論文比重增加，而原來占很多篇幅的文藝作品、
　　通訊和隨感錄則大爲縮減。

　　　　除了「覺悟」以外，「民國日報」還出版了不少種其它的副刊。
　　一九二〇年五月出版的「平民」周刊，是復旦大學商學院師生編輯的；

一九二一年八月創刊「婦女評論」周刊，由「婦女評論」社編輯；一九二三年四月創刊「藝術評論」周刊，七月創刊「文學旬刊」，八月，「婦女評論社」和「婦女問題研究社」合作，在出完一〇四期後，創刊「婦女周報」，十一月創刊「政治評論」（旬刊）。本是每日出版的「覺悟」，每逢這些副刊出版的日子就停刊。一九二二年十月開灤五礦罷工發生時，「民國日報」出版了六期「唐山潮聲」，算是臨時性的不定期副刊。「民國日報」成為國民黨的機關報後，專門成立一個副刊部來改進和擴大副刊，除把「覺悟」定位甲種副刊，仍舊逐日出版外，在原來的各種周刊（旬刊）基礎上，出版了七種乙種副刊（周刊）：科學、藝術、文藝、婦女、教育、政治、平民。此外還有星期特別副刊「評論之評論」（一九二四年三月創刊），特約附送周刊「國學周刊」，共十種。一九二四年五月，這十種副刊都已出齊，到一九二四年十月，除婦女周報外，全部停刊。一九二五年四月又創刊「文學」周刊，由上海大學文學系編輯（一九二五年六月第六期出版後停刊）。一九二四年八月起，「覺悟」每周出「非基督教特刊」一次，是「非基督教大同盟」的機關刊（一九二五年三月出完第二十五期後停刊）；十二月起，每半月出「社會科學特刊」一次，由武昌師範大學歷史社會學研究會編輯（一九二五年六月出完十五期後停刊）。以上這些刊物都是在「民國日報」向右轉以前出版的，有些更由共產黨員負責或參加編輯，因此內容基本上是進步的。一九二五年十月又創刊了一種文藝性的周刊「黎明」，則是嚴重脫離實際的，並且帶有頹廢色彩，這是和整個報紙的變質相適應的。〔註13〕

上面這段文字已經大致勾勒出了 1926 年以前的《覺悟》和《民國日報》上曾經設立過的其它副刊的發展概況。1920 年《民國日報》四週年慶過後，《覺悟》改版，篇幅擴張，也開始分欄，在「評論」、「講演」、「譯述」、「詩」、「小說」、「通信」、「隨感錄」等欄目中，「評論」、「講演」和「譯述」大致顯示了《覺悟》的雜誌特徵，而後面幾個欄目則是日報副刊應有的特色。1920 年代早期，《覺悟》的「講演」欄中曾大量登載羅素、杜威等人的哲學講演以及蔡元培、

〔註13〕《覺悟——上海民國日報副刊》，見中共中央馬克思、恩格斯、列寧、斯大林著作編譯局研究室編：《五四時期期刊介紹》（第一集 上冊），北京：生活·讀書·新知三聯書店 1978 年 11 月版，第 183～185 頁。

胡適、章太炎、李大釗等人國學、史學等方面的講演，而汪馥泉譯的廚川白村的《文藝思潮論》、木間久雄的《新聞學概論》，沈澤民譯的小泉八雲的《文藝研究》，也都曾在《覺悟》的「譯述」欄連載，其它關於無政府主義、社會主義思潮的譯述，《俄國婚姻律全文》、《英國勞動運動三十年發達史》以及《世界史略》等等也都譯成中文在《覺悟》上連載。這些大量宣傳某種思潮的論著使得《覺悟》部分地具有了雜誌的功能，以至於直到今天，許多研究者在提到《覺悟》時，首先談到的還是它對馬克思主義和社會主義在中國傳播所做出的貢獻。然而正如《五四時期期刊介紹》中所說的，「作為報紙的綜合性副刊，『覺悟』上的文學作品和文學評論佔了相當大的比重，特別是白話小說和新詩，幾乎期期都有，」對新文學的推動也是《覺悟》的重要職能之一。當然，《五四時期期刊介紹》的編者是對《覺悟》上的文學作品與文學評論不以為然的，甚至流露出對《覺悟》未能辦成像 1923 至 1926 年間出版的《新青年》季刊或不定期刊那樣專門宣傳馬克思主義和社會主義的刊物而大為惋惜的意思。因此，對於《覺悟》上的文學作品，也理所當然地從現實政治出發進行考量：一方面認為這些作品「雖然思想性和藝術水平不算太高，但在當時不能不說是進步的嘗試，其中像劉大白的詩，在中國現代文學史上是有一定的地位的」，另一方面也從「思想性」、「革命性」上給予某種程度的肯定：「就內容講，這些作品大部分是現實主義的，表現了對於改造社會的強烈願望，革命的決心和對勞動人民的同情；一部分雖然只是傾訴個人的哀愁，也多少反映了時代的動盪與不安；完全脫離現實的無病呻吟或美化舊社會的作品還是極少數。『覺悟』的這一部分雖然沒有正面涉及政治，但是為現實的政治鬥爭服務的。」〔註14〕

　　的確，《覺悟》上也發表了數量較為可觀的文學作品。《覺悟》上出現的主要作者有邵力子、葉楚傖、劉大白、陳望道、徐蔚南、沈玄廬、施存統、查猛濟、陳德徵、許紹棣、許傑、何心冷、白採、孫俍工、譚正璧、曹聚仁、魏金枝、張春浩、吳組襄（湘）……等等。邵力子在《覺悟》上發表了上千篇短小精悍、寸鐵殺人的雜文，葉楚傖、劉大白、陳望道、施存統諸君也各有大量雜文發表，1925 年邵力子離開《覺悟》後，陳德徵、許紹棣也發表了

〔註14〕《覺悟──上海民國日報副刊》，見中共中央馬克思、恩格斯、列寧、斯大林
　　　　著作編譯局研究室編：《五四時期期刊介紹》（第一集　上冊），北京：生活・
　　　　讀書・新知三聯書店 1978 年 11 月版，第 213 頁。

大量的雜文，《覺悟》上眾多雜文的發表極大地推動了雜文這種文體的發展和成熟。正是因此，楊義先生才在介紹「四大副刊」時對《覺悟》上的雜文給予高度評價，認為《覺悟》上的「『隨感錄』欄與《新青年》的『隨感錄』南北呼應，形成早期雜文的短小精悍、反應敏捷的文體風格」。〔註15〕在詩歌方面，劉大白是《覺悟》的主要詩人，他後來收集為《舊夢》、《郵吻》的大部分詩作都是發表在《覺悟》上的，沈玄廬、施存統、胡適、查猛濟、何心冷、陳德徵、魏金枝、孫席珍等人也有許多詩作發表。小說方面，早期《覺悟》的主要小說作者是葉楚傖（小鳳），1923年後許傑、白採、孫俍工、譚正璧、孫席珍、程起等人也有相當數量的小說發表。同時，《覺悟》上也發表了許多翻譯的外國文學作品，較著名的有徐蔚南翻譯的《屠格涅夫散文詩集》、張聞天、汪馥泉合譯的《王爾德介紹》和《獄中記》，而《覺悟》上的劇本也有谷劍塵的《良心的戀愛》以及徐蔚南翻譯梅特林克的《修女培亞德黎士》等等。另外，周氏兄弟也有大量作品在《覺悟》上發表。周作人的大量文藝談、《山中雜信》以及關於非宗教運動的通信、翻譯的《伯母酒》等日本古狂言、為《蕙的風》辯護的《什麼是不道德的文學》，還有許多詩作都發表在《覺悟》上。魯迅的《故鄉》、《白光》以及翻譯愛羅愛羅先珂的《桃色的雲》、《春夜的夢》、等作品〔註16〕也都經由《覺悟》轉載或發表。

前文曾經引述馮並對於報紙副刊特徵的總結，其中一條即是副刊應具有「整體上的文化或文藝的色彩」。換言之，報紙副刊應該為文學留有一定的空間，並且形成自己的特色。從副刊發展的歷史實踐來看也的確如此，正如陳平原先生所言，「1872年創辦的《申報》上，已在新聞與論說之外，為『騷人韻士』的竹枝詞、長歌短賦等預留了天地。此後，只要你辦報辦刊，無論是綜合類，還是以時事、學術、和科學為中心，一般都會騰出一定的篇幅，用來刊發文學作品。之所以大家都勉為其難地非要『文學』不可，基於以下幾點考慮：第一，吸引讀者；第二，作為改良群治的工具；第三，傳播新知（即介紹西洋）的文學藝術；第四，如果可能的話，促成文學革命。四者兼及，

〔註15〕 楊義主編：《中國新文學圖志》（上），北京：人民出版社1998年9月第1版，第156頁。

〔註16〕 1921年5月20日、6月8日《覺悟》上發表的署名「樹人」的《讀胡適底〈中國哲學史大綱〉》和《是誰改制？》雖似魯迅所作，但目前尚無直接的證據證明。參見附錄拙文《「樹人」即魯迅？──關於兩篇疑似魯迅佚文的考辨》，原載《江蘇教育學院學報》（人文社會科學版）2008年第4期。

最成功的例子，莫過於梁啓超的提倡詩界革命、文界革命和小說界革命。其他報刊，限於自身能力或機遇，只好在某一層面上做文章。」〔註17〕

　　在 19 世紀末 20 世紀初，當中國傳統文化受到外來文化的劇烈衝擊並面臨空前的困境、新文化也由極少數有識之士的搖旗吶喊變爲至少是知識界的大部分人都參與進來的文化運動的時候，報刊上發表文學作品，其目的當然不外上述陳平原先生歸納的那幾點。尤其是那些站在時代的制高點、有著明確的思想追求的報刊編者，他們編輯報刊的一個重要目的就是通過媒體的力量來影響文化運動和文學運動的進程進而改良社會。誕生於反袁聲中的《民國日報》自然也不例外，在它產生之前，于右任、邵力子等人已經創辦過「三民報」等其它著名的報紙，利用傳媒的力量來對社會發言，影響公眾的思想取向和價值選擇對他們來說是一種有意識的追求。而誕生於五四的語境中，由邵力子主編的《覺悟》更是完美地融入了時代潮流中、並且跟其它進步報刊一起充當了引領時代潮流的弄潮兒。

　　從思想追求上來看，《覺悟》儘管是附於所謂一黨之機關報，但在邵力子的主持下卻並不黨同伐異，局限於宣傳一黨之見而不允許發出別的聲音。國民黨是信仰三民主義的，但《覺悟》卻以宣傳馬克思主義和社會主義著稱，而且除馬克思主義與社會主義之外，其他如無政府主義、國家主義等社會思潮《覺悟》也會慷慨留出版面，供它們宣傳各自的主張並展開討論。事實上，在 1925 年以前，《覺悟》從來都不是獨唱的舞臺，在其上面表演的都是多聲部的合唱。每一種聲音都在試圖解釋自己對於革新文化和改造社會的憧憬，而不管這些憧憬是來自本土或域外。這實際上造成了一個各種聲音都可以自由表達的文化公共空間或是一個自由言說的「場」。而《民國日報》之所以贏得廣大讀者的信賴與喜愛，並產生廣泛的影響、具有長久的生命力，跟這種開放的辦報理念是分不開的，設若只是局限於宣傳黨見，很難想像它會在中國現代報刊史上產生那麼大的影響。

　　1925 年五卅運動過後，邵力子赴廣東任黃浦軍校政治部主任。《覺悟》的編輯經歷了施存統、沈澤民、葉楚傖、許紹棣、毛飛、陳德徵等時代，在所謂「國民黨右派」掌握了編輯權的情況下，《覺悟》洞開的大門開始關閉，廣場開始被圍牆所圈禁，三民主義成爲唯一合法的正統思想，馬克思主義與社

〔註17〕陳平原：《思想史視野中的文學——新青年研究》，見《大眾傳媒與現代文學》（陳平原、山口守編），北京：新世界出版社 2003 年 1 月第 1 版，第 206 頁。

會主義被宣佈非法、成為打壓的目標，無政府主義和國家主義等思潮也統統轉入地下。廣場上建起了門禁森嚴的高牆，昔日開放的文化公共空間也終於變成了專制政黨「自己的園地」。之所以這麼說並非是因為延續了長期以來所形成的意識形態偏見，其實只要看一看 1926 年後《覺悟》的作者群和相關文章目錄就一切都清楚了。關於《民國日報》及《覺悟》的轉向，正文中還要專門述及，這裡不再展開。

陳平原先生說，「晚清的新學之士，提及開通民智，總是首推報館與學校。二者雖同為『傳播文明』之『利器』，卻因體制及利益不同，很難珠聯璧合」。因此「蔡元培之禮聘陳獨秀以及《新青年》入北京大學，乃中國思想文化史上具有里程碑性質的大事。正是這一校一刊的完美結合，使得新文化運動得以迅速展開。」〔註 18〕與《新青年》之於北京大學相似，從《覺悟》作者群來看，其主要作者如邵力子、葉楚傖、陳望道、劉大白等都曾擔任過復旦大學的教授，這幾位也都是五四新文化運動中的風雲人物，而再往上推，則我們又可看到陳望道、劉大白二君都曾在浙江一師任教，由於宣傳新文化而與夏丏尊、李次九一起被稱為浙江一師的「四大金剛」。浙一師風潮之後才到上海先後入復旦大學任教並以《覺悟》為陣地繼續鼓吹新文化，推動新文化運動。復旦之於《覺悟》，其實是發生在上海的另外一個一校一刊的結合。儘管這一結合不如《新青年》之於北大那麼光彩奪目，但正是這一校一刊的結合才推動了上海的五四新文化運動轟轟烈烈地展開，並逐漸遍及全國。

在五四的語境中，《覺悟》之所以能位列著名的「四大副刊」之一，自然有它的道理和依據。以目前的研究現狀來看，對《覺悟》可謂重視有餘而研究不足，一提《覺悟》即知道它曾是「四大副刊」之一、曾對新文化運動做出重要貢獻，但再稍微深入一點則往往並不了然。正是在此前提下，本書選取《覺悟》作為研究對象，通過對其進行細緻的梳理和綜合研究分析，力圖展示出《覺悟》之所以位列五四時期著名的「四大副刊」之一的依據。

當然，對新文學報刊的研究既是當下的一個研究熱點也是一個難點，因為研究者既要突出報刊研究的特色、避免僅僅將其當作一個框架來使用，同時又不能放棄文學的特色，使其完全變為傳媒研究。如何將報刊研究與文學研究有機地結合起來仍是許多研究者在探索的問題，本書也不例外。其實僅

〔註 18〕陳平原：《茱萸集》，瀋陽：春風文藝出版社 2001 年 9 月第 1 版，第 132～133 頁。

就文學研究而言，在中國現代文學學科發展現有的基礎上，想通過翻閱報刊來發現一兩棵「大樹」、發現若干被時代所埋沒了的沈從文、張愛玲是近乎天方夜譚的。當然，即便是現有的「大樹」也尚需等待時間的檢驗，古典文學經歷了幾千年的淘洗才留下了屈指可數的那些詩人、作家。從時間的跨度來說，我們「分配」給現當代這一段不到百年時間的「大樹」名額實在是太多了，未來肯定還會有所精減。依據現在學界所認可的「大樹」來看，儘管報紙副刊也可能成為某些「大樹」長成的園地，如《時事新報‧學燈》之於郭沫若、《大公報‧文藝》之於蕭乾等等，但這畢竟是可遇而不可求的。報紙副刊更大的意義在於其文學史的意義，在於其參與了新文化運動並且推動了文學革命的實現。《新青年》作為五四新文化運動的「祖師爺」和文學革命的主戰場，從中也走出了魯迅等中國現代文學的「參天大樹」，文學成就不可謂不豐了，但《新青年》作家的主將魯迅先生卻說，「凡是關心現代中國文學的人，誰都知道《新青年》是提倡『文學改良』，後來進一步號召『文學革命』的發難者」，但實際上「《新青年》其實是一個論議的刊物，所以創作並不怎樣著重，比較旺盛的只有白話詩；至於戲曲和小說，也依然大抵是翻譯。」〔註19〕陳平原先生在對《新青年》進行深入研究後也指出：「《新青年》的一頭一尾，政論占絕對優勢，姿態未免過於僵硬；只有與北大教授結盟那幾卷，張弛得當，政治與文學相得益彰。但即便是最為精彩的三至七卷，文學依舊只是配角。一個明顯的例子，總共 54 期雜誌，只有 1919 年 2 月出版的 6 卷 2 號，將周作人的《小河》列為頭條……」〔註20〕文學革命與思想革命結合起來，期望「畢其功於一役」，這大概是那個時代的文化先覺者們共同的願望。如果將之從時代的語境中剝離開來而單以文學價值來衡量那個時代的作品，也許我們會感到失望。目前學界有一種聲音對現代文學期刊研究不以為然，持此論者的出發點就是：假如研究的刊物中不能發掘出個把「魯郭茅」那樣的大家或者被遺漏的優秀文學作品，那麼研究對象的研究價值有多大？這種觀點顯然過於狹隘了，正如上文所述，單從文學價值考量的話，那麼《新青年》的文學價值也並不太大，但其對現代新文學和新文化的發展所起的作用卻是

〔註19〕　魯迅：《〈中國新文學大系〉小說二集序》，見《魯迅全集》（卷六），北京：人民文學出版社 2005 年 11 月第 1 版，第 246 頁。

〔註20〕　陳平原：《思想史視野中的文學──新青年研究》，見《大眾傳媒與現代文學》（陳平原、山口守 編），北京：新世界出版社 2003 年 1 月第 1 版，第 221 頁。

無法迴避的。因此我們所應看重的也許更該是期刊對於現代文學史或現代思想史的意義。不單是《新青年》，也不單是《覺悟》，我以為這也是從事中國現代文學期刊研究的一個基本的立足點。

　　至於本書，我期望將《覺悟》放置在思想史的視野中來考量其對五四新文化和新文學的貢獻，對《覺悟》的誕生以及《覺悟》上對於一些問題的討論展開分析，展示《覺悟》在五四新文化運動中的表現──這樣的研究也許與傳媒研究相去甚遠，但研究當年的編輯選擇什麼問題在報上進行討論恰恰也是研究報刊所不可忽略的一個方面。同時，針對編輯者的風格和特色，對服務於思想革命和文學革命的《覺悟》的欄目設置也盡量予以探討。有鑒於《覺悟》的主編者和重要作者與高校（浙一師──復旦大學）的緊密關係，本書也將引入大學文化來對其中的某些現象進行解讀。「轉向」之後的《覺悟》是被以前的研究者所基本忽略的，本書也擬對其略作論述，以揭示許紹棣、陳德徵這批《覺悟》扶持起來的「新青年」在他們掌握了《覺悟》的主編大權後是怎樣對《覺悟》進行改造的。正是在他們手中《覺悟》最終完成了從一個傳播新文化的公共空間到一個專制政黨「自己的園地」的轉變。另外，考察《民國日報‧覺悟》的歷史也可以發現，「《神州日報》、《民呼》、《民吁》、《民立》四分大報與南社成員始終有著千絲萬縷的聯繫，南社成立時的啟事、條例等一系列文件都是由《民吁報》刊發的。幾份報紙又都是以南社成員為編撰主體」〔註21〕，而《民國日報》作為《民立報》的承繼者，其主筆、編輯如葉楚傖、邵力子等人也都是南社成員，同時，1923 年新南社成立後，《民國日報》的葉楚傖、邵力子、陳望道、劉大白、陳望道、陳德徵等人也都是新南社的成員。因此，《民國日報》其正張與副刊自始至終都與南社有著密切的關係。其副刊文化取向的發展變化在一定程度上也是南社文化選擇的體現。由於體例問題，這部分內容另文展開，本書暫不涉及。當然，《覺悟》的存在時間很長，從 1919 年 6 月 16 日創刊，《覺悟》就與民國日報相伴，直到1947 年《民國日報》停刊，《覺悟》才退出歷史舞臺。當然中間也經歷了 1932年隨《民國日報》一起停刊 1947 年復刊的過程。對於一個時間跨度長達十幾年的副刊進行研究梳理，而且又沒有太多的研究成果可以借鑒，其難度是顯而易見的。因此本書也只能算是對《覺悟》進行一些初步的探索和嘗試，論述的粗疏和不當之處在所難免，希望能夠得到有關專家學者的指正。

〔註21〕孫之梅：《南社研究》，北京：人民文學出版社 2003 年版，第 52 頁。

第一章　五四運動與《覺悟》的誕生

　　跟當時的許多副刊一樣，《民國日報》的副刊也是隨著正張的誕生而誕生的，儘管那時並沒有「副刊」或「附刊」這樣較爲成熟的名稱。馮並先生曾經指出：「……副刊有過十幾個歷史名稱，最早的是所謂文苑、餘瀋、叢載、餘錄，接踵而來的便是『諧部』、『說部』、『附張』、『附章』、『附頁』以及『文藝欄』、『文藝版』、『報尾巴』乃至『報屁股』，最後，則相對穩定爲『副張』、『副鐫』和『副刊』。」〔註1〕而事實上，關於副刊的名稱要遠比這複雜得多。1916 年 1 月 22 日在《生活日報》基礎上創辦的《民國日報》，其承擔副刊功能的部分叫做《藝文部》，此後又陸續創辦《文壇藝藪》、《民國閒話》、《民國藝文》、《民國思潮》、《救國之聲》、《民國小說》等等。總之，《覺悟》創辦以前，馮並所謂的「副刊在不同時期的不同形態與類型」如「文人遣興」、「通俗宣傳」、「涉趣消閒」、「灌輸常識」、「文化啓蒙」、「文藝創作」〔註2〕等等在《民國日報》的上述副刊中都一一上演了。當然那時整個報紙的編輯也比較混亂，許多副刊性的文字——如小說等也並沒有放到副刊的版面中。1919 年 6 月 16 日《覺悟》的誕生並非突然之舉，並非一覺醒來就突然變得心神明澈，對時局和文化行進的方向有了清醒地認識和把握，而是已經有著上述副刊的累積、有著在黎明前夕彷徨求索的鋪墊。在「前五四」時代，《民國日報》的副刊上交織著救亡、娛樂與啓蒙的變奏，對《新青年》等進步雜誌所倡揚的文化觀也有著從觀望遊移到同情讚助的接受過程。而五四運動的爆發則醍醐

〔註1〕　馮並：《中國文藝副刊史》，北京：華文出版社 2001 年 5 月第 1 版，第 2 頁。
〔註2〕　馮並：《中國文藝副刊史》，北京：華文出版社 2001 年 5 月第 1 版，第 2～3頁。

灌頂般迅速解開了仍殘存在心中的若干心結，時代要求必須立即結束遊移、迅速做出自己的選擇──於是《覺悟》便應運而生了。

第一節　救亡、娛樂與啓蒙
──《覺悟》之前的《民國日報》副刊

　　救亡、娛樂與啓蒙不僅是《民國日報》副刊也是 19 世紀末 20 世紀初那些具有歷史與文化的使命感、有著自己獨立的思想追求和價值取向的報紙副刊所慣常擁有的主題。在這三者之中，應當說娛樂是基本的，也是第一位的，不論是早期文人的自娛還是後來作爲大眾傳媒吸引讀者的工具，報紙副刊的娛樂取向是其最基本的價值選擇。而救亡與啓蒙則帶有鮮明的時代特徵並取決於編輯者的編輯理念。就《民國日報》副刊而言，在《覺悟》創辦之前，副刊上演繹的是救亡、娛樂與啓蒙的多重變奏。在這三者之中娛樂是主線，儘管或顯或隱有時看得並不那麼清楚，而救亡和啓蒙則不時上昇到引人注目的主導地位，甚至讓人忘記其娛樂功能的存在。

　　《民國日報》副刊與正張的編者本是追隨孫中山從事革命運動的志趣相投的同志，創立《民國日報》是對「三民報」精神旨趣的一種延續。尤其是在辦報之始，正張與副刊所登載的文字往往是相互唱和、相互輝映的，有著共同的追求和奮鬥目標。換言之，《民國日報》副刊從一開始充當的就不是「報尾巴」或「報屁股」的角色，它是編者精心策劃和努力經營的一部分。

　　1915 年 12 月 12 日，袁世凱假意謙遜之後，正式申令承認帝制：「天下興亡匹夫有責，予之愛國，詎在人後？但億兆推戴，責任重大……前次掬誠陳述，本非故爲謙讓，實因惴惕交縈，有不能自已者也。乃國民責備愈嚴，期望愈切，竟使予無以自解，並無可諉避」，〔註3〕於是只好順應「民意」，出來承擔責任，登上皇帝寶座，並正式開始籌備登極大典。1916 年 1 月 1 日，他又正式改總統府爲「新華宮」，對內稱「中華帝國」改用「洪憲」紀元，接受百官朝賀，正式做起了皇帝。改共和制爲君主制，袁世凱的倒行逆施引起了革命黨人的強烈不滿。於是 1916 年《民國日報》創立，它的初衷就是要反對袁世凱的倒行逆施、鼓吹繼續革命、維護共和。開辦之初《民國日報》上即

〔註3〕原載《政府公報‧命令》，1915 年 12 月 13 日。轉引自《袁世凱傳》（侯宜傑著），天津：百花文藝出版社 2003 年 5 月第 1 版，第 438 頁。

辦有相當於副刊的《藝文部》。初期《藝文部》設有「小說」、「詩選」、「江頭秋拍」、「秀才會議」、「上天下地」、「強為歡笑」等欄目，刊登文藝作品以及其它副刊性文字。1916 年 1 月 22 日，第一天的《藝文部》，「小說」欄目刊有《鴛淚鯨波錄》（伯子迻錄，英 司克特氏著），「詩選」刊有許多舊體詩詞，如湘君（即葉楚傖）的《劉三售梅市上索詩》等等。然而這時的編輯並沒有嚴格的原則，副刊性的文字也不一定全都刊在《藝文部》之中，如這時在《民國日報》上連載的「小鳳」（葉楚傖）的小說《古戍寒笳記》就不是登在《藝文部》的版面上。

　　倒袁聲中創立的《民國日報》，受報紙正張的影響，其副刊也帶上了濃烈的「救亡」意味——救民國之危亡。1916 年 1 月 23 日，「藝文部」開始揭載署名「阿公」的《搗亂三國志》，借歷史故事以諷今。開篇第一節題目即為《兒子勸進老子稱帝》，借三國時曹丕勸父稱帝之事來諷刺袁氏父子的復辟醜劇——袁世凱的長子袁克定千方百計鼓動袁世凱稱帝，以便自己能承繼帝位，甚至還專門印一張「袁克定版」的《順天時報》每天登載鼓吹帝制的言論給袁世凱看。1916 年 1 月 29 日的「強為歡笑」欄目乾脆刊出了「齊諧」的《醜態畢露之皇帝》，揭露袁世凱政府偽造民意、請願稱帝之種種密電。除了以文字來聲討袁世凱的復辟醜劇、譴責其倒行逆施之外，《藝文部》所刊登的漫畫也發揮了巨大的作用。漫畫作為一種獨特的藝術形式有著文字以及其它普通視覺藝術所不具備的魅力。作為一種視覺藝術，它有著文字所不及的強大的視覺衝擊力，而跟其它視覺藝術作品相比，它也因誇張的筆法和簡單的形式更能與現實相結合，更能將其寓意一目了然地傳達給讀者。刊登在 1903 年蔡元培等人主編的《俄事警聞》上的謝纘泰的《時局圖》，曾以極為直觀的形式將列強瓜分中國的態勢活脫脫刻畫出來，令人猛醒，也成為漫畫的經典之作。受《時局圖》的啟發，漫畫的諷喻意義和宣傳效果越來越受到重視。1916 年《民國日報》的《藝文部》版面上便登載了許多漫畫，以此來諷刺袁世凱稱帝、表達對其倒行逆施的憤怒和不滿。《藝文部》上所刊之漫畫，大都為署名「方生」者所作。1916 年 2 月 6 日《藝文部》刊出了一幅漫畫，畫中一雙大手緊攥一隻頭戴皇冠的猿猴，猿猴驚慌失措、醜態畢露。很明顯這是指倒行逆施的袁世凱在人民強有力的大手之下已經惶惶不可終日了，他的復辟醜行注定是要失敗的。2 月 13 日署名「樂天」的漫畫中畫的是一個小孩在悠閒地吹著肥皂泡，大大小小的肥皂泡向空中飄散，近處的三個大肥皂泡中寫著三

個字「帝」、「制」、「爲」，接下來的小泡充當了省略號。連起來便是「帝制爲……」意即帝制的鬧劇就像一個個肥皂泡，長久不了的。2月18日同樣刊出「樂天」的漫畫，畫中一隻兇猛的鱷魚張著血盆大口迎面撲來，頭戴皇冠的皇帝驚慌倒地、狼狽不堪，而寫有「皇帝萬歲」的牌位，也倒在一邊……寓意很明顯，皇帝是袁世凱，鱷魚則是指1915年12月25日宣佈雲南獨立、組織護國軍討袁護國的蔡鍔將軍，這幅漫畫預示著復辟的帝制終究會被推翻，而勇猛的鱷魚（蔡鍔及護國運動）必將取得勝利。還有4月15日題爲《眾矢之的》的漫畫，畫中的亂箭都射向一個猿猴。言下之意是復辟的元兇袁世凱已經成了眾矢之的，走投無路了。

「猿」字似乎因袁世凱的復辟而成了1916年初《民國日報》及其副刊上最最熱門的字眼。不僅《藝文部》的文章中有，漫畫中有，而且「捉猿」甚至成了一種時尚遊戲。1916年2月7日《民國日報》上登載了一則廣告，廣告詞曰：「這是什麼把戲？把個猴子裝在裏。哈哈，這猴子呵，有趣得很，你要捉得這猴子時，快活得很哩。老老小小男男女女，要尋新年快活，只要費上大洋五分，向法界天主堂街五十九號，英界望平街一百五十七號，買一分試試，便大家快活了。」《民國日報》創立後的很長一段時間裏，對袁世凱倒行逆施的口誅筆伐可以說成了報紙的主要任務。在「討民賊、爭共和」的旗幟下，報紙的所有版面都服務於這一中心，在副刊《藝文部》的版面上「救亡」的味道也遠遠濃於本該更加濃郁的「娛樂」之味。直到袁世凱稱帝失敗身死之後，《藝文部》上的娛樂氣息才逐漸濃厚起來，又加入了「人海奇脈」等欄目，專門刊登人海怪事、奇聞怪談諸如《蛇食人》、《蛇報仇》，以及《自述前生》——巴黎一看護婦能述前生事等等。這些小道消息、奇談怪論無非娛樂讀者、滿足讀者的獵奇心理而已。

1917年3月5日，《民國日報》將原有的副刊《藝文部》改作《文壇藝藪》，並且發表革新宣言：「今日何日，非民國日報革新之日乎？新者，對舊之謂，就哲理言，今日之所謂新，即明日之所謂舊，無可革，亦不必革。況本報自出版以來，日日求進步，即日日爲革新矣，又何必於今日而獨大呼革新耶？不過今日之革新爲大革新耳，大革新不可與平日之革新無別，此本報同人之所以於今日而獨大聲吶喊民國日報革新……民國日報革新……」〔註4〕改爲《文壇藝藪》之後在欄目設置上有些變化，3月5日的《文壇藝藪》

〔註4〕舍我：《革新》，載1917年3月5日《民國日報・文壇藝藪》。

共有「說林」、「文苑」、「筆記」、「諧藪」、「趣聞」等欄目。具體篇目如下：

「說林」：《古戍寒笳記》（小鳳）

「文苑」：文選：《送鄧邵二君序》（蘇曼殊）

　　　　　詩選：《龍洞》（徐菊人）

　　　　　詞選：《浣溪沙》（姚婉雛）

「筆記」：《天問廬古今雜抄》（二篇）——《盤古生日》、《買東西》

　　　　　（舍我）

「諧藪」：《如夫人傳》（胡我生）

「趣聞」：《新娘子驅車救火》（本埠）

　　　　　《科長兼色鬼》（本埠）

　　　　　《報館變作臺基》（安徽）

　　　　　《哈叭狗欺負鴛鴦》（湖南）

　　由上述欄目設置和發表的篇目可以看出，成舍我所謂的「大革新」主要是指《藝文部》改作《文壇藝藪》之後，作為副刊的文藝色彩和娛樂功能得到了大大增強，而副刊的編輯也更加趨於合理化和有序化，如「小鳳」的《古戍寒笳記》開始移入「說林」欄目，其它文字也都基本以文體為依據歸入相應的欄目。成舍我在自己的兩篇筆記前寫有「小序」，其中談道：「近十年來，國學湮滅，古書廢棄，斷文缺義者無從考證，予怒然憂之，爰取古今名人筆記，擇其趣味深永，事迹新異者，參以拙見，彙錄成帙，雖不足以繼國學之墮緒，而東鱗西爪，亦未嘗可資談助，驅睡魔也。丁巳春日舍我自識。」從中可以發現，追求「趣味」、「新異」，「資談助、驅睡魔」是成舍我創作《天問廬古今雜抄》的主要目的之一。而實際上這也成了《文壇藝藪》的一種精神追求。這從「諧藪」、「趣聞」等欄目名稱上就可以看出。至於「文苑」中的作品也大多不過是文人或是文人小圈子——主要是南社諸子的自娛。由《藝文部》到《文壇藝藪》「革新」雖是「革新」了，「進步」則未必如成舍我所言。

　　曾經在反袁鬥爭過程中發揮過重要作用的《藝文部》漫畫自1916年6月2日起就被取消了，而改為《文壇藝藪》之後，雖沒有恢復漫畫的位置，但文字所不及的畫作的強烈的視覺效果卻顯然被編輯們意識到了，於是特地加印精印的畫報一張。以3月5日的畫報為例，除了刊些「遊戲畫」之外，還刊有「教育畫」（內容如兒童高舉五色國旗）、「美術畫」（如女飛行家史天遜），以及「小說畫」等等。「小說畫」即在發表小說手寫體影印的同時還配有專門

的情節畫。這些情節畫跟中國傳統小說如《金瓶梅》等書中所附的插圖不同，已經略具後來的連環畫的雛形。1917 年 1 月，包天笑、錢病鶴在上海創辦的《小說畫報》走的正是這條路，所不同的是「小說畫」更強調的是「畫」的直觀效果而非小說的文字魅力。畫報的出現也可以看作是《民國日報》副刊娛樂功能加強的表現之一。

「革新」的確是這時《民國日報》的一個關鍵詞。1917 年 7 月 15 日，《民國日報》又刊出了兩則「啓事」，一則是「本報新刊民國閒話啓事」：「本報自 9 月 1 號起，新闢民國閒話欄於第八版，內容有小說、曲終人語、遊戲場、花間影事、趣聞等，皆文採趣味皆備之作，祈閱報諸君注意。」另一則是「本報改刊星期畫報啓事」：「近因廣告與積壓之要件日多，爰於九月一日起將附刊畫報地位騰出，以應愛登本報廣告及同志託付之殷。每星期日用中國連史紙精印各種優美圖畫一大張隨報加贈，以答愛閱者諸君雅意。如欲登圖畫廣告者務請先期接洽爲荷。」於是，1917 年的 9 月 1 日，《民國日報》副刊又迎來了它的一次大革新，在第 8 版設《民國閒話》、第 12 版設《民國藝文》。跟 3 月 5 日的革新預示著《民國日報》副刊從救亡爲中心轉向以娛樂爲主線不同。9 月 1 日的「革新」除了副刊版面的名稱有所變化外，其內容則換湯不換藥，並沒有多大的改變，從上面《民國閒話》的啓事裏面就可以看出來。新設立的《民國藝文》則有「論學」、「論文」、「論詩」、「論詞」、以及「詩錄」、「詞錄」、「筆記」等欄目，主要作者有胡樸安等人，因而守舊的氣息比較濃厚。由此可見，9 月 1 日的革新，實質上只是把原有的《文壇藝藪》所刊登的內容改爲由《民國閒話》和《民國藝文》兩個副刊分別刊登而已，就副刊內容而言，仍然延續了《文壇藝藪》以娛樂爲主線的旨趣。

此後一直到《覺悟》創刊之前，《民國日報》副刊又經歷了幾次革新。1918 年 1 月 1 日起，撤《民國藝文》而改爲《民國思潮》，《民國閒話》照舊出版。改爲《民國思潮》之後，除延續了《民國藝文》的傳統、仍舊刊登大量的舊體詩詞和古文研究的論文之外，也相應地加入了一些「思潮」的成分，比如新增了「海內論壇」、「世界名著」、「世界人物」等欄目，發表了佐治徐謙的《基督教救國主義》、戴傳賢翻譯脫耳斯泰（托爾斯泰）的《俄國革命之真義》等。其實《民國日報》副刊對新思潮的關注並不始於此，1916 年 3 月底，《藝文部》上就曾出現過「新的思潮」欄目，發表有「叔濤」以白話文寫作的《日本思想界近況》等文章，開始介紹海內外的新思潮，但這些對海內外新思潮的介紹輸

入沒有堅持多久，很快便流於無迹了。這大概主要是因為當時社會上新文化運動的氛圍還不夠濃厚。儘管自晚清以來就陸續有西方思潮的輸入，而 1915 年 9 月 15 日《青年雜誌》（第 2 卷起改為《新青年》）也已經創刊——這份雜誌是主撰者陳獨秀於二次革命失敗後痛切地認識到要拯救中國、建設共和，必須進行思想革命和文化啓蒙後創辦的，它的創辦吹響了新文化運動的號角。但在《新青年》北遷並與北京大學結合之前，其影響力還是相當有限的，在社會上尚沒有形成氣候。故此 1916 年《民國日報·藝文部》雖然也一度加入介紹和引進新思潮、推動思想革命和新文化運動的陣營，但很快便由於過度的「寂寞」而退出了啓蒙者的行列。然而《新青年》的不懈努力很快便取得了可觀的成績。1916 年 10 月，《新青年》發表在美留學的胡適寫給陳獨秀的信，內中首次提出了自己的文學改良「八不」主張。〔註 5〕胡的來信引起了陳獨秀的注意，並邀請他進一步撰文系統闡發自己的主張，於是有了 1917 年《新青年》2 卷 5 號上胡適的《文學改良芻議》橫空出世。接著陳獨秀又在《新青年》2 卷 6 號上發表《文學革命論》，語氣更加堅決、措辭更加強硬地揭起了文學革命的大旗。而在 1917 年 1 月，陳獨秀應北大校長蔡元培之聘，出任北大文科學長，《新青年》也隨之移到北京編輯。與全國最高學府的聯姻使得《新青年》獲得了空前的發展，其影響也不斷擴大，當之無愧地成了思想革命的首領。在它的帶動下，許多先覺的知識分子也紛紛利用報刊來參與新思潮的引介，共同致力於思想文化革命的大業。也正是因為新思潮的重新活躍，《民國日報》才又順應潮流出版《民國思潮》介紹西方名著和思想家，加入《新青年》思想革命的合唱，共同從事啓蒙事業以謀求中國實現徹底的現代化。

但不得不說，在當時，《民國日報》及其副刊並沒有全身心地投入這一思想文化革命的事業。當時局一旦趨於緊張，思想革命和文化啓蒙便立即會被擱置腦後，在編輯者看來，面對危亡的局勢，潤物無聲的啓蒙遠不如疾風驟雨的吶喊和血與火的抗爭來得更直接、更見成效。李澤厚所總結的「救亡壓倒啓蒙」的軌跡在《民國日報》副刊上曾多次上演。1918 年 5 月 16 日《中日陸軍共同防敵軍事協定》在北京簽字，其中有日軍在滿蒙駐兵、中國參戰軍隊皆由日人訓練等損害主權的條款。而此前已有大批留日中國學生得知此消息，他們既恨段祺瑞政府之賣國、無能，又憤怒於日人之貪婪無度，於是紛紛罷課回國，在上海組織「留日學生救國團」，反對所謂的中日「共同防敵」。但留學生的愛國

〔註 5〕　胡適：《致獨秀》，載《新青年》第 2 卷第 2 號，1916 年 10 月 1 日出版。

舉動並沒能阻止這一賣國條約的簽訂。於是在 5 月 16 日「協定」簽字的當天，《民國思潮》特闢「救國之聲」欄，刊出留日學生對日本提出的抗議以及五條要求：「（一）速將此次之要求條件撤回。（二）兩國各自為政，宜永遠對於他方無干涉內政之行動。（三）貴國宜拋棄大陸政策以免兩國衝突。（四）貴國宜放棄其大亞主義以免兩國互相猜疑且防歐美之嫉妒。（五）貴國新聞雜誌對於中國不宜存蔑視侮辱之言論。」〔註 6〕次日，也就是 1918 年 5 月 17 日，《民國思潮》正式改為《救國之聲》，輸入新思潮、推動思想革命和文化啟蒙的努力正式被政治救亡的呼號所取代。這一改又是好幾個月，後來隨著局勢的不斷變化，當編輯和讀者們都意識到憤怒和呼號已經改變不了「協定」已經簽字的事實時，「救國之聲」才漸漸稀落下來。到 1918 年 9 月 5 日，《民國日報》館由於地方狹小，不敷應用，於是將編輯、發行以及印刷三部遷至英租界河南路十二、十三、十四號，遷館期間「暫出一大張，至十日照常出版」。〔註 7〕而等到 9 月 10 日恢復正常出版時，《救國之聲》的版面已經改為《民國小說》了。《民國小說》創刊之初即開始連載小鳳（葉楚傖）的《小說雜論》，還設有「小說閒評」、「小說論壇」、「稗屑」等欄目，前者主要刊登一些小說的讀後感以及對小說這種文體的認識，後者則多刊登一些文人趣事，比較著名的有《文人百媚》等。《文人百媚》開初一篇即是寫《民國日報》總編葉小鳳的：「葉小鳳面龐英爽雖英爽，惜乎黑一點。當其捏著一枝筆，斜倚其體，伏案作書，遠視之，其態絕妖媚，大類黑風帕中高旺調媳時之身段。」〔註 8〕《民國小說》上刊登的各種題材的小說作品，編輯者根據小說題材內容的不同分列了許多名目，如社會小說、豔情小說、筆記小說、軍事小說、傳奇小說、政治小說、滑稽小說、彈詞小說、冒險小說、迷信小說、家庭小說、俠義小說……等等。儘管《民國小說》上已經發表了許多有關探討小說的社會功能和教育意義的文字，但從其版面上所發表的小說來看，仍然是晚清以來的譴責小說和鴛鴦蝴蝶派的作品佔據了絕對的優勢地位。這時在《民國小說》上連載的小說作品主要有「簫引樓主」的《官場醜史》、「毓璜」的《乞人張二》、「塵因」的《儒林新史》、「恨水」的《真假寶玉》、「民哀」的《孤島痛思錄》、「綺緣」的《香冢娟聲》等等。

〔註 6〕 見《留日學生李大年致林權助函》，載 1918 年 5 月 16 日《民國日報‧民國思潮》。

〔註 7〕 《本報遷移啟事》，見 1918 年 9 月 5 日《民國日報》。

〔註 8〕 民哀：《文人百媚》（一），見 1919 年 1 月 5 日《民國日報‧民國小說》。

1919 年四五月間，隨著巴黎和會上中國外交失敗的消息不斷傳回國內，政治救亡的氣氛再次濃厚起來，於是 1919 年 5 月 12 日，《民國小說》的版面讓位於《大家討賊救國》。從 1918 年 9 月 5 日《民國小說》創刊一直到它被《大家討賊救國》所取代，《民國日報》上一直存在著《民國閒話》和《民國小說》兩個副刊。《民國小說》被取代後，原先《民國閒話》的版面改出《民國小說・閒話合刊》。到了 1919 年 6 月 11 日，又用《救國餘聞》又取代了《民國小說・閒話》合刊的位置，而幾天後的 6 月 16 日，《覺悟》創刊，又取代了《救國餘聞》。從此版面逐才漸穩定下來。

需要說明的是介紹新思潮、推動思想革命和文化啓蒙的屢屢被擱置並不是《民國日報》上所獨有的現象，同時也並非僅僅是「救亡壓倒啓蒙」所能解釋清楚的。在新文化運動的烈火尚未成燎原之勢以前，那些在新文化運動中處於「敲邊鼓」位置的刊物，往往採取一種徘徊、遊移的態度，外界的風吹草動都會影響到編輯的編輯理念和文化選擇，當社會文化空氣向著有利於新文化傳播的方向發展時，他們會加入新文化傳播的陣營，反之，當某一時段的社會文化空氣變得異常嚴酷或是新文化的聲音寂寥異常毫無響應的時候，他們就會退出新文化傳播的行列。而且，即便有時編輯的立場堅定，但報館高層的態度也會使其感到掣肘，無法按照自己的理念自由編輯，最終也只有放棄。這一種情形在早期的《晨鐘報》上表現得非常明顯。早在 1916 年 8 月，剛剛從日本留學歸來的李大釗就應湯化龍之邀主編《晨鐘報》（即《晨報》的前身），《晨鐘報》的創刊號上李大釗發表《晨鐘之使命——青春中華之創造》一文，表明《晨鐘報》以喚醒青年「急起直追，勇往奮進……索我理想之中華，青春之中華」爲職志，並聲言「《晨鐘》之聲，即青年之舌，國家不可一日無青年，青年不可一日無覺醒，青春中華之克創造與否，當於青年之覺醒與否卜之，青年之覺醒與否，當於《晨鐘》之壯快與否卜之矣。」〔註9〕「從第七期起，《晨鐘報》增闢了由李大釗執筆的『新思潮』一欄，每日介紹一位西方國家的偉人，對時人影響極大。」〔註10〕但由於跟湯化龍等人的思想觀念時有衝突，李大釗不久辭職。引介新思潮、喚醒青年之舉也隨之暫時夭亡。

〔註 9〕守常：《晨鐘之使命——青春中華之創造》，見 1916 年 8 月 15 日《晨鐘報》創刊號。
〔註10〕邳庭閣：《「人」與「文」的雙重關懷——二十年代〈晨報副刊〉研究》（博士論文），第 4 頁。

　　當然，也許我們不必爲《民國日報》、《晨鐘報》等報紙宣傳新思潮、從事文化啓蒙的立場不夠堅決而感到遺憾。因爲作爲大衆傳媒，報紙首先考慮的應該是讀者受衆。跟《新青年》等定期雜誌將其讀者定位爲青年知識分子不同，報紙的期待讀者群範圍要廣泛得多也複雜得多。如果板起面孔說教、一味刊登新思潮論文，徹底放棄報紙副刊文字應有的趣味性，勢必會失去廣泛的讀者受衆。而沒有了讀者的報紙，即便宣傳新思潮立場再堅決、再進步也只能是一堆廢紙。因此，在整個社會的新文化空氣還不十分濃厚、新文化讀物的讀者範圍還比較狹小的情況下，應當允許報紙有遊移、徘徊，允許其用更誇張、更具吸引力的方法呼號吶喊鼓動救亡，也允許其退回到娛樂的圈子裏，從事一些專門吸引讀者的文字遊戲。大衆傳媒必須要有讀者，喪失了讀者支持的大衆傳媒也就意味著死亡。只有先佔有讀者，接下來才有可能宣傳新思潮、對其進行思想文化啓蒙。

第二節　回應、疏離與歸依
──新文化運動與《民國日報・覺悟》的誕生

　　「一般地說，五四新文化運動的肇始，是以 1915 年《青年雜誌》的創刊爲標誌。1917 年北京大學新文化運動倡導力量的結集，遂使運動得以風靡全國。」〔註11〕按照這一慣常的看法，1916 年 1 月 22 日創辦的《民國日報》自然是在五四新文化運動的語境中創立和成長的，在其成長歷程中也不免留下新文化運動的印記。前面一節所談到的《民國日報》副刊上新思潮傳播的反覆出現與消失就是表現之一。雖然在五四新文化運動的語境中成長，但在《覺悟》創辦以前，《民國日報》副刊對新文化運動的態度是複雜曖昧的，對新文化運動所倡導的某些理念，有回應也有拒斥。但恰恰就在這回應與拒斥之間，加深了對新文化運動的認識，最終實現了「覺悟」。

　　《民國日報》創辦的第一天便刊登《青年雜誌》的廣告：「我國青年諸君欲自知在國中人格居何等者乎？欲自知（在）世界青年中處何地位者乎？欲自知將來事功學業應遵若何途徑者乎？欲考知所以自策自勵之方法者乎？欲解釋平昔疑難而增進其知識者乎？欲明乎此，皆不可不讀本雜誌。蓋本志之

〔註11〕陳萬雄：《五四新文化的源流・序言》，北京：生活・讀書・新知三聯書店 1997 年 1 月版。

主義，實欲與諸君共同研究商榷解決以上所列之種種問題，深望諸君之學識志氣因此而日益增高。而吾國將來最善良的政治教育實業各界之中堅人物亦悉爲諸君所充任……」〔註12〕這樣一種培養新青年、養成未來中國社會中堅，以實現國家昌盛和民族復興的辦刊理念無疑對《民國日報》以至後來《覺悟》的編者產生了影響。《民國日報》從創辦的那一天起就開始對《新青年》等進步刊物所倡導的新文化運動進行回應——其實爲《新青年》等進步刊物刊登廣告並大力進行推介在當時的社會語境中本身就不是一種單純的商業行爲，其間蘊涵了鮮明的價值取向，是一種對新文化運動的贊助。至於刊登介紹新思潮的文章，更是直接參與到新文化運動之中，試圖在密閉的鐵屋子裏打開一扇窗口，讓人們可以呼吸到外界的新鮮空氣。

作爲一種大眾傳媒，其輿論力量是不可忽視的。除了以刊登廣告等方式來爲新文化運動助陣以外，《民國日報》也會經常直接出馬爲新文化陣營吶喊助威而對守舊勢力加以批判。例如 1919 年 4 月 1 日《民國日報》就以《頑固黨仇視新思潮，意欲排斥陳、胡，推張元奇出頭》爲題發佈北大內部安福系想奪權、排擠新派人物的消息，而此前的 3 月 18 日，《民國日報》也刊出了《北京大學之舊潮——與新潮對抗之國故月刊》的短訊，內中寫道：「北京大學之出版品，以新潮爲最，茲復有昌明中國故有之學術爲旗幟者，發刊《國故月刊》一種，月出一冊，茲摘舉其第一期目錄於後……」像這樣立場鮮明的支持新文化運動，批判頑固守舊勢力的消息、短訊在《民國日報》上大量存在。這樣的消息、短訊高密度出現、輪番「轟炸」，其影響力不容忽視，久而久之就會在某種程度上左右人的頭腦，使「新＝好、進步」、「舊＝不好、反動」的觀念深深地紮根於人們的頭腦，成爲一種集體無意識，使大量的讀者不知不覺地站到編輯者的立場上，認同對新思潮和新文化運動的肯定評價而站到守舊勢力的對立面。媒體的這一影響其實對新思潮的傳播和新文化運動的推廣起著極爲重要的作用。

然而我們也必須注意到，在《覺悟》創辦之前，《民國日報》副刊對新文化運動的某些具體主張並非是全盤接受的。儘管《民國日報》是爲加強反袁的輿論力量而設立的，在這個意義上其於政治方面的訴求遠遠大於謀文化上的建樹。但在新文化運動的語境裏，對於文學之移風易俗、改良社會的功效還是相當關注的。當然，這樣一種以文學改良社會的功利主義文學觀直可上

〔註12〕《青年雜誌廣告》，見 1916 年 1 月 22 日《民國日報》。

溯至晚清詩界革命、小說界革命。在《覺悟》誕生以前，《民國日報》上最受關注的藝術門類當屬小說和戲劇。如前所述，《民國日報》創辦之初，不管是副刊《藝文部》還是正張上就都有小說作品發表，但此時有關小說的理論建樹卻不多。因為此時活躍在《民國日報》上創作副刊文字的主要是南社諸子。而南社以詩詞見長，對小說並不太看重。因此儘管此時《民國日報》的主編葉楚傖創作小說（如《古戍寒笳記》等）並發表，其作品也頗受時人讚譽，但實際上當時的許多人與其說是在欣賞小說不如說是欣賞穿插於小說中的舊體詩詞，或者純粹出於朋友之間的友情捧場而已。也許正因如此，葉楚傖的摯友姚民哀在為其《簫引樓稗抄》寫「跋」時說他「才登董氏之堂，五車讀盡；學入陳思之室，八斗才兼。李供奉號酒仙，前身疑似；杜少陵稱詩史，千載流傳」，〔註13〕而決口不提他的小說創作。

　　1918 年 9 月 10 日，《民國日報・救國之聲》改為《民國小說》，小說作為一種有著特殊「功效」的文體，受到了空前的重視。《民國小說》一開始便連載葉楚傖的《小說雜論》。在這篇文章中葉楚傖除對《水滸傳》、《紅樓夢》、《三國演義》、《金瓶梅》等傳統名著進行了具體探討外，對小說這一文體本身也進行了細緻的研究分析，並對其價值給予極高的評價。文章首先強調了小說的教育功能，認為「小說勢力與教育有驂勒之功」，即便對於那些沒有受過良好的教育，閱讀能力有限的人來說，小說仍然能以其獨特的方式起到教育作用。因此，相對於正統的教育模式，小說的教育功能更為普遍：「瓜棚豆架，皆教忠教孝之言；酒後茶餘，繫世道人心之運。故普遍之力，為教育所弗及。」也正是因為小說有如此強大的教育功能，它才被認為有「移風易俗」之功效。接著葉楚傖質疑了小說為「小道薄技」的傳統觀念，認為作小說其實並非易事，作小說而能得以流傳成為經典，更是難上加難：「文字之道，吾略識其徑矣。以文為文，而能以文傳者，代不過數人。如韓歐蘇柳，屈指可數，則其難盡於善可知矣，而況以語為文乎？余嘗曰：施耐庵王實父之才，使治縱橫駢散之文，必不許前有古人……由是以觀，小說豈狷薄少年之事哉？……」〔註14〕總而言之，儘管葉楚傖從一個小說作者的角度出發對小說的文體地位給於較高的評價，但他在此對小說的論述並沒有超出梁

〔註13〕　姚民哀：《簫引樓稗抄・跋一》，見《葉楚傖詩文集》（葉元編），上海：生活・讀書・新知三聯書店上海分店 1988 年 1 月第 1 版，第 28 頁。
〔註14〕　小鳳：《小說雜論（一）》，見 1918 年 9 月 10 日《民國日報・民國小說》。

啓超之「欲新一國之民，不可不先新一國之小說……小說有不可思議之力支配人道」〔註15〕之說，有意思的是他擡高小說地位的論證方法。他認爲以文（文言）作文而能流傳已經是很不容易了，以語（白話）作文而能流傳就更是難得。因此，以白話作文並成爲流傳下來的經典的施耐庵、王實父（甫）等人如果以文言作文的話那肯定是不讓先賢的。在此，他把白話文寫作看作是難度相當高的一項工作，相對於文言寫作，其對作者素質有著更高的要求。寫作白話小說者並非不能作文言，非不能也，是不爲也，藉以來提高小說的地位。這種論述方式其實跟胡適《文學改良芻議》中的立場有著某種程度上的一致性，胡在這篇振聾發聵的文章中揭起了文學改良的大旗，提出了著名的文學改良「八事」，在論述形式方面的革新時，他大力爲白話小說張目，強調白話小說對創作藝術的要求之高，是眞正的「文學正宗」，而駢文律詩則簡單容易得多，屬於「文學小道」：「今人猶有鄙夷白話小說爲文學小道者，不知施耐庵、曹雪芹、吳趼人，皆文學正宗，而駢文律詩乃眞小道耳。」〔註16〕可見葉楚傖的上述論述是跟胡適一脈相承的。

儘管葉楚傖認同胡適等人文學革新的觀點，對白話小說給予如此高的評價，但他卻對當時的一些文學改良者主張直接以《紅樓夢》、《水滸傳》等白話小說經典作爲國文教材來學習和推廣白話文的做法也表示懷疑：「此人殆酒酣耳熱故發笑談乎？不然吾眞不解其是何心腸也。」因爲在他看來，「就小說歷史言，中國只有能作佳小說者，缺少能讀佳小說者。金聖歎之後，能發潛德幽光者幾人哉？」〔註17〕而對胡適以「言文合一」的「活文學」來提高白話文學作品地位的做法，他也表示不屑。他寫道：「廣東人與蘇州人言語不通也。而讀白話小說則廣東人所知者無異於江蘇人，可見語無不同，所異者特在口齒間耳。今試翻出一本白話小說，令江蘇人看之，令廣東人讀之，讀者與看者皆莫名其妙也。而其實所讀者即其所看者耳。故今若有人倡言統一言文，莫如用白話文字，此不通之論也。中國人民情感隔閡之患，不在文字之淺深而在言語之不通。……作小說非犯法事也，賣小說亦非犯法事也。有好小說者，則直曰賣好小說，不有好小說則直曰賣紙張、賣裝訂，何必假言言

〔註15〕 梁啓超：《論小説與群治之關係》，見《梁啓超文集》（陳書良編），北京：燕山出版社 1997 年 2 月第 1 版，第 282 頁。
〔註16〕 胡適：《文學改良芻議》，載 1917 年《新青年》2 卷 5 號。
〔註17〕 小鳳：《小説雜論（四）》，見 1918 年 9 月 13 日《民國日報·民國小説》。

文一致等之大帽子以造口孽哉？」〔註 18〕由此可見，此時的葉楚傖對胡適等新文化運動主將大力提倡白話文的意義還是不甚了然的，甚至表現出某種不屑一顧的姿態。因此儘管他也為文讚揚白話小說的地位，但從根本上來說他還不是新文化運動隊伍中的人。在他看來，阻礙中國人情感交流的主要是方言發音各不相同的問題，而不在文字深淺。言下之意即是只要方言統一了，各地中國人的交流便沒有問題了，不必鼓吹什麼白話文。而且，此處他僅僅把白話文同小說聯繫在一起，似乎只有小說才可能以白話文進行寫作，而其文體如散文、詩歌等是根本無法用白話文寫作的，這跟當年在綺色佳胡適等人討論文學革命時梅光迪認為「白話只可以作小說詞曲，不可用作詩與美文」〔註 19〕的觀點並無二致。

其實針對葉楚傖所提出的中國各地方言各異的問題，胡適在《建設的文學革命論》中早已給出了回答。他在這篇文章中指出，「我的『建設新文學論』的唯一宗旨只有十個大字：『國語的文學，文學的國語』」，並且說，「有些人說：『若要用國語做文學，總須先有國語。如今沒有標準的國語，如何能有國語的文學呢？』我說這話似乎有理，其實不然。國語不是單靠幾位言語學的專門家就能造得成的；也不是單靠幾本國語教科書和幾部國語字典就能造成的。若要造國語，先須造國語的文學。有了國語的文學，自然有國語。……」〔註 20〕胡適的這篇文章發表在 1918 年 4 月 5 日出版的《新青年》上，而上面引述的葉楚傖的《小說雜論》則是這年 10 月 2 日見報的。以胡適及其文章在當時影響之大，很難說葉楚傖沒有注意到胡的觀點。而葉在此重提方言問題來反對「言文一致」說，恐怕是在有意跟胡適等新文化運動派的觀點形成一種疏離和對抗。

一面高揚白話小說的價值，一面卻又反對言文一致，這看似矛盾的思維其實並不矛盾。曹聚仁引用胡適的話所做的一段說明或許會對我們有所啟發：

> 本來，晚清主張革新或革命的士大夫，也有人提倡白話報，有提倡白話書的，連後來反對新文學運動的林紓，那時也提倡通俗書

〔註 18〕 小鳳：《小說雜論》，見 1918 年 10 月 2 日《民國日報・民國小說》。

〔註 19〕 曹聚仁：《「五四」的前夜》，見《文壇五十年》，上海：東方出版中心 1996 年 1 月版，第 101 頁。

〔註 20〕 胡適：《建設的文學革命論》，見 1918 年 4 月 15 日《新青年》4 卷 4 號。

報；那位有名的經學大師章太炎，他也寫了許多白話文。他們也可以說是替中國文學開了新路。不過「這些人可以說是有意的主張白話，但不可以說是有意的主張白話文學。他們的最大缺點，是把社會分作兩部分：一邊是『他們』，一邊是『我們』。一邊是應該用白話的『他們』，一邊是應該做古文古詩的『我們』。我們不妨仍舊吃肉，但他們下等社會不配吃肉，只好拋塊骨頭給他們吃去罷。這種態度是把一件事分成兩截了，還是不行的。」（胡適語）〔註21〕

葉楚傖的上述言論似乎也可以這麼解釋。葉雖非士大夫出身，但自幼飽受傳統文化的浸潤，是南社的重要成員之一，有著很好的國學修養，同時又是追隨孫中山參加革命的革命者，國民黨的元老級人物。因此在他身上，舊的傳統的因襲還是比較重的。一方面他推重小說的教育作用，這是因為作為普通民眾的「他們」看不懂文言，只好以白話寫成的小說來對其進行教育、啟蒙；另一方面受過良好教育、有著相當國學修養的「我們」自然不必非用白話進行寫作不可。因此，在他看來，忽視這種國學修養程度的差異，而一概提倡「言文一致」實屬謬論。當然，這樣一種觀念是與新文化運動格格不入的。

白話詩也曾經是新舊兩派爭論的焦點之一，守舊派認為白話不能為詩，而胡適等新文化派則力倡詩體大解放，不僅鼓勵青年詩人寫白話詩，自己也身體力行，率先劈山開路。1917 年 2 月，《新青年》2 卷 6 號刊出了胡適的 8 首白話詩，這是中國現代新詩運動中出現的第一批白話詩。這些「嘗試」之作一經發表便引來許多關注，對於其中所表現出來的詩歌理念更是議論紛紛。胡適後來在《談新詩》一文中總結了自己的新詩理念，那就是「不拘格律，不拘平仄，不拘長短；有什麼題目，做什麼詩，詩該怎樣做就怎樣做」，並且將之稱為詩歌發展史上的「第四次的詩體大解放」。〔註22〕面對胡適的白話詩嘗試以及其中表現出來的「詩體大解放」的理念，在新文化派都紛紛傚仿並將這種理念奉為圭臬的同時，一些反對者也紛紛發出了質疑之聲。1917 年 3 月 1 日，《民國日報‧藝文部》發表成舍我的短文，對這種新詩理念表達強烈質疑並強調「詩律」的重要性：「詩有詩律，亦如一國之有法律，一軍之有軍律也，若縱情任意，信筆所之，與叛民驕兵何異？即謂為詩界罪人，亦

〔註21〕 曹聚仁：《民初》，見《文壇五十年》，上海：東方出版中心 1996 年 1 月版，第 96 頁。
〔註22〕 胡適：《談新詩》，載 1919 年 10 月 10 日《星期評論》雙十節紀念號。

無不可。縱伊古名家，有例可援，然如梟雄盜魁，雖能遭逢時會，為帝為相，要不可為後世法也。彼破壞詩律而動以古人為證者，其可以止矣。」〔註 23〕當然這種觀點是與新文化派的新詩發展理念明顯相悖的。然而有意思的是當時過境遷之後，學者們在對導致 20 世紀新詩發展走入困境的原因進行分析並號召第二次「新詩革命」的時候，他們的目光又不約而同的回到了「詩體大解放」的起點，重新審視當年的相關爭論並且呼籲「詩體規範」：「當年胡適以『詩體大解放』作為新詩革命的突破口，今天看來得以『詩體大規範』來作為新詩秩序建設的突破口。」〔註 24〕但無論如何，在當年白話新詩剛剛萌芽，需要以「詩體大解放」來對舊秩序進行摧毀的這一有點「矯枉必須過正」的時期，《民國日報》副刊是跟主流的新文化派有距離的。

前文曾經提到，《民國日報》副刊早在《藝文部》時代就開設有「新的思潮」欄目，後來副刊雖經多次革新，名稱數度變化，但是介紹新思潮的欄目仍是大致延續的，直到 1918 年 5 月 17 日，《民國思潮》改為《救國之聲》，介紹新思潮的文化啟蒙才被政治救亡所取代。而到這年的 9 月 10 日《救國之聲》又改為《民國小說》後，介紹新思潮的欄目也仍然沒有恢復，此後一直到《覺悟》創刊之前，《民國日報》副刊上再也沒有看到介紹和傳播新思潮的文字。「新思潮」欄目在《民國日報》副刊上的缺席當然有著「救亡壓倒啟蒙」的意味，但也與這一時期新文化運動的落寞不無關聯。魯迅在《吶喊‧自序》中回憶過那時新文化運動的景況：「我懂得他的意思了，他們正在辦《新青年》，然而那時彷彿不特沒有人來贊同，並且也還沒有人來反對，我想，他們許是感到寂寞了……」〔註 25〕也正是因為這種寂寞，才有了 1918 年《新青年》第 4 卷第 3 號上，錢玄同和劉半農合作演出的雙簧戲，由錢玄同化名「王敬軒」發表《給〈新青年〉編者的一封信》，站在傳統文化衛道士的立場對新文化派大加討伐，而劉半農則以記者身份發表《復王敬軒書》，對其謬論進行了痛快淋漓的駁斥。這齣後來被傳為佳話的雙簧戲恰恰說明了當時新文化運動所處的尷尬境地。因此，這一時期《民國日報》副刊上「新思潮」缺席，主導者的觀點與新文化派相左也就不是偶然的了。

〔註 23〕 舍我：《詩律》，載 1917 年 3 月 1 日《民國日報‧藝文部》「藝文屑」欄。

〔註 24〕 駱寒超、陳玉蘭：《論新詩的本體規範與秩序建設》，載《浙江旅遊職業技術學院學報》2006 年第 4 期。

〔註 25〕 魯迅：《吶喊‧自序》，《魯迅全集》（卷一），北京：人民文學出版社 2005 年 11 月第 1 版，第 441 頁。

綜上所言，在五四之前，《民國日報》副刊對新文化運動雖然從多方面予以讚助，但具體到某些文化觀點則與新文化運動主將們的倡導不盡相同。並且當新文化運動一度陷入低潮時，《民國日報》副刊也會相應的呈現出觀望和猶疑的態度。只是隨著時局的變幻、新文化之火也越來越呈現出燎原之勢時，《民國日報》副刊才逐漸放棄某些對立的立場，並完全加入新文化陣營，成為五四新文化運動的重要陣地之一，當然這一切都跟《民國日報》副刊《覺悟》的創刊分不開的。

1919 年 5、6 月間《民國日報》副刊進入了頻繁變動的時期，先是 5 月 12 日《民國小說》的版面為《大家討賊救國》所取代，接著 5 月 25 日又出版《民國小說・閒話》合刊，而《大家討賊救國》繼續出版。到 6 月 11 日《民國小說、閒話》合刊又被代之以《救國餘聞》。6 月 16 日，《民國日報・覺悟》創刊，《救國餘聞》停刊。此後才稍稍穩定下來，《民國日報》副刊在一段時間內都是《覺悟》和《大家討賊救國》兩種。也許是由於改版之倉促，在《覺悟》創刊之初，並沒有發表什麼宣言或是發刊詞，然而《覺悟》的出現卻也絲毫不讓人感到突兀。事實上，正是五四運動催生了《覺悟》。

1918 年 11 月，第一次世界大宣告結束，次年 1 月 18 日，27 個戰勝國的代表共 1000 多人在巴黎市郊的凡爾賽宮召開巴黎和會。在中國山東問題上，雖經中國外交官顧維鈞多方努力，還是沒能挽回對山東的主權，大會決意將戰前德國在山東的特權轉讓給日本。消息傳來，國內群情激憤，5 月 4 日，北京愛國學生走上街頭髮出了「外爭國權、內懲國賊」的憤怒呼喊，並且痛打了章宗祥、火燒了趙家樓。既痛外交失敗、主權流失，又憤怒於北洋政府逮捕愛國學生、鎮壓遊行，於是全國各地爆發了大規模的聲援運動，五四之火漸成燎原之勢。在民眾的壓力之下，北洋政府終於答應釋放被捕學生，並電令巴黎的中國代表團拒絕在協議上簽字，也罷免了曹汝霖、章宗祥和陸宗輿三個成為眾矢所向的「賣國賊」。這就是在中國現代史上寫下光輝一筆的「五四運動」。

由於在一戰後期北洋政府對德奧宣戰，因此戰後中國也算是戰勝國中的一員，這為此時的外交鬥爭爭取了一定程度上的主動。對於以戰勝國身份參與的巴黎和會，國人也是寄寓了很高的期望。因此當巴黎和會伊始，國內報刊上每天都刊登大量關於巴黎和會的消息。這些消息往往最先由北京《晨報》露布，接著被各大報紙轉載。因為《晨報》是研究系所辦，而研究系的首領

梁啓超此時正在巴黎開展民間外交活動，並不斷把有關巴黎和會的信息致電國內。這期間《民國日報》也轉載了大量關於巴黎和會的消息，並配發評論，呼籲民眾關注巴黎和會進展，維護國家利益。當梁啓超在巴黎爲國家痛陳疾呼、爭取輿論支持之時，國內偏偏發生了梁親日賣國的謠傳，梁雖以大局爲重，繼續奮力奔忙，而《民國日報》卻也在不明就裏的情況下接連發表《促國民速討賣國賊》、《再促國民速討賣國賊》〔註26〕等文，語氣嚴厲地直指梁啓超爲賣國賊，並號召國民進行聲討。隨著梁啓超繼續不斷致電國內，爲爭取和會的外交勝利獻計獻策，謠傳也終於歸於無迹。然而雖然有顧維鈞、梁啓超等人通過各種渠道努力在巴黎和會上維護國家主權和民族利益，但「時不我待，迴天乏術。由於日人機詐百變的外交手腕與列強的各自打算，加以中日密約予人以口實，政府隱瞞內情，致使談判失據，中國利益的被犧牲便成爲慘痛的現實。」〔註27〕1919 年 4 月 24 日，已經得知德國在山東的特權將被轉讓給日本這個噩耗的梁啓超在給國內的電報中號召政府與國民團結一致，拒簽合約：「對德國事聞將以青島直接交還，因日使力爭結果，英法爲所動。吾若認此，不啻加繩自縛。請警告政府及國民，嚴責各全權，萬勿署名，以示決心。」5 月 2 日，電報的全文登載在《晨報》上，經各大報紙一轉載，中國在巴黎和會上外交失敗的消息便迅速傳播開來。兩天之後，五四運動暴發，「而梁氏電文，無異爲遊行提供了一條導火線。」〔註28〕

5 月 6 日，《民國日報》開始大量報導北京五四運動的消息。5 月 7 日，葉楚傖發表《五月七日之神：北京學生》，在文中對北京學生的愛國行爲給予高度讚揚，表示願與被捕學生同生共死，並且呼籲社會各界積極營救被捕學生。5 月 9 日，自創刊後就大量刊登簫引樓主的《官場醜史》、塵因的《儒林新史》、毓瑱的《乞人張二》、綺緣的《香冢鵑聲》、張恨水的《眞假寶玉》以及《小說迷魂遊地府記》之類鴛蝴派小說的《民國小說》副刊開始發表「愛國小說」，其中有的就是直接以五四運動爲背景寫的，比如《舊恨重提》、《夜燈兒話》等等。5 月 12 日又乾脆取消《民國小說》，出版《大家討賊救國》，

〔註26〕 力子：《促國民速討賣國賊》，載 1919 年 3 月 30 日《民國日報》。同樣是力子所作的《再促國民速討賣國賊》載 1919 年 4 月 2 日《民國日報》。

〔註27〕 陳平原、夏曉紅：《觸摸歷史——五四人物與現代中國》，廣州：廣州出版社 1999 年 4 月第 1 版，第 249 頁。

〔註28〕 陳平原、夏曉紅：《觸摸歷史——五四人物與現代中國》，廣州：廣州出版社 1999 年 4 月第 1 版，第 250 頁。

只不過此時所討之賣國賊已經不是梁啓超，而是五四運動中被推倒風口浪尖的曹、章、陸等人了。5 月 26 日出版《民國小說‧閒話》合刊裏更是出現了所謂的「時事小說」《章宗祥冥遊記》，對其進行嬉笑怒罵。《覺悟》創刊之後，《民國小說‧閒話》被取消，原先那些強調娛樂、可讀性的內容也從《民國日報》上絕迹。直到 1919 年 8 月 3 日，《民國日報》才發表啓事重新開始刊登注重娛樂性和故事性的章回小說：「本報邇爲提倡新思潮及愛國運動起見，將小說、閒話兩欄先後改組，而愛讀諸君多有以仍增刊小說爲請者，本報因此特請王大覺先生專撰長篇章回社會小說（《江南錄》）。自本月四日（星期一）起逐日刊載本埠新聞欄後，絕不間斷。大覺文章久蓄當世，此篇尤爲經營之作，於社會現象抉發殆盡。度必爲閱者諸君所嘉許也。謹此預告。」〔註 29〕總之，在五四後的一段時間內，有關五四運動的內容佔據了《民國日報》的絕大部分版面。

1920 年 5 月，梁啓超在《「五四紀念日」感言》中對五四運動給予高度肯定，認爲這是發生在「國史上最有價值」之運動。「這自然與梁氏歸國後注重文化建設的現實關懷相契合。在他看來『五四運動』由『局部的政治運動』擴展爲『文化運動』，才是其眞正的價值所在。」〔註 30〕而從 1919 年 6 月 16 日《覺悟》的創刊來看，這也的確預示著《民國日報》副刊開始從單純的政治救亡中走出來，並且開始致力於從事長期的文化運動。從此，《覺悟》眞正成爲新文化陣營中的一員，並且逐漸成爲新文化運動中的一塊重要陣地。而從前《民國日報》副刊上那些與新文化運動不太和諧的聲音也漸漸銷聲匿迹。前文曾經提到過葉楚傖曾撰文反對胡適等所倡導的「言文一致」說，以爲小說可以用白話，其他如詩歌等等則未必，但自從《覺悟》創刊，《覺悟》上發表的各類文字卻是清一色的白話文、文言小說或古典詩詞徹底在《覺悟》上絕迹。1919 年 7 月 13 日《覺悟》上破例刊出一篇文言文，是復旦大學瞿宣穎寫的《禁止中國納妾之方法》。但文末還附有記者的說明：「記者按，本欄原定專載白話體裁之最近思潮，此篇義理正確，爲吾人所極表歡迎者，惟既爲中華建社會徵文之作，則又不便演爲白話，故特破例轉載之。」到 8 月 10 日，《覺悟》上刊出《本欄歡迎投稿》的啓事，其中對所徵稿件的第一條要求即

〔註 29〕《本報增刊小說啓事》，見 1919 年 8 月 3 日《民國日報》。

〔註 30〕陳平原、夏曉紅：《觸摸歷史——五四人物與現代中國》，廣州：廣州出版社 1999 年 4 月第 1 版，第 252 頁。

是「體裁概用白話」。在新文化運動的語境中，在當時社會上反對白話文的浪潮還此起彼伏的時候，《覺悟》「體裁概用白話」的要求無疑表明了一種姿態，它是一個重要標誌，標誌著《覺悟》已經完全成爲新文化陣營中的一員了。

當然，「體裁概用白話」的要求只適用於《覺悟》，至於《民國日報》的正張或是和《覺悟》並存的其他副刊則仍然是可以刊登文言的。這種現象在當時極爲普遍，其它著名的報紙副刊如《晨報副刊》和《時事新報・學燈》等等分別之於所附的報紙正張也是如此。事實上，儘管 1920 年 1 月北洋政府教育部就通令凡國民學校一二年級國文課教育也統一運用白話文，以語言革命爲標誌的新文學革命至此已是大獲全勝，但是白話文的推廣和普及仍然並非是一帆風順的，甚至可以說困難重重。以報紙雜誌來說，除了那些支持新文化運動的雜誌以及報紙副刊開始採用白話文之外，絕大多數報紙正張的新聞、社論等等仍然使用文言，而政府機關的正式公文函件更是一概都用文言。並且隨著時間的推移，還又數度出現過文言白話孰優孰劣的論爭，在此期間曾經支持白話的人後來又轉而使用文言的情況也屢見不鮮，這使得白話文推廣普及並完全取代文言的道路遙遠而漫長。1923 年 2 月 11 日，《覺悟》「通信欄」刊出江蘇省教育會推行國語委員會給各大報紙編輯的信，信中呼籲報紙減少文言、改用語體：「本會同人對於諸君有一個請願；就是本會推行國語這件事，很希望諸君幫忙，在報上鼓吹一下。因爲語言不統一的弊病，已經全國都公認。貴報通行各省，提倡的力量當然比同人口頭勸告有效得多，而所最希望的，要請貴報逐漸的改用語體，減少文言，給全國做一個榜樣……」〔註31〕對於這樣的呼籲，作爲《覺悟》主編同時也是《民國日報》經理的邵力子當然十分贊成和支持。但是卻也不可能一下做到《民國日報》正張也改用白話。他所能做的只是將這封呼籲信在《覺悟》上公開發表以敷代爲鼓吹之請：「諸君底意見，我們十分贊成，也就是我們天天想做的一件事。只因經濟上的關係，不能即把新聞改成語體文。現在把這封信登出來，表示我們一點贊成的意思，也藉此督促自己努力向這目的做去。」〔註 32〕然而，其它報紙卻並不都像《民國日報・覺悟》這麼開明，儘管自己暫時無法做到全部改爲語

〔註31〕《報紙改用語體文的要求》，載 1923 年 2 月 11 日《民國日報・覺悟》「通信」欄。

〔註32〕力子的回應附在江蘇省教育會推行國語委員會原信之後，見 1923 年 2 月 11 日《民國日報・覺悟》「通信」欄。

體文也公開發表此信表示支持。這封呼籲信發出後大都如泥牛入海，沒有任何回響。並且此信以「江蘇教育會推行國語委員會」的名義發出，但在江蘇教育會中有人就擔任著報紙的筆政，然而非但他們所負責的報紙未改用語體，就是自身寫作也仍未擺脫文言。提倡別人做是一回事，自己做又是另一回事，這不禁讓邵力子感到有點失望和憤懣。於是兩個星期後他在《覺悟》上發表一篇「隨感錄」，批評這些號召報紙改用語體文者首先應該從自身做起。「這次推行國語委員會上面既冠著江蘇省教育委員會的字樣，省教育會的諸公一定是很熱心地主持這推行國語的主張了；沈信卿黃任之兩先生不是省教育會底主腦人物嗎？幸而他們兩位都在中國第一老資格的申報執筆政，逐漸改用語體文減少文言的主張必然可在申報開始做起了。至少，別部分且不管，沈黃兩先生所主持的一部分和他們自己所做的文章，必定可先改用語體了！無論提倡哪種事情，都必須先從自己做起，沈黃兩先生一定明白此義，我們等著看罷！」〔註33〕……

　　總而言之，在 1919 年 6 月，文言與白話、新文化派與守舊派鬥爭猶酣的情勢下，《覺悟》副刊要求「體裁概用白話」是有著相當大的決心與勇氣。這表明對於新文化運動，它已經義無反顧地選擇了支持的立場。

〔註33〕力子：《報紙改用語體的要求》，載 1923 年 2 月 26 日《民國日報・覺悟》「隨感錄」欄。

第二章 「四大副刊」之一
——漸成新文化重鎮的《覺悟》

在邵力子的主持下，《覺悟》創刊後就以傳播新文化和從事中國文化的整理與建設爲職志，並且在文化觀念取向上表現出跟正張不一致的選擇。這一切都使得《覺悟》成爲《民國日報》的一個亮點，而不再像從前《民國日報》的其他副刊那樣始終是正張的附庸。《覺悟》依託《民國日報》，借助其原有的讀者網絡和發行組織迅速擴大了自己的影響，而反過來《覺悟》也以其堅定的支持新文化運動的嶄新姿態贏得了越來越多的讀者的信任，提高了《民國日報》的聲譽。在創辦伊始，由於稿源緊張，《覺悟》上曾經大量轉載《晨報副刊》、《每周評論》、《建設》等報刊雜誌上的文章。而當其在新文化界站穩腳跟之後，《覺悟》不但有了越來越大的讀者群，同時也漸漸形成了自己的作者群，不僅如此，一些新文化界的領軍人物也開始給《覺悟》寫稿。在上海，《覺悟》與《時事新報·學燈》一起，儼然成了支持和推動新文化運動的兩塊重要陣地。

第一節 「集思廣益」
——作爲新文化公共空間的《覺悟》

前文在論述《民國日報》及其歷史淵源的時候，曾經引用 1920 年 1 月 1 日《民國日報》紀念增刊上發表的吳敬恒的文章，他說《民國日報》「把《民立報》復活」，因而跟《民立報》是一脈相承的。並且由於《民立報》是「發表民黨總意志的機構」，即所謂「機關報」，因此作爲承繼者的《民國日報》自然也就延續了「機關報」的角色。但吳敬恒在文中同時也指出，《民國日報》

不單繼承了《民立報》也發展了《民立報》，即「把《民立報》進步」：「當時民立報正忙民國的主張，不曾來得及兼忙世界的主張。到民國日報時代，民國日報的人知道正義便是正義，他那民國的主張，簡直不單是民黨的主張，直是凡愛民國人的主張。簡直還不單是民國的主張，直便是世界的主張。但是在他出版的前兩年，國中人又沒有這種興味。故凡涉及世界的論調，又盡往民國日報送。好像民國日報，只是一間世界黨人開的古董鋪子……這就是民國日報把民立報進步之處。」〔註1〕由此看來，儘管《民國日報》是所謂一黨之「機關報」，但它又不限於充當一黨之喉舌，所有黨派（即吳敬恒所謂「世界黨人」）、所有愛國的主張都可以在《民國日報》上自由發表。在「愛民國」的旗幟下，《民國日報》實際上充當了一個自由言說的公共論壇，所有言論──只要是愛民國的或是有利於民國的，都可以在這個論壇上得以發表。

　　《覺悟》創刊後，《民國日報》的這種開放姿態在《覺悟》副刊上得到延續。致力於從事文化建設的《覺悟》儘管沒有什麼發刊詞或是辦刊宗旨之類的文字說明，但是從其編輯實踐來看仍然秉承了這一充當公共空間的開放理念──當然這一公共空間也有自己的中心，那就是推動新思潮、革新固有的中國文化。從致力於政治民生方面的建樹，到轉而推動中國的文化革新，這是《民國日報》同人自覺做出的選擇。1920 年，在《民國日報》迎來四週年紀念之際，報紙的同人發表《四周紀念前後的本報》，內中就描述過這種指導方針轉變：

　　　　同人向來所兢兢的，是分別國內的真是非，當時所選定的標準，是「合法的是的，尊重民權民生的是的」，「不合法的、蹂躪民權民生的非的」。將這個標準定了，憑你受何種要挾壓迫，不敢移動一點，深信這是解決種種困難的不二法門。現在知道一國的糾紛，決不能單憑□□（□為不能辨識文字，下同）是非所能解決的。所以同人不暇問自己的能力夠不夠，更向新思潮裏努力進行。同人對於這一點的□□，□且曾經分出過幾個條理來。

　　　　一、新文化的介紹。

　　　　二、舊文化的甄別。

　　　　三、舊文化在社會上的感化力分析。

　　　　四、新文化替代舊文化的程序與方法。

〔註 1〕 吳敬恒：《民國日報與世界的進化》，載 1920 年 1 月 1 日《民國日報紀念增刊》。

　　　　同人對於這四條，以後是決心要努力進行的。能做到哪一步，
　　現在不敢說，因爲少數人的能力總是有限。咳！那麼同人只好求一
　　般國人的提攜一致進行哩。〔註2〕

儘管上述四條是報紙同人對於《民國日報》日後努力方向的描述，並未專指
《覺悟》副刊，但實際上，《民國日報》上承載推動新思潮、支持文化革新任
務的版面其實就是《覺悟》。此後儘管報紙正張上有時也會發表一些支持新文
化運動的社論，但是數量有限，報紙正張所主要關注的主要還是即時的社會
政治問題。因此，在實際上，《覺悟》就成爲一塊比較純粹的討論文化問題的
園地、一個新文化的公共空間。

　　正如上述四條所言，《覺悟》的使命就是介紹和推介新文化、研究和批判
舊文化，最終實現新文化取代舊文化。因此只要是支持新文化運動、爲這一
使命服務的文字，《覺悟》都會爲其提供發表的空間。即便是過去思想守舊、
甚至頑固的反對過新文化運動，但只要現在站到了新文化的隊伍裏，《覺悟》
就會對其表示熱烈的歡迎。而對於新文化陣營當中的不同聲音，《覺悟》也會
提供版面任其自由言說。這樣，在《覺悟》上就形成了一個新文化的公共空
間。當然這裡所謂的「公共空間」跟哈貝馬斯所說的批判性的「公共領域」
有所區別。哈貝馬斯從政治的角度出發強調的是「公共輿論」的批判性，以
及其同國家政權之間的對抗關係。而此處所用的「公共空間」則意在強調《覺
悟》爲討論新文化運動推動新文學發展提供了一個公眾都可以參與進來的平
臺。新文化何以必要，舊文化何以必須退出歷史舞臺，這些問題都可以在這
個空間內自由地展開討論。

　　1921 年 7 月 1 日，《覺悟》發表宣言，對辦刊歷程進行總結，並對下一步
《覺悟》的工作和用稿要求作了進一步的規定，內中說明《覺悟》自創辦來
就秉持「集思廣益」的開放方針：「本刊抱定『集思廣益』底方針，極力採取
各方議論，已經過了兩年了，這兩年間，蒙諸方友朋盡力相助，同人眞是異
樣感激。……從本月起，當更努力，決於原有『寬大』一條，加上左列三條
限制，使本刊對於時下的潮流更能盡一點推挽的微力」。而所說的三條限制就
是「提倡眞摯的著述」、「破除著譯底藩籬」和「歡迎奮進的青年」。〔註3〕內

〔註2〕　《四周紀念前後的本報》，載 1920 年 1 月 1 日《民國日報紀念增刊》，署名「報
　　　　紙同人」。
〔註3〕　《宣言》，見 1921 年 7 月 1 日《覺悟》。

中所謂「集思廣益」和「寬大」其實就表明了一種開放的態度。只要是支持新文化運動、順應新文化發展潮流的，《覺悟》都會兼容並包、虛席以待。爲此還曾經與當時同是支持新文化運動的上海《時事新報》展開過論辯。1920年1月18日《覺悟》「通訊」欄發表陸思安的《做文章要審慎些》，批評《時事新報》對那些原來寫黑幕小說，現在又轉而宣傳新思潮的人不夠寬容。而此前幾天，《覺悟》上也數度刊發文章主張要對宣傳新思潮的人表示一種寬容的態度——即便他們以前是做黑幕小說的。在這些轉而宣傳新思潮的人當中可能有些人的轉向是出於投機，但只要他們現在支持新文化運動，就應該表示歡迎。況且黑幕小說等由於有著廣泛的讀者受眾，如果作者能夠把新的文化理念灌輸到小說中去，實行所謂的「舊瓶裝新酒」，對於新文化運動的傳播來說應該是大有助益的。《覺悟》的編者認識到，在當時的語境中新文化運動面臨的還是盡可能壯大新文化陣營的力量，而不是爭奪新文化的話語權，在此時就閉門內鬥，對於新文化運動來說無疑是一種嚴重的戕害。因此每每有這種「不准革命」——不准參與新文化運動的霸權言論出現，《覺悟》必會對其進行嚴厲駁斥。

　　1920年8月14日，《覺悟》「通訊」欄又發表北京郭增愷的來信，對《時事新報・學燈》批評《新思潮》、《解放畫報》等宣傳新文化的刊物是「投機」、「流氓」的行爲表示不滿：「當《新思潮》半月刊，《解放畫報》未出版前，《時事新報・學燈》裏有幾位的文章，大罵起『流氓』、『投機』來……」〔註4〕在他看來，這種不准別人覺悟、不准別人宣傳新思潮的行爲才是真正的「流氓」行爲，並且質問《覺悟》的主編邵力子是否也是「流氓」，對此邵力子答道：「我是否是個流氓，不用我自己來說，但我向不以罵人『冒牌』、『投機』爲然……社會自有公評，那怕什麼假冒？」〔註5〕表示了跟《時事新報・學燈》不同的態度。而兩天後，《覺悟》又在「評論」欄的顯要位置，刊出郭增愷的《覺悟聲中之流行病》，繼續對只准自己覺悟，不允許他人覺悟的話語霸權提出挑戰，並且將之稱爲一種「流行病」。作者說：「我不相信世上沒有洗手的強盜。我不認可自己不是強盜，就不許強盜學自己。況且我們自己回想當初的我，未必即現在的我；現在的我，假定是好的；但是過去的我，或不如是……若憑社長『聞野鶴』五字，即說人是『冒牌出版品』，我可不敢再恭

〔註4〕 《〈覺悟〉的良友》，見1920年8月14日《覺悟》「通訊」欄。
〔註5〕 《〈覺悟〉的良友》，見1920年8月14日《覺悟》「通訊」欄。

維了！」〔註6〕這種對新文化運動中所表現出來的霸權主義的批評，也顯示了《覺悟》寬容開放、兼容並包的態度。

「寬容開放、兼容並包」的辦刊理念對於《覺悟》的成長是必要的，它可以使得《覺悟》在短時期內能夠團結眾多的新文化力量、大量集中發表支持新思潮傳播和新文化運動的言論，形成一種新文化銳不可擋的強大聲勢，但同時卻也難免會相對降低對稿件質量的要求。從長遠來看，如果只是從表面上泛泛而談，呼籲支持新文化運動、聲稱新文化替代舊文化勢在必行，則勢必難以將新文化運動推向深入，使其真正落地生根並且成為符合時代發展的自覺選擇。因此，當《覺悟》在新文化陣營中已經佔據了相當的位置，擁有了不斷擴大的讀者群和相對穩定的稿源之後，便要開始對稿件提高要求了，這便有了 1921 年 7 月 1 日的《宣言》。當然提高要求，加上所謂的三條「限制」，並不等於改變「集思廣益」和「寬大」的辦刊方針，這只是因為「同人不相信廣告式的文字，能夠站在水平線上，此後務使學者態度底假裝，從本刊底努力，稍稍絕迹霄壤。」〔註7〕應該說《覺悟》這種把新文化運動引向深入的努力是切實有效的。而且事實證明，在邵力子去職、《覺悟》轉向之前，《覺悟》也繼續成功地充當了新文化的公共空間。《五四時期期刊介紹》一書在考量《覺悟》的「戰鬥性」時不無惋惜地寫道：「由於『覺悟』畢竟不是中國共產黨的正式機關刊物，在組織上並不受黨的領導，而且附在資產階級報紙上，不可能不受它的影響與限制；也由於當時的馬克思主義者還不成熟，鑒別毒草的能力和理論鬥爭的經驗很差；『覺悟』很自然地帶上了『兼容並包』的色彩，除了基本上馬克思主義的文章外，還發表了不少宣傳唯心主義和舊民主主義的文章以及一些與政治鬥爭無關的一般學術著作，削弱了和沖淡了它的戰鬥性」。〔註8〕然而，從推進新文化的角度來看，「兼容並包」恰恰是《覺悟》保持作為一個新文化公共空間所必須具備的辦刊方針與理念，而且就《覺悟》的創刊而言，它所致力的原本就不是現實的政治鬥爭或宣傳某一種主義，而是力圖在文化革新方面有所作為。

〔註6〕增愷：《覺悟聲中之流行病——忠告覺悟青年的一部分》，載 1920 年 8 月 16 日《覺悟》「評論」欄。

〔註7〕《宣言》，見 1921 年 7 月 1 日《覺悟》。

〔註8〕《覺悟——上海民國日報副刊》，見中共中央馬克思、恩格斯、列寧、斯大林著作編譯局研究室編：《五四時期期刊介紹》（第一集 上冊），北京：生活・讀書・新知三聯書店 1978 年 11 月版，第 214 頁。

早在 1919 年，新文化運動的倡導者們就開始對運動的走向有了不一致的意見〔註9〕，先是胡適在《每周評論》第 31 期發表《多研究些問題，少談些主義》，對於新文化運動中一部分人沉湎於空泛地談論各種主義而不肯下功夫去研究中國的實際問題進行批評，接著便有李大釗和藍公武分別對胡適的觀點提出商榷。然而儘管雙方對「談主義」有著不同的理解，但有一點卻是雙方都認同的，那就是最理想的方法是把討論主義與研究問題結合起來。隨後在《每周評論》第 36 期上，胡適發表《三論問題與主義》，對自己的有關表述作了部分修正，改為「多研究些具體的問題，少談些抽象的主義」。之後胡適又寫了《四論問題與主義》等，但不及發表，《每周評論》就被查封了，只好收在次年出版《胡適文存》中。正如羅志田所言，「那次論爭為時雖短暫，卻觸及了所處時代認知的焦點，其反映出的關懷是廣泛而持續的」。〔註10〕不僅如此，新文化陣營內部的這種論爭也直接影響到了當時的支持者們對新文化運動的理解與認知。於是 1919 年 12 月，胡適在《新思潮的意義》一文中對新文化運動進行總結，將其概括為四個方面：「研究問題、輸入學理、整理國故、再造文明」〔註11〕。這樣一種概括實際上超越了「問題與主義」的具體爭論，因為「輸入學理」本身也暗含了輸入西方的各種學說、「主義」的意思。而《覺悟》在實際的操作過程中同樣也超越了「問題與主義」的爭論，既宣傳「主義」、又討論和解決現實「問題」，將二者都作為自己的內容。

馬克思主義、社會主義、無政府主義、國家主義、實驗主義等等都在新文化運動輸入西潮的過程中被引介到中國。並且各有一批知識分子分別抱定一種主義，將之作為醫治中國痼疾的靈丹妙藥。《覺悟》便成了這些「主義」的信徒們介紹其理論主張或者對別的「主義」展開批判的舞臺。比如 1921 年 7 月 15 日，《覺悟》發表《一封答覆「中國式無政府主義者」的信》、7 月 31 日發表《再與太僕論主義的選擇》等等，對無政府主義進行批評，而此前的 1920 年 11 月

〔註9〕 關於「問題與主義之爭」，我認同羅志田先生的觀點，即這一論爭並不預示著新文化陣營的分裂。「胡適和李大釗的相關言論在一段時間裏共同成為年輕一輩的思想資源，提示著這一爭論未必像後來認知的那樣意味著新文化人的『分裂』，或即使『分裂』也不到既存研究所論述的程度。」見羅志田：《外來主義與中國國情：「問題與主義」之爭再認識之三》，《南京大學學報》（人文社會科學版）2005 年第 2 期。

〔註10〕 羅志田：《外來主義與中國國情：「問題與主義」之爭再認識之三》，《南京大學學報》（人文社會科學版）2005 年第 2 期。

〔註11〕 胡適：《新思潮的意義》，載 1919 年 12 月《新青年》第 7 卷 1 號。

《覺悟》也曾連續發文就《時事新報》主編張東蓀信奉羅素的基爾特社會主義進行批駁。當然正像長期以來學界所認為的那樣，《覺悟》在「主義」推介方面所做的最大、最重要的貢獻還是傳播馬克思主義，它與後期的《新青年》不定期刊物一起，是推動馬克思主義在中國傳播最有力的媒介。〔註12〕

當然，在輸入思潮、宣傳主義之外，《覺悟》也對當時中國社會上一些迫切需要解決的問題展開討論，尋求解決之道。胡適在《多研究些問題，少談些主義》一文中曾經列舉中國亟需解決的問題，並對空談主義而不去解決實際問題表示不滿，以為這是「懶惰」的表現。他說：

> 現在中國應該趕緊解決的問題，真多得很。從人力車夫的生計問題，到大總統的權限問題；從賣淫問題到賣官賣國問題；從解散安福部問題到加入國際聯盟問題；從女子解放問題到男子解放問題；……那一個不是火燒眉毛緊急問題？
>
> 我們不去研究人力車夫的生計，卻去高談社會主義；不去研究女子如何解放，家庭制度如何救正，卻去高談公妻主義和自由戀愛；不去研究安福部如何解散，不去研究南北問題如何解決，卻高談無政府主義；我們還要得意揚揚誇口道，「我們所談的是根本解決。」
>
> 老實說罷，這是自欺欺人的夢話……〔註13〕

胡適文中所提及的一系列問題幾乎都曾在《覺悟》上展開討論，而這些也幾乎都是那個時代所關心的焦點問題。比如人力車夫問題，20世紀初對人力車夫問題的探討已經被眾多的學者所關注過，本書不再詳細展開，只略述一二。1918年1月15日出版的《新青年》第4卷第1號上，胡適發表題為《人力車夫》的白話詩，詩中既對小小年紀就承受那麼重的苦痛的人力車夫表示深深的同情與關懷，但又無可奈何地認同「好心腸飽不了餓肚皮」的現實邏輯。作為新文化領軍人物的胡適以其《人力車夫》詩，再加上他對研究人力車夫問題的呼籲很快使得人力車夫問題成為社會關注的焦點〔註14〕，並且對這一

〔註12〕關於《覺悟》上對於「非馬克思主義」的鬥爭以及對馬克思主義的傳播，《五四時期期刊介紹》（第一集 上冊）中《覺悟——上海民國日報副刊》一文所論甚詳，這裡沒有必要再展開。

〔註13〕胡適：《多研究些問題，少談些主義》，載1919年7月20日《每周評論》第31期。

〔註14〕儘管人力車夫問題作為一個問題提出並非胡適的首創——他所批評的熱衷於談論「主義」的李大釗反而比他更早的關注到了人力車夫問題。早在1917年2月10日出版的《甲寅》日刊上，李大釗就發表了《可憐的人力車夫》，以為

問題的探討也幾乎一直延續到人力車作為一種交通工具徹底走入歷史為止。
這期間不僅常常有文學作品反映人力車夫題材，比如除胡適的白話詩外，還
有魯迅的小說《一件小事》、沈尹默的詩歌《人力車夫》、劉大杰的小說《夜》、
老舍的小說《駱駝祥子》……等等，而在以新文化為主導的報刊雜誌上，人
力車夫問題也常常被作為一個社會問題進行探討。而且，當人力車夫問題真
正進入社會學的視野，作為一個個具體的案例被拿來進行剖析的時候，它所
具有的內涵就不只是文學作品中所表現的社會底層人民的代表和從人道主義
出發值得同情的對象那麼簡單了。作為一個底層群體，其構成是極為複雜的，
在人力車夫當中，他們大多數人身上有著淳樸、善良、吃苦耐勞的良好品質，
但也不乏油滑、刁鑽甚至會從事欺詐、搶劫等惡行者。因此當從社會學角度
對人力車夫問題展開充分研究的時候，所得的結論似乎就並不像胡適以及其
他文學家所設想的那樣單純。剝離了人道主義的溫情面紗，在這些社會學的
調查研究中既可以看到人力車夫生活悲苦急需社會救助的一面，也可以看到
部分車夫惡習惡行令人生厭的一面。1919 年 10 月間，《覺悟》上曾經集中對
人力車夫展開討論，連載過李冰心的《人力車夫問題》以及朱天一的《人力
車問題（乙）》等等。其中朱天一在文章中，除了認同李文中所言人力車夫不
事生產、不創造價值以及助長惰性等「壞」的影響之外，也特意談到了對乘
客方面的弊害：

（一）欺騙乘客。此吾人常見之事實也。人力車價目，警察廳本可
　　　規定。而車夫索值往往不能依規定而特意昂之，以圖厚得。
　　　若乘客不慎，即受其愚。雖於乘客損失不多，然養成此種惡
　　　習慣，究非社會之福也。或特廉其價以招徠乘客，半途無警
　　　察之場所，則強索多金，不則不肯前往，更甚者，用強力以
　　　要挾，形同盜匪，乘客爾時不得不允之矣。又既抵目的地，
　　　於乘客交付車資時，強求增加，否則肆口謾罵，凡此種種行
　　　為，本地居民及熟悉路徑者，受其欺騙尚少，至若旅客，無
　　　一不受其愚者。

（二）強拉乘客。此亦吾人常見之事實。如喚車時，則群起而應。
　　　彼此強拉乘客，強挾乘客以坐其車。又如輪船或火車抵埠時，

「北京之生活，以人力車夫最可憐」。參見王彬彬：《知識分子與人力車夫——
——從一個角度看五四新文化陣營的分化》，載《鍾山》2003 年第 5 期。

> 亦有同樣之舉動，宛若野雞拉客也者，令人起惡感。此亦現
>
> 代人力車弊害之一也。〔註15〕

應該說文中所列舉的這些情況都是現實存在的，作者並沒有特意歪曲。1923
年3月6日的《民國日報》上甚至還登出了車夫搶劫乘客的新聞：

> 昨晨五時許，有東洋汽船會社船員三人，在吳淞路轉角，被黃
>
> 包車夫多人，圍住爭吵，車夫某甲，乘機將日員手提之皮包搶劫而
>
> 逸，內貯有現洋四十餘元，兇手未獲。

> 又昨晚五時半，有酒醉日人某甲，在嘉興路獨行。由黃包車夫
>
> 某甲強曳上車，乘機劫取其袋中飾物等。經日探中川瞥見，立即拘
>
> 入捕房。

對於研究人力車夫問題來說，有關人力車夫的這些負面材料，不可避免地會
沖淡胡適等人企圖喚起的對人力車夫人道主義式的同情，讓人覺得勞工有時
候也並不那麼「神聖」和值得尊敬。然而全面並客觀的佔有材料卻是研究問
題所必須具備的態度。畢竟對人力車夫問題的文學想像和進行客觀的調查、
分析、研究中間有著很大的區別。

除去人力車夫問題之外，《覺悟》上對當時社會的焦點問題，如婦女解放與
婚姻自由問題、文章署名問題、宗教問題、新文化大眾化問題等等都展開過討
論。而《覺悟》對新文化運動的推動除了直接現身介入外，在很大程度上也正
是通過這樣一些研究、討論進行的。同時，《覺悟》作為新文化的公共空間，除
去其辦刊理念上有意識地採取「寬容開放、兼容並包」外，也正是通過這一個
個具體問題的討論體現出來的。當然，在宣傳「主義」、研究「問題」以外，《覺
悟》對於新文化運動的另一方面，即「整理國故」，也傾注了相當的努力。有關
《覺悟》作為新文化公共空間的具體展現，下文再展開論述。

第二節 「解放」與「改造」
——婦女解放與婚姻自由問題的討論

1919年1月，陳獨秀在《本志罪案之答辯書》中寫道：「本志同人本來無
罪，只因為擁護那德莫克拉西（Demorcracy）和賽因斯（Science）兩位先生，
才犯了這幾條滔天的大罪。要擁護那德先生，便不得不反對孔教，禮法，貞

〔註15〕朱天一：《人力車問題（乙）》，載1919年10月13日《民國日報·覺悟》。

節，舊倫理，舊政治。要擁護那賽先生便不得不反對舊藝術舊宗教。要擁護德先生又要擁護賽先生，便不得不反對國粹和舊文學……」〔註16〕這便是五四新文化運動力倡「德先生」和「賽先生」之始。後人也一般認爲五四運動使得「民主」與「科學」的觀念深入人心，成爲那個時代的關鍵詞。然而親身經歷過那個時代的沈雁冰對此卻有不同的看法，他認爲實際上並非「民主」與「科學」而是「解放」與「改造」才是五四之後所流行的關鍵詞。1922 年 5 月 4 日，沈雁冰在交通大學上海學校學生會五四紀念講演會的演講中指出，如果說辛亥革命使得「平等」與「自由」等新名詞漸漸爲人們認識並接受，開始在社會上流行的話，那麼「五四」運動則使得「解放」與「改造」兩個關鍵詞深入人心，並且將此看作五四運動的主要影響所在：「自從五四運動之後，『改造』『解放』二個名字，就很普遍在社會上了。在那五四學生運動以前，誰敢說一聲『改造』『解放』？又誰在那裡提倡『改造』『解放』？但是五四以後，人人有改造和解放的思想了；因而這五四學生運動，除了普遍幾個新名詞之外，在政治上社會上的意義更覺很小。」〔註17〕沈雁冰所說的這兩個五四關鍵詞跟長期以來學界的一般認識有所區別，但若結合五四之後的社會文化語境來看，則沈的觀察無疑是準確的。提倡「德先生」與「賽先生」，反對孔教、舊倫理、舊道德，以及國粹和舊文學，實際上就是要將人從舊的文化禁錮中解放出來，然後對舊的文化加以改造並創造出一種新的適應時代需要的文化。相比「德先生」和「賽先生」的抽象拗口，「解放」與「改造」則通俗得多，也更容易爲人們所接受，更便於傳播。1919 年 9 月，張東蓀、俞頌華、梁啓超等人編輯出版的一個刊物就叫《解放與改造》，在雜誌的「宣言」中寫道：

> 今天的世界雖不是以前的世界，然而以前世界的「殘餘」（Residum）尚在那裡支配現在的世界。今天的自我雖不是以前的自我，然而以前自我的「殘餘」尚在那裡蒙蔽現在的自我。所以我們當首先從事於解放，就是使現在的自我完全從以前的自我解放出來，同時使現在的世界也從以前的世界中完全解放出來……
>
> 但解放不是單純的脫除，乃是「替補」（Complement）。替補就

〔註16〕陳獨秀：《本志罪案之答辯書》，載 1919 年 1 月《新青年》第 6 卷第 1 號。
〔註17〕沈雁冰：《五四運動與青年們底思想》（高爾松高爾柏筆記），載 1922 年 5 月 11～12 日《覺悟》「講演」欄。

是改造，所以一方面是不斷的解放，他方面是不斷的改造。綜合兩

方面來看，就是不斷的革新。〔註18〕

「解放」與「改造」成了當時文化革新的主旋律。五四時期一系列社會文化
問題的變革，諸如女子解放問題、青年婚姻問題以及家庭倫理關係問題等等
都是在解放與改造的聲浪中展開的。

1919 年 11 月 4 日，《民國日報》上刊出了一則徵婚啓事：

求 婚

余生世二十六歲，於 1913 年留學美國大學文科，今歲畢業歸
國。慨國事之蜩螗，家庭之蕭瑟，不僅有舉目無聊，誰可與語之歎。
白頭孀母，臥病匡床，綠鬢弱妹，游學鄰邑。守此祖遺老屋，父傳
蕪田，雖溫飽無憂，纖讀可活，本期學嬰兒子，至老不嫁，因迫於
母命，再三善言勸勉。余返顧終身有家亦女子之願，特是晚近叔季
金張子弟佻撻者居多，崔謝王孫浮薄者不少，與其由媒妁而定成怨
偶，盍若出人天而自作良緣？如有下列資格者，請將姓名、籍貫、
履歷詳載函中投入上海民國日報館全號信箱。華文英字均可。能附
以最近照片更爲歡迎。合格者準於舊曆十月小春之秒露布。一、年
在二十以外三十以內，受過高等教育者。一、身體健全，不染不良
嗜好者。一、在政商學界有職業者。一、兩方作合後能住余家管理
產業三年者。一、須俟母故後方可隨歸夫宅，許履行此條件者。

儘管報紙刊登徵婚廣告在中國也早有先例──據查，目前可見的最早一份徵
婚廣告載於 1902 年 6 月 26 日《大公報》：「今有南清志士某君，北來游學，
此君尚未娶婦，意欲訪求天下有志女子，聘定爲室。其主義如下：一要天足，
二要通曉中西學術門徑，三聘娶儀節悉照明文通例，盡除中國舊有之陋俗，
如有能合以上諸格及自願出嫁，又有完全自主權者，毋論滿漢新舊，貧富貴
賤、長幼妍媸均可。」然而女子刊登徵婚廣告求偶就筆者所見，這卻是第一
次，它完全可以看作是當時「解放」與「改造」成爲社會文化主潮，女子解
放與青年婚戀方式變革呼聲迭起的形象標本。

青年男女的婚配，雖是關係一生幸福的大事，但在傳統習慣中卻向來與
青年自身無關，婚姻全憑父母之命、媒妁之言。儘管《詩經》中也有「關關

〔註18〕 《〈解放與改造〉雜誌宣言》，見《中國百年期刊發刊詞 600 篇》（劉宏權等主
編），北京：解放軍出版社 1995 年 6 月第 1 版，第 140 頁。

雎鳩，在河之洲，窈窕淑女，君子好逑」描寫青年男女戀愛的詩篇，但幾千年來佔據統治地位的儒家倫理道德卻總在灌輸「男女之大防」、「授受不親」，更別提什麼自由戀愛了，即便有時結合的雙方彼此相愛、生活幸福，但這種幸福也毫無保障，隨時可能會因為長輩或其它外力的介入而轉為悲劇。歷史上流傳的那些兩情相悅的愛情故事，幾乎無一不是以悲劇收場，如梁山伯與祝英臺、焦仲卿與劉蘭芝、陸游與唐婉等等皆是。五四新文化運動是中國有史以來最偉大的思想解放運動，新文化運動的領導者們借助西潮，呼籲對中國傳統文化進行重新評判，一切曾經被視為金科玉律的價值標準都被重新估定。「從來如此，便對嗎？」魯迅在《狂人日記》中借助「狂人」之口，發出了這一石破天驚的詰問。「重估一切價值」的倡導大大激發了青年人思想解放的勇氣。隨著個人主義的傳播和青年人個性意識的覺醒，他們開始懷疑、批判舊有的制度、文化、觀念，將自我從禮教的束縛中解放出來。「我是我自己的，他們誰也沒有干涉我的權利」，魯迅小說《傷逝》中女主人公「子君」口中說出的話，並非專就女子衝破男權藩籬並獲得解放而言，它同時也是當時所有青年人個性意識崛起後發出的強音！對自我的強調，對自由、解放的追求，使得青年人有勇氣衝破一切阻礙。而當時跟青年們生活密切相關的，首先便是婚姻自由問題。

通過在報紙刊登徵婚廣告來尋找自己的愛侶，相對於傳統的父母之命、媒妁之言，自然是一種革命性的進步，當然也會被一些道學家罵為「不知廉恥」——尤其是對於女性刊登廣告徵婚而言。然而這種在當時顯得極為「另類」的徵婚模式還是得到了少數人的認同。有人開始模仿這種方式，刊登廣告徵婚。僅就《民國日報》來看，後來就陸續刊登過數則徵婚廣告。比如 1920年 10 月 1 日《覺悟》的中縫中就刊出一則《徵求女同志》的啓事：「我是前年拒約歸國的一個青年。在上海從事新聞事業，自覺學識譾陋，想徵求一個女同志聯袂歐遊做終身底良伴，如有願意應徵的，無論貧富，只須性情良好，精神活潑，具有中等學校以上的程度，可先通信討論再行接洽。來函請寄上海法租界霞飛路仁和里口一六三號姜君代收（暫定一月截止）。夢兒啓」。再如 1921 年 4 月《民國日報》上也連續多日刊登《求女學友》的啓事：「我妻死，佐我者無人，擬求女友一人，以溫婉好學者為宜。在東一切學費用項皆我擔任，希望者請函送學歷及小照以便詳商。日本東京神田區中猿樂町十番地趙欣伯啓。」類似這樣的求婚廣告還有許多，不勝枚舉。報紙上接二連三

的刊登徵婚廣告，當然反映了當時社會上一部分青年人婚戀觀念的變化，同時也宣告了傳統的父母包辦婚姻模式的窮途末路。然而我們也必須注意到，通過刊登徵婚廣告徵求愛侶的畢竟局限於少數人，難以推廣和普及。刊登廣告的主人公往往都是留學生，他們接受了西方文化的薰陶，對於個性解放和婚姻自由有著深深的認同感，因而敢於以這種當時看來十分「特立獨行」的方式向傳統的包辦婚姻挑戰。而他們所徵求的對象也大都在學識上有著相對較高的要求。顯然這樣一種尋求愛侶的方式並不適合所有的人，並且通過刊登徵婚廣告找到兩情相悅的另一半的可靠性與可行性也值得探討。因為登報求婚，一方面撕去了婚戀不公開的屏障，對異性伴侶的要求都可以直白地列出，顯然比經父母之命、媒妁之言把兩個陌生人硬捆在一起要開明得多，求得的對象由於符合自己的預期，生活在一起和諧幸福的幾率也相對較大，然而性格是否相宜、情感是否和諧卻也並非幾項應徵條件就能夠保障的。況且有時這種在當時中國貌似非常新潮和另類、代表著進步和現代理念的求偶方式還會摻雜一些並不那麼進步和現代的觀念。1920 年 10 月 12 日，《覺悟》就刊登了一篇短文，對上海《時事新報》刊登的一則英國人的求婚廣告進行批評，因為這則徵婚廣告中有這麼一段話：「……新自英國抵滬，專為物色中國上等人家之女子，而與之結婚……余之所以願娶華婦者，苦歐西婦女，每於結婚後，不忠於其夫也……」作者由此批評徵婚者拿婦女為「玩物」，而看重中國婦女婚後守貞、順從，忠於其夫的「優點」，也分明有悖男女平等的進步觀念，以為「這真是太侮辱中國婦女的人格了！」〔註19〕

然而，不管如何，登報求偶這種嶄新的求偶方式在當時漸漸為許多新潮的年輕人所熱衷，各大報紙上都會時常刊載徵婚廣告。對此，《覺悟》的編者邵力子抱有一種複雜的心態。一方面，他肯定登報求偶對於傳統的父母之命、媒妁之言是一種革新和進步，但另一方面又對其可行性表示懷疑，因為婚姻應該是以愛情為基礎的，而僅僅通過登報求偶，青年人就能找到自己的真愛、結成幸福的伴侶嗎？於是，在一篇隨感錄裏，邵力子對登報求偶進行了質疑和反思：

> 登報求偶，是否為正當的方法，很足研究。因為婚姻是以愛情為要素，真愛情不是登報可以求得的。但現在的人多認此為革新的方法。而最近《申報》所載「求婚廣告」一則，登報者必自以為新

〔註19〕失名：《英國人底徵婚廣告》，載 1920 年 10 月 12 日《覺悟》「隨感錄」欄。

而又新。因爲其中有「或有新思潮之女士將來能組織新家庭者」；又有「再婚不問」等話。但看他自己十二分誇獎的話，頗令人肉麻。尤以「愛情深濃」一句爲最奇怪。對手方面尚未求得，不知他自命爲「深濃的愛情」曾用在何處！更不知他把「愛情」二字怎樣解釋。
〔註20〕

事實上，登報求偶也的確存在邵力子所指出的問題，而對於當時廣大的青年群體而言，登報求偶也是過於「超前」和過於「現代」的一種方式，它所適用的範圍比較有限。針對青年所關心的婚姻問題，1920 年四五月間，《覺悟》上展開了一系列的討論。五四之後隨著個性解放思潮的廣爲傳播，婚姻自主、戀愛自由的觀念已經爲廣大青年所接受。然而認同一種觀念是一回事，真正貫徹執行又是另一回事。具體到一個個婚戀實例，情況顯然複雜的多，每個爭取婚戀自由的青年都會遇到種種實際困難，因此對婚姻問題進行研究討論，爲青年爭取婚戀自由出謀劃策並指明方向、堅定他們同舊式婚制鬥爭的決心實屬必要。1920 年 4 月 4 日《覺悟》「通信」欄刊出了《婚姻與人道》的讀者來信，揭開了婚姻問題討論的序幕。署名「德名」的讀者在來信中說，假如有一個青年，他是很主張戀愛自由的，可是他父母瞞著他爲他定了一個妻子。女方有病，不能入學，又早年喪父，母女倆相依爲命，這種情況如果主張戀愛自由、反對包辦婚姻，決然退婚的話，女方勢必走投無路。由此主人公陷入人道和婚姻的兩難，問《覺悟》的編者該如何處理。對此，「助真」回答道：「那個青年遇到這種情形，還想到『人道』，還顧慮『她要自殺或者她和她的母親都要餓死』，我很佩服他的『不忍人之心』。但我總以爲這種婚姻，沒有苟且遷就的道理。」〔註21〕而對於「人道」問題，則建議先給未婚妻醫病，若醫好了再讓其入學讀書，醫不好時也要把婚事「從緩再提」，另外要對其母女給予經濟支持，免使其走投無路。從編者的回應來看，對於婚姻自由的態度還是很明確的，人道主義的同情並不能成爲阻礙婚姻自由的理由，面對這種情況，主人公盡可施以人道主義的援助，但卻未必非得遷就成婚。

經濟不能獨立也是青年在爭取婚戀自由中的一大掣肘因素。封建家庭中的父母常常會以斷絕經濟支持來逼迫子女接受包辦婚姻。處於求學深造階段的青

〔註20〕力子：《把「愛情「二字怎樣解釋》，載 1920 年 12 月 19 日《覺悟》「隨感錄」欄。
〔註21〕見 1920 年 4 月 4 日《覺悟》「通信」欄《婚姻與人道》，助真覆德名的信。

年若不想就此失學或跟家庭決裂，往往也只好就範。1923 年 12 月 26 日，魯迅在北京女子高等師範學校文藝會以《娜拉走後怎樣》爲題發表演講。當人們都在紛紛爲娜拉的出走叫好的時候，魯迅冷靜地指出，出走後的娜拉或者墮落，或者回來。原因就在於她並沒有取得經濟自主權。1925 年在小說《傷逝》中魯迅再次以一個「回來」的「娜拉」形象強調了自己的這一觀點。《傷逝》中那位追求自由戀愛的子君，曾經勇敢地衝破來自家庭的羈絆，決絕地與心上人同居在一起，但最終還是因爲經濟不能獨立、生活無以爲繼而重新回到舊家庭中去。當然經濟不獨立對爭取婚戀自由的羈絆不獨對女性（娜拉）爲然。正如上面所言，斷絕經濟支持是專制家庭對付「叛逆」子女的一記殺手鐗。在《覺悟》展開婚姻問題討論的時候，也有青年提出過這一「致命」的問題。而針對這一問題，《覺悟》的編者也顯得極爲無奈。邵力子在回答一位署名「爾松」的提問時說：「經濟的壓迫是現社會最可傷痛而又沒法逃避的一件事。凡有覺悟的人，都應該爲社會努力，希望有一天能把經濟組織根本改良。譬如一切學校都能不收學費。自然青年時代所受經濟的恐慌，可以減少許多。但這決不是短時間所能實現的。救急的辦法，在紙上講話，或者勤工儉學，或者求助親友或同志，都容易說的，但不是人人做得到。我不想拿來搪塞諸君，只好希望崇信『婚姻自由』的青年，各憑個人的境地自決。」〔註22〕

也許是有感於爭取婚戀自由的艱難，在討論中甚至有的青年將問題歸罪於婚姻制度本身，以至激烈地提出了「廢除婚姻制度」的主張，以爲「今果把婚姻制度廢除了，就實行『自由戀愛』。遺產公之社會，男女自由集合，組織兒童公育院及公共養老院等。那時候，無父子，無夫婦，無家庭，無名份的種種無謂的束縛；所謂不獨親其親，不獨子其子，豈不是個很太平的世界、大同的社會嗎？」〔註23〕對於這種原始共產主義的烏托邦式構想，邵力子回應道：「廢除婚姻制度理由如何，今姑不說；我以爲現在有人自願脫離婚姻底束縛以外，似乎不宜就提倡一般人都廢除婚姻……我們今日，當力避『公妻』和『婦女國有』……等等誤會。」〔註24〕然而這種看似激進和不切實際的主張卻得到了一些青年人的熱烈響應。存統、李綽、笑佛等人先後加入討論。其間雖有反對者，

〔註22〕力子覆爾松的信。見《婚姻自由與團體改造》，1920 年 4 月 8 日《覺悟》「通信」欄。
〔註23〕哲民：《「廢除婚姻制度」底討論》，見 1920 年 5 月 8 日《覺悟》「通信」欄。
〔註24〕力子覆哲民的信。見《「廢除婚姻制度」底討論》，見 1920 年 5 月 8 日《覺悟》「通信」欄。

但支持的聲浪顯然更加高漲。對於邵力子的回應，曾經因發表《非孝》而名聲大噪的施存統並不滿意，他在一篇文章裏說：「力子要力避公妻和婦女國有……等等誤會，那是避不來的。你如要避，你只有不要開口。你既站在言論者（？）的地位，看見有人誤會，惟有盡你的力去解釋誤會；決不當因誤會就遷就主張。」〔註25〕隨著討論越來越熱烈，邵力子也重新撰文表明自己的態度，對自己從前的觀點稍作修正：「至於婚姻問題，我雖說對於廢婚有些懷疑，但實在也看到在婚姻的範圍以內，總免不了痛苦和弊害的……所以就學理上講，我也相信廢婚有討論上的價值。」〔註26〕然而，討論歸討論，這種「廢除婚姻制度」的主張因為過於極端，自然是無法付諸實踐的。

無論如何，通過對青年婚姻問題的討論，婚戀自由、不受任何人干涉的觀念更加深入人心。與當時的許多觀念一樣，它甚至也與進化論（進步觀念）結合起來，昇華為一種意識形態。在這種意識形態的衡量下，堅持婚戀自由就意味著進步，而接受包辦婚姻就意味著落後；同時，婚戀自由就意味著生活幸福，而包辦婚姻則必定導致終生痛苦，這似乎成了當時的青年人堅信不移的真理。在新文化運動的語境中，在「進步」成為青年追求的主旋律的情勢下，當面臨「進步」與「落後」、「幸福」與「痛苦」的抉擇時，幾乎所有的青年都會毫不遲疑的選擇「進步」與「幸福」。還沒訂婚的人堅決要求婚戀自由，拒絕包辦婚姻；已經通過父母之命、媒妁之言而訂婚的，則想方設法退婚，以求「進步」和「幸福」；甚至有些已經結婚的青年為求「進步」和「幸福」也不惜離婚。總之，拒絕甚或拋棄包辦婚姻，都成了青年「覺悟」或「進步」的表現。1920 年 11 月 19 日，《覺悟》「通信」欄刊載了一位署名「化雨」的青年的來信。信中說自己有位朋友，「前年他底父母代他聘下一個媳婦，去年已行結婚了。當時他並不曉得什麼利害，很抱樂觀的樣子。今年他來上海讀書，不到一年，他就覺悟了『早婚』底害處。原來他是山鄉里生產的，智識很狹，見聞很少，一舉一動，都似傀儡一般；到了現在，才明白人類要有自動的能力。他常和我說：『我現在已有離婚底決心，不論如何，總要離婚。』」〔註27〕信中所提到的這位青年，已經接受包辦婚姻並已成婚，而且似乎對於

〔註25〕存統：《「廢除婚制」討論中的憤語》，見 1920 年 5 月 12 日《覺悟》「通信」欄。

〔註26〕力子：《廢除婚制討論中的感想》，見 1920 年 5 月 21 日《覺悟》「評論」欄。

〔註27〕化雨：《舊式婚制激起的憤怒》，見 1920 年 11 月 19 日《覺悟》「通信」欄。

自己的婚姻也並沒有什麼不滿，反而「很抱樂觀」。然而等接受了新思潮、「覺悟」了之後，他才明白舊式婚制原來是應該廢除的，而自己的婚姻原來也是不幸福的，於是決定離婚。判斷幸福與否的依據不是來自個人的切身體驗，而是來自「覺悟」後所接受的一些觀念或信條。從他的這一轉變過程中我們可以明顯地看到接受包辦婚姻就意味著「落後」和「痛苦」這一意識形態的影響。因此，對於信中這位年輕人決意離婚的選擇，邵力子在回信中，儘管仍然強調「舊式婚制底救濟方法，自然以離婚最爲正當」，但也注意到了兩人婚後「本非兩相仇視（你說他從前很抱樂觀）」的事實，勸其慎重考慮離婚的決定，並且質問道：「早婚不是伊底罪，他自己算有覺悟，便可不顧伊底前途嗎？」〔註28〕

當然，在大多數情況下，對於想解約或是離婚以擺脫舊式婚姻的青年，《覺悟》的編者還是給予熱情支持的──有時甚至是呼籲和鼓動。這當然有他的考慮，比如期望由此徹底實現青年男女婚戀方式的變革以及推動女子獲得受教育的機會等等。在一封關於婚姻問題的通信中邵力子就曾表達過這種意思：「……解約的人越多，做父母的人或者可以有點戒心，不敢再做那『強制訂婚』的事。要把女兒許嫁的，一定要格外審慎，先問問他的女兒女婿同意與否，免得將來發生困難。不讀書的女子，越爲有智識的男子所拒絕婚娶，做父母的人，或者可以都叫他的女兒入校讀書……」〔註29〕而對於想解約或離婚又瞻前顧後、顧慮重重的青年，《覺悟》的編者有時則會表現出怒其不爭的姿態，不惜以尖銳的話語刺激其下定決心。例如在一封關於婚姻問題的回信中邵力子就不客氣地說道：「照你所說，你家境很窘，對手家庭又很頑固，使她求學是無望的了。你既怕終身受苦，又怕老母生氣，要想一個兩全的辦法，我只好謹謝不敏。這是你自己的事，我只好再對你說一句『婚姻自由是絕對的眞理』，究竟怎樣決定，還須你自己主張。」〔註30〕

說到底，《覺悟》上對婚姻問題的討論，呼籲青年與舊式婚制決裂，其用意不僅僅是促成青年男女婚戀方式的變革，還有促進社交公開、男女平等、

〔註28〕 力子覆化雨的信，見《舊式婚制激起的憤怨》，見 1920 年 11 月 19 日《覺悟》「通信」欄。

〔註29〕 力子覆憤聲的信，見《關於婚姻問題的信（一）》，見 1920 年 4 月 17 日《覺悟》「通信」欄。

〔註30〕 力子覆志明的信，見《關於婚姻問題的信（二）》，見 1920 年 4 月 17 日《覺悟》「通信」欄。

女性獲得受教育權等等內涵。不然單從婚姻是否幸福來考察，則自由婚戀、女性受過教育等，雖是婚姻幸福的重要條件之一，但卻並不能爲婚姻幸福提供絕對保障。因爲眞正健康、幸福的婚姻應是以愛情爲基礎的。這一點也爲當時的一些青年所認識到。一名北大的青年學生在給邵力子的信中就寫道：「男女底結合，當以戀愛爲基礎；高尚的人格、健全的身體、相當的學術、不過是附帶的條件罷了；基礎不固，縱有其他，婚姻怎麼能成立呢？」〔註31〕附刊於《民國日報》、由復旦大學學生主辦的《平民》周刊，在 1921 年 3 月 5 日更刊登文章，斷言自由訂婚並不一定會幸福快樂。倪鴻文在這篇文章中引用在日本留學的某友人的信說「自由訂婚，不一定能夠得到快樂家庭的；我覺得人家所說的自由結婚，不外認識、通信、定婚、結婚四種經過……現在一般人，男女交際很少，得到了一個女朋友，不免手忙腳亂，過分的討好。哪知家庭幸福的破壞，根源已種在這裡。」接著他又引用《民鐸》2 卷 4 號上謝扶雅的《訂婚十日記》爲證，「在西湖和蘇儀貞女士遊玩的時候，偶然失言，伊立刻要回上海到廣東，把從前認識關係完全勾消……」〔註32〕由此堅定地認爲自由訂婚並不一定婚姻幸福。應該說在新舊婚戀制度的變革過程中出現這種強調婚姻應以愛情爲基礎的理性聲音是可喜的，然而自由戀愛並不一定能保證婚姻幸福的觀點也容易爲一些守舊派所利用。當時社會上曾出現一本小說《模範夫妻》，其鮮亮的標題吸引了許多正在困擾於婚姻問題討論的青年，然而等看過之後才明白，原來「著書人底意思，是勸人對於『舊式婚姻』要委曲求全，不可反抗。」〔註33〕所謂「模範夫妻」，跟舊式鴛鴦蝴蝶派的才子佳人配毫無二致。這種打著鮮亮的標題吸引社會關注實際上卻在灌輸守舊思想、維護封建倫理道德的把戲一經識破，立即遭到新文化陣營的痛斥。

　　婚戀方式的變革，只是當時社會上「解放」與「改造」眾多環節中的一環，但卻是跟新文化運動的主要力量──覺悟了的青年學生密切相關的，因此對這一問題的討論空前熱烈，每一個青年的參與熱情也都極爲高漲。討論的結果就是使得「婚姻自由是絕對的眞理」這一觀念深深地根植於每一個覺悟青年的意識深處。儘管在此過程中也出現了若干以姿態和行動代替思想，

〔註31〕　宋我眞：《舊式婚制底反響》，見 1920 年 2 月 13 日《覺悟》「通信」欄。

〔註32〕　倪鴻文：《一封信裏的幾句眞話》，見 1921 年 3 月 5 日《平民》第 41 號「隨感錄」欄。

〔註33〕　純仁：《勸人不反抗舊式婚姻的〈模範夫妻〉》，見 1921 年 4 月 18 日《覺悟》「通信」欄。

不那麼理智地處理自己的婚姻問題的現象，但畢竟對於推動青年婚戀方式的變革起了非常重要的作用。並且在對青年婚姻問題進行討論的同時也相應地使得女子解放、社交公開、女子受教育權等問題進入了公眾關注的視野，這對推動新文化運動走向深入也有著重要的意義。

第三節　優待學生與反對版權〔註34〕　　　──五四新文化大眾化的努力

　　1920 年 1 月，北洋政府教育部通令凡國民學校一二年級國文課教育也統一運用白話文，至此，新文化運動已是大獲全勝。然而在這勝利之後新文化運動要走的路卻依然綿長而遙遠。當來自對立陣營的保守勢力被擊敗後，如何有效地輸入和傳播新文化並對廣大民眾進行啓蒙就成了五四新文化界必須面臨的問題。就文化傳播言之，報館和學校應當算是傳播文明的兩種重要媒介。而相對來說，報刊書籍由於其廣泛的社會性和眾多的讀者受眾對新文化的傳播更是起著至關重要的作用。於是在這一過程中，大量宣傳新文化的報刊雜誌如雨後春筍般紛紛出現，大量關於新文學和新文化的著作也紛紛出版。這些新文化出版物爲新文化的普及和大眾化提供了重要的助力，並由此形成一種良性的循環：一方面，報館和學校造就了一大批受新文化洗禮並「覺悟」了的讀者受眾；另一方面，新文化讀者群的急劇擴大反過來也進一步促進了新文化出版業的空前繁榮，並給出版新文化報刊書籍的書商和書局帶來了滾滾紅利。

　　事實上，當「新文化」成爲整個社會文化領域的關鍵詞、爲人們所津津樂道的時候，新文化出版物也開始暢銷和走紅了。於是一些書商和書局便將目光瞄準這一領域，大量出版新文化報刊書籍，並高昂其價以求獲利，更有甚者，一些投機者竟趁機混水摸魚，借傳播新思潮之名粗製濫造一些新文化出版物以謀取暴利，這其實對新文化的傳播和普及構成了嚴重障礙。這種現象也引起了新文化界有識之士的警惕，他們紛紛撰文批評並探討解決的辦法。

　　考慮到新文化的受眾以青年學生爲主體，在一些有識之士和開明書商的推動下，當時的許多報社和書局便紛紛對訂閱新文化報刊雜誌、購買新文化書籍的學生推出優惠政策，使他們可以以較低的價格買到新文化出版物。這

〔註34〕 本節部分內容曾發表於《文藝爭鳴》2007 年第 3 期。

樣一種在今天看來非常簡單的「促銷」活動，在當時的語境下卻有著相對較為複雜的含義，甚至一度引起論爭。1920 年 3 月間，《民國日報・覺悟》上就曾對於「優待學生」及新文化運動走向問題展開一些列討論。3 月 5 日，《覺悟》「通信」欄發表一封署名「輩英」的讀者來信，作者在信中結合自己的親身經歷，對「優待學生」的現象進行發難，認為這是不平等的。她寫道，「『是學生，方有八扣』。哼！這是什麼道理，難道學生與非學生有什麼特別不同的地方？……別種人不優待，偏偏優待學生，這究竟是什麼道理？……」〔註 35〕由於當時的《覺悟》是宣傳新文化的重鎮之一，位列五四時期著名的「四大副刊」，同時，《民國日報》也實行這種「優待學生」的政策，於是「輩英」便要求《覺悟》的主編邵力子先生出來答覆這一問題。邵先生便在題為《優待學生的理由》的通信中進行了答覆。他說：第一，優待學生並不存在不平等的問題，因為學生並不是一種職業，而是「各種人都應經過的一個時代……至於學生時代應受優待的理由，無非是因為促進人類的進化」。第二，學生買書買報應受優待，是因為「社會上的風氣不大好學，肯花錢買書買報來看的人，實在不多」，而學生尚不能經濟自立，所以應受優待。〔註 36〕對於這一答覆，「輩英」並不信服，她又撰文指出由於當時的教育不發達，並不是每個人都能夠經歷做學生的階段，而且當時的學生多是貴族少爺小姐，並不缺錢，反而是那些好學的平民更需要優待。對此，邵力子又進行了辯解，他一方面承認中國教育不發達的事實，但同時又指出如果一律優待的話那就成了「平價書報」，也就無優待可言了，而報館要維持下去，在經濟上也不能承受一律優待……但這樣的說法顯然還是不能讓人滿意。於是論辯不斷升級，接下來，作為讀者的「秀水」和作為刊物主辦方、掌握優惠決定權的戴季陶、李人傑等紛紛加入論爭。戴季陶撰文指出新文化運動的主力軍或者說啟蒙運動的主要對象是青年學生，這是優待學生的主要原因：「青年而又認識字、對於『科學』『文藝』都有相當的理解力的人，總是『學生』最多，所以現在我們以文字做宣傳的工夫，為主的還是對於學生。這確是中國知識普及問題上面一個可憐的現象。」〔註 37〕同時他對於「輩英」、「秀水」等提出「人人求知的機會均等」、經濟條件處於劣勢的平民更應得到優待的說法，戴季陶也予以贊

〔註 35〕 見 1920 年 3 月 5 日《民國日報・覺悟》「通信」欄。
〔註 36〕 邵力子：《優待學生的理由》，見 1920 年 3 月 5 日《覺悟》「通信」欄。
〔註 37〕 季陶：《讀秀水君致力子的信》，見 1920 年 3 月 16 日《覺悟》「評論」欄。

同：「有一層最要緊的，就是不應該只優待學生而不優待勞動者……新聞、雜誌、對於勞動者──體力勞動者──應該比對於學生更便宜的出賣。如果有力量，應該送閱才好……」〔註38〕這種建立在假設基礎上的論點，儘管相對更加公允，但是卻難以產生什麼實際的效用。由於話題的焦點還是集中在報館能否對所有閱讀新文化出版物的人提供優惠、促進新文化大眾化的問題，而這又牽涉到報館的經濟利益與存續之事，所以論爭不可能有令人滿意的結果。但這一論爭對我們認識五四新文化的普及和大眾化過程卻仍然有其意義。從中我們既可以看到新文化界對推動新文化走向民間大眾所做出的努力，也可以看到來自民間的覺醒力量對新文化大眾化的要求與渴望。

「優待學生」的論爭像一根導火索，它迅速點燃了新文化界對新文化走出上層知識分子圈、走向民間大眾的關注和思索。當然，關注的焦點仍然是新文化出版物價格昂貴不利普及的問題。1920年6月4日，「正璧」在《覺悟》上發表《新文化運動底障礙》一文，直接將新文化出版物的價格昂貴和某些出版物的粗製濫造視為新文化運動的一大障礙。作者寫道：「近來各書局，都借著『新文化運動』的招牌、投機發印各種新書。很薄的一本，定價至五角六角，至少也須一二角。倘使內容有價值的，也還說得過去；但竟有抄集人家的，或者胡亂說幾句；就是名稱翻譯的，他並不曾知道原文是幾十年前的舊文藝，譯了出來，加上個新的名字，就當他新文化書籍用。許多青年，以為新出的書，總是合於新思潮的；大家不嫌價貴，都去買他；不知道上了多少當！所以我希望青年們，購買新書要用精細的眼光去選擇。因為我們正在消耗時代，經濟是要節省的。」〔註39〕次日，《覺悟》上又發表曾經因《非孝》一文而名噪一時的施存統的《貴族的文化運動和貴族的著作》。施在文中對五四新文化的大眾化和向平民普及的狀況表示嚴重不滿，將其譏之為「貴族的文化運動」，並對新潮社出版的圖書定價高昂進行了尖銳嘲諷。他寫道：「現在的文化運動，只是幾位什麼學者（？）在知識階級裏鬼混鬼混，和大多數人們關係很少，這可說是貴族的文化運動……新潮社諸位朋友！你們要是還要講什麼文化運動、請不要再這樣身價自高；否則，我們這些沒錢的人，是沒有機會領受這種恩惠的！」〔註40〕也許是意猶未盡，6月5日，施存統接著

〔註38〕 季陶：《讀秀水君致力子的信》，見1920年3月16日《覺悟》「評論」欄。。
〔註39〕 正璧：《新文化運動底障礙》，見1920年6月4日《覺悟》「隨感錄」欄。
〔註40〕 存統：《貴族的文化運動和貴族的著作》，見1920年6月5日《民國日報·覺悟》「隨感錄」欄。

發表《對於文化運動底感想》繼續闡發新文化運動成了「貴族的文化運動」
的觀點，並且提出了九點改進的意見，其中有「希望真正熱心文化運動的朋
友，注意到大多數平民」；「希望有學問的朋友，替社會盡一點義務，不必望
什麼報酬」；「希望書賈不要專為營利，也要替讀者負一點責任」……等等。〔註
41〕這些意見反映了他對新文化運動的看法和期望。他希望新文化運動能夠真
正走進平民的生活世界，在平民中得到回響，而不僅僅局限於知識分子甚至
只是上層知識分子圈子──這也是新文化運動的目標所在。

這種對新文化出版物過於昂貴的批評顯然引起了許多讀者的共鳴。6月9
日，《覺悟》隨感錄欄裏又發表署名「文績」的《新文化》，文中說：「某書局
出版『新文化叢書』的預告，有一個特色，就是他的徵稿啟事裏，明明白白
的說：『為讀者的購買力，只求普及，定價不能太大……」作者看到這樣的廣
告自然非常高興，於是興沖沖地去買，結果發現此書較之施存統批評的那本
新潮社的《科學方法論》更加昂貴！這令作者非常失望，他在文末寫道「我
希望他們把『只求普及』四個字，再牢牢記著，大家一定要為新文化感激他
的。」〔註42〕此後，關於新文化書籍定價過高、不利於普及的批評聲音斷斷
續續，批評書賈牟取暴利者有之，批評掌握話語權的啟蒙者不肯放棄版權的
也不在少數。

面對這種批評，新文化出版界除了像邵力子一樣現身說法，指出「現今
百物昂貴，把紙價、墨價、排印工價……等等，連同郵費一起，報館所計算
的定價，實在並不算多」之外，〔註43〕許多書局和出版機構也都紛紛辯解，
除了也指出印刷成本過高所以導致定價較高之外，還不約而同的指向了另外
一項開支──版稅或稿費的支出。印刷成本的物質性支出短時間內是很難降
低成本的，而版稅或稿費卻有很大的伸縮性。如果少了這部分支出，那麼新
文化出版物的價格就可望有所降低。於是版權便成了眾矢之的。

其實在施存統的《貴族的文化運動和貴族的著作》一文中已經對版權有
所批評了，他說，「現在自命為文化運動的著作，沒有一本沒有著作權，沒有
一本不擡高身價，這可說是貴族的著作。」他的《對於文化運動底感想》一
文對新文化大眾化提的九點希望中也有「希望有學問的朋友，替社會盡一點

〔註41〕 存統：《對於文化運動底感想》，1920 年 6 月 6 日《民國日報‧覺悟》「評論」
欄。
〔註42〕 文績：《新文化》，1920 年 6 月 9 日《民國日報‧覺悟》「隨感錄」欄。
〔註43〕 見 1920 年 3 月 7 日《民國日報‧覺悟》「通信」欄。

義務，不必望什麼報酬」一條。而此前在跟邵力子的通信中，「輩英」也曾一廂情願地以爲「書報是文化運動的一個大利器，銷售這利器的人，是想幫助文化運動，並不是謀利，所得的利不過是維持銷售人的生活，使他可以繼續此種事業！銷售文化運動利器的事業。」但他同時也認識到「有這種見解的版權人、發行人、銷售人是很少……」〔註44〕在當時的社會語境裏，儘管新文化運動、對民眾進行啓蒙一度成了社會文化的主旋律，但並非意味著一切人都能爲了新文化運動而拋卻個人利益。至於各類書局和書商，重利本是商人的本性使然，「希望書賈不要專爲營利」這樣的呼喚無疑是蒼白無力的。但相對而言，呼籲那些有著強烈的使命感和責任感的啓蒙者們放棄版權，爲文化運動做一點犧牲卻似乎有某種成功的可能。比如新文化運動伊始，《新青年》同人撰稿就是不領報酬的，他們純粹是爲了一個共同的文化理想而寫作。《覺悟》創辦時，刊登過徵稿啓事，歡迎投稿，但也並不支付稿酬，而是「登載者都酌量贈閱本報或新刊書籍雜誌……」〔註45〕當批評者們一旦認定新文化出版物定價高昂是由於版權作祟的緣故，對版權的批評也就越來越猛烈了。

事實上，儘管中華文明有著悠久的歷史，歷朝歷代的詩人、作家、學者們創造了璀璨的文化，但是著述卻從來沒有成爲過一種職業，也從來沒有人專靠著述爲生，因此版權觀念在中國傳統文化裏是幾乎不存在的（有研究者認爲在宋代出現過版權觀念）。只是到了近代國門被迫打開之後，隨著報館、書局日漸興盛，社會上出現了一批專靠賣文爲生的文化人，來自西方的有關版權的意識及制度才漸漸流行開來。1910 年晚清政府頒佈了中國歷史上第一部著作權法《大清著作權律》，1915 年 11 月 7 日，北洋政府參政院又議決《著作權法》，並經總統袁世凱批准，公佈於世，這部法律以《大清著作權律》爲藍本，加以修改和細化，成爲中國第一部現代意義的著作權法。按照這一法典，有關著作物被納入權益保護的行列：

一、文書、講義、演述；

二、樂譜，戲曲；

三、圖畫、帖本；

四、照片、雕刻、模型；

五、其他關於學藝美術之著作物。

〔註44〕 輩英：《優待學生問題（三）》，見 1920 年 3 月 9 日《覺悟》「通信」欄。

〔註45〕 《本刊歡迎投稿》，見 1919 年 8 月 10 日《覺悟》刊載的徵稿啓事。

不僅如此，這一法律還對著作人享有的權利以及侵犯著作權應受之處罰作了詳細規定，並且規定「著作權歸著作人終身有之，著作人死之後，並得由其承繼人繼續享有三十年。」〔註46〕從晚清的《大清著作權律》到北洋政府的《著作權法》，著作人的個人權益開始有了法律上的保障。從尊重知識、尊重創作的意義上來說，這自然是一種巨大的進步，然而著作權的觀念並沒有在當時的社會文化語境中落地生根，僅僅數年之後，當新文化運動轟轟烈烈地展開，而新文化出版物卻由於定價高昂、不易普及而遭到眾多批評的時候，版權便迅速成了眾矢之的，成了人們眼中阻礙新文化傳播的絆腳石。

當然，對版權的批評也跟 1920 年因英、法等國要求中國參加萬國版權同盟（即《伯爾尼公約組織》，當時稱爲「瑞士國國際保護文學美術著作權公約」）而在國內引起反對聲浪有關。其實早在《大清著作權律》頒佈之後，1913 年，美國就曾要求中國加入國際版權同盟。這一要求遭到當時中國國內出版界的強烈反對，上海書業商會更擬定了《請拒絕參加中美版權同盟呈》呈送北洋政府各部，要求拒絕加入該同盟。而最終北洋政府也順應呼籲拒絕加入國際版權同盟。在 1914 年 1 月 21 日《內務部關於我國不加入國家版權公約意見書致財政部公函》中附有《國際版權意見書》，內中寫道：

> 自印刷行版權議起，東西各國相繼設定規條，特加保護。我國亦本此旨，訂有著作權律，業奉施行。但此爲國內法之一種。至外國人能否與本國人一律享有此私權，當以國際慣例及條約爲根據。……我國文學美術，除固有之國粹外，多恃取資外籍，而非外籍所取資……詎知一入同盟，不特不能翻印各國書籍，即翻譯必須俟其行世十年以後。我國此時科學幼稚，亟賴譯籍之補助，且學問新理日出不窮，俟以十年，學說已奮。考美國當時亦因新造之幫，所出著作物不及歐洲之多，亦未加入萬國同盟。日本維新以後，學術日漸發達，然亦遲至明治三十二年始訂同盟之約。則我國此時不容貿然加入，已無疑義。〔註47〕

當時正處清末民初大量輸入「西潮」的關鍵時期，北洋政府拒絕加入萬國版

〔註46〕《大總統公佈著作權法申令》，見《中華民國檔案史料彙編（第三輯 文化）》（中國第二歷史檔案館編），南京：江蘇古籍出版社 1987 年版，第 439 頁。

〔註47〕《請拒絕參加中美版權同盟呈》，見《中華民國檔案史料彙編（第三輯 文化）》（中國第二歷史檔案館編），南京：江蘇古籍出版社 1987 年版，第 446～447 頁。

權同盟，當然有著現實的國家利益考慮。然而此後關於國際版權問題的摩擦時有發生，例如 1919 年 3 月美國商會就通過上海總商會指控「華商所辦印刷所，翻印美國課本銷售，侵奪版權，違犯法律」，並呈請美國駐京公使與北京政府磋商解決辦法。此事尚未了，1920 年 11 月法國駐華公使又照會北洋政府，要求中國加入萬國版權同盟。消息傳出，上海書業商會重又致函內務部表示反對，請求政府拒絕加入版權同盟，理由仍與前面所述內務部《國際版權意見書》中所陳類似：「伏以當今文化日進，而吾國尚在幼稚時代，全持歐美書籍，以為灌輸研究之資。而原版西書價值慕昂，購之不易，求學之士，不免望洋興歎，故敝業中多將原版西書翻印，廉價發售，於灌輸文化實為便利……」〔註48〕關於此次反對加入國際版權同盟事件，其間曲折尚多，限於篇幅這裡不再展開。〔註49〕然而可以肯定的是，在這次聲浪中商務印書館、上海書業商會等之所以堅決反對加入萬國版權同盟，自然有出於民族資本自身利益的考慮，但正如他們在致函內務部的書信中所言，加入版權同盟一事對其時正在開展的新文化運動也的確影響巨大。因為新文化運動——甚至上溯至晚清的啟蒙運動，就是在大量輸入西方文化的背景下展開的，考慮到當時中國的實際情況，如果有了版權的限制，不能自由翻印、譯介西方的學術著作，就如同對嗷嗷待哺的幼子突然斷絕了奶水供應，勢必會對正在進行的新文化運動產生重大影響。而就國內情形言之，反對版權、降低新文化出版物價格又與新文化的普及與大眾化密切相關，因此，反對加入萬國版權同盟甚至反對版權的聲音一經發出，立刻得到了廣泛的響應。

　　1920 年 12 月 10 日，作為《覺悟》主編的邵力子也親自撰文支持反對加入版權同盟的聲浪。不僅如此，他主張不單要反對加入版權同盟，更應直接取消版權，如果單單拒絕加入版權同盟而不從根本上反對版權，則未免在「公道」上有所虧欠：

　　　　現在反對版權同盟的人，都只就中國目前的情形說話；其實既管承認「版權」便不能拒絕「同盟」。我要自利，別人亦要自利。中國人雖患知識荒，在外人看來，只是中國自不長進，和他們有什麼

〔註48〕《上海書業商會高鳳池等致內務部呈〔1920 年 11 月〕，見《中華民國檔案史料彙編（第三輯 文化）》（中國第二歷史檔案館編），南京：江蘇古籍出版社1987 年版，第 451 頁。

〔註49〕關於此次國內反對版權的風潮可參看常青：《民國初年關於中國加入國際版權同盟問題的論爭》，《河南大學學報》（社會科學版）2000 年第 2 期。

相干。雖然我們可以堅拒外人底要求，但在「公道」上未免有些說不過去，所以我們應當宣告全世界：中國人主張學術文化爲人類共有；中國人永不願用版權來約束別國人，別國人也永遠不能用版權來拘束中國人。版權同盟是要從根本上絕對否認的，不單是從時間上希望暫緩的。

我並主張自己國內也不當有什麼版權。……〔註50〕。

至於反對版權的理由，邵力子則另文詳細闡發。他除了認爲「學術本是人類底公物」，「任何人都不能據爲私有」之外，還認爲與中國舊有的傳統有關：「……中國底學術界向來以謀利爲恥，無論什麼著作，苟非『藏之名山』，便可任人自由翻印。我想，這正是中國文明底特色。從前極貧寒的子弟，還有時能得讀書底機會，固然由於所讀的書十分簡單，卻也由於一切書籍都是自由翻印，所以取價很廉。」。〔註51〕在邵力子看來，中國古代不要版權的傳統對於當時那種新文化出版物過於昂貴不利普及的狀況，顯然是一個可以借鑒並且行之有效的方法。

作爲一場自上而下發起的文化啓蒙運動，新文化如果不能走向民間，融入大眾，那麼就只能是知識分子的自娛自樂，根本無法達到新文化運動領導者們的初衷。而面對普及新文化的「障礙」以及對新文化運動「貴族化」的批評，當時的新文化界進行了有意義的嘗試，優待學生與反對版權只是許多嘗試當中的插曲。也許這種嘗試有時顯得過於極端，效果也並不好，並且在今天看來是有著很多缺陷和不足——尤其是反對版權，更與現代性的價值理念相悖，但在當時畢竟體現了新文化界將新文化大眾化的努力，這是不應當抹煞的。

有意思的是在上海《民國日報·覺悟》上這場優待學生與反對版權的論爭之後兩年，作爲五四新文化運動最重要發源地的北京大學也發生了轟動一時的「講義費」風波。如果說優待學生與反對版權的論爭主要影響的是報刊媒體這個公共教育平臺與社會上一般覺悟新青年的養成，那麼「講義費」風波關係的則主要是學院內部新青年的培育。北大所發講義向不收費，1922 年8 月 1 日北京大學評議會十年度第九次會議通過一項決議，「擬自下學期（十

〔註50〕 力子：《從根本上反對版權同盟》，見 1920 年 12 月 10 日《覺悟》「隨感錄」欄。

〔註51〕 力子：《從根本上反對「版權」》，見 1920 年 12 月 12 日《覺悟》「評論」欄。

一年九月）起，一律徵收講義費。」〔註52〕10月16日，北大教授朱希祖、王世杰、沈士遠、丁燮林、李書華、沈兼士、周鯁生等人聯名致信校長蔡元培：「本校講義印刷費，歲達一萬餘元；然圖書擴充費，為數極微。現在學校既決定收納講義費，我們為學校計，為學生計，謹向先生提議，將所徵講義費，盡數撥歸圖書館，供買學生各種參考書之用。此種辦法，學校既可增加圖書支出，學生亦可減少買書費用。將來學校圖書充足，學生外國文程度增高，即可完全廢除講義。是否可行？敬請裁奪。」〔註53〕蔡元培得書後於第二天覆函，內中說：「奉惠書，擬以所收講義費盡數撥歸圖書館，供買學生各種參考書籍之用，甚善甚善，謹當照行。此次所徵講義費，一方面為學生恃有講義，往往有聽講時全不注意，及平時竟不用功，但於考試時急讀講義等流弊，故特令費由己出，以示限制。一方面則因購書無費，於講義未廢以前，即以所收講義費為補助購書之款。至所以印成小券，不照他校之規定每學期講義費若干者，取其有購否自由之方便。彼等若能筆記，盡可捨講義而不購也。附聞。」〔註54〕然而如此一來，吃慣了免費午餐，視講義免費為天經地義的北大學子們不幹了。10月17日下午，數十名學生群擁至會計課，要求收回成命、廢除講義費。18日晨又有學生數十人群擁至校長室，圍堵蔡元培，要求立即廢止講義費。蔡元培詳加解釋，一些教職員也出面勸解，但學生不為所動堅決要求廢止。盛怒之下蔡元培在紅樓門口揮拳作勢，怒目大聲說：「我給你們決鬥」！這時學生才紛紛後退。

10月19日，蔡元培憤而宣佈辭職。同時「北大總務長蔣夢麟、庶務部主任沈士遠、圖書館主任李大釗、出版部主任李辛白、數學系主任及教授馮祖荀，均刊登啓事，宣佈『隨同蔡校長辭職，即日離校。』北大全體職員發佈《暫時停止職務宣言》，《北京大學日刊》亦宣告『自明日起停止出版。』」〔註55〕蔡元培及各位教授的辭職啓事刊佈之後，北大全體學生措手不及，他們沒料到事情竟鬧到如此嚴重的地步。自從五四運動期間蔡元培憤於當局的

〔註52〕《北京大學評議會十年度第九次會議記錄》，參見《蔡元培全集》（第18卷），杭州：浙江教育出版社1998年9月第1版，第411頁。

〔註53〕原載1922年10月18日《北京大學日刊》，轉引自高平叔：《蔡元培年譜長編》（中），北京：人民教育出版社1996年11月第1版，第571頁。

〔註54〕參見高平叔：《蔡元培年譜長編》（中），北京：人民教育出版社1996年11月第1版，第571頁。

〔註55〕參見高平叔：《蔡元培年譜長編》（中），北京：人民教育出版社1996年11月第1版，第572頁。

黑暗一度辭去北大校長之職以及 1921 年 4 月北大等八校教職員因抗議北洋政府拖欠教育經費全體辭職以來，此次「講義費」風波導致校長及那麼多教授辭職是事態最嚴重的一次，前面兩次校長和教職員的辭職都是因「外因」引起，而此次辭職則是全由「內因」而起！意識到問題嚴重性的學生 10 月 19 日一天之內三次召開緊急會議，派代表挽留校長蔡元培，並至教育部、總統府聲明此係少數學生所為，請代為挽留。在學生的懇切挽留下，10 月 24 日蔡元培終於到校視事，並致函辭職教職員懇請取消辭意。而經教授會議決，帶頭滋事的學生馮某最終也被開除學籍。這一「講義費」風波才終於平息下來。

在新文化運動的語境中，學校跟報館一樣是重要的開啓民智的工具，因此北大的「講義費」風波絕不能夠單單作為北大校內的一次普通風潮來看，其背後有著更深層的動因和含義。「講義費」風波中學生之所以敢於圍攻學校的辦公機關甚至圍堵校長蔡元培堅決要求收回成命、廢止講義費，跟五四之後張揚自我的個性意識覺醒和個人主義高漲是分不開的，五四運動使得那些覺悟了的新青年第一次嘗到了反抗的甜頭，從此不管規章制度的合理與否，只要與自身利益相悖他們中間就會有人站出來組織抗爭。面對父母師長，面對冷冰冰的規章制度甚至國家機器，青年學子不再俯首貼耳惟命是從，每當不合我意時敢於執著的抗爭並發出自己的聲音固然是個可喜的變化，也可以說是新文化運動「立人」的成就之一，然而如果個人主義走向極端、走向自私自利的利己主義那麼也就意味著培養教育新青年的徹底失敗。事實上，正如有學者所指出的：「『五四』勝利之後，學生有點忘乎所以，竟取代學校當局，執行起決定聘請或解聘教員的權力來，一旦所求不遂，輒搬出罷課鬧事相要挾。教員如束以紀律或考試上要求嚴格一點，也馬上罷課反對，罷課成為學生手中威脅校方與教師的萬靈法寶。而且，學生還提出一系列極其過分的要求，如要求學校發放春假津貼以補貼旅行費用，學生活動的經費也要由學校補貼，免費發給講義等等。他們向學校予取予求，但從不考慮對學校的義務……」〔註56〕作為民族國家復興的未來和希望，青年學生是應該「優待」的，並且優待青年學生也是使新文化運動走向深入的重要舉措之一，在北大的「講義費」風波中，如果北大不收講義費則無疑減輕了學生的負擔，有助於更多的學生能夠在這個新文化運動的大本營裏接受教育、健全人格，從而

〔註56〕 裴毅然：《蔡元培的「決鬥」》，載《書屋》2005 年第 3 期。

也有助於新文化運動的普及和推廣。這跟《覺悟》上關於優待學生和反對版權的討論其實有著類似的功效。從這個意義上來講，學生要求受到「優待」、要求廢止講義費也是有情可原。然而釀成的風波卻也讓人看到了在培養這些新文化運動中堅力量的過程中必須注意到一些問題。讓青年人擁有自由的思想、獨立的意志是新文化運動的目標之一，並且最終還要借助這些受過新文化運動洗禮的新青年將民主與科學、解放與改造的理念傳播到社會的每一個角落，以期最終完成啓蒙大業、實現民族國家的復興。然而當這些新青年們變得思想極端、價值觀念單一，開始拒絕任何規則約束的時候也有必要對其敲響警鐘、使其健康的成長，以便真正能夠做到「此後幸福的度日，合理的做人。」〔註57〕

　　《民國日報・覺悟》上關於優待學生與反對版權的討論和北大的「講義費」風波一南一北，都反映了新文化運動應當普及推廣以走向民間、融入大地的必要性以及在此過程中青年學生作為中堅力量的重要性。報刊優待學生、知識界反對版權、北大學子抗議徵收講義費，從根本上來說都有利於新文化的大眾化，應當予以肯定。然而如上所述，「講義費」風波同時也暴露出了青年學生自身存在的一些問題，在啓蒙運動過程中應該適當糾正並給予足夠的重視。

第四節　如何批評
——「嗚呼蘇梅」公案與文章署名問題的論爭

　　批評是學術健康成長的良藥，然而也是一把雙刃劍。專業、科學、切中肯綮的批評對於學術的完善和成長來說是必不可少的，而充斥著偏見、蓄意打擊、過於嚴苛的批評則會成為學術成長的絆腳石。同時，批評者與被批評者之間的關係也是極為微妙和複雜的。伏爾泰曾經說過「我可能不同意你的觀點，但我誓死捍衛你說話的權力」，如果用在批評者和被批評者的關係上，這自然是一種理想的狀態，但實際上卻很難做到，因為這對批評雙方的人格修養都有著很高的要求。事實上，能夠坦然接受別人的批評並做出理性的回應就已經十分難得了，尤其是對於文人來說——文人相輕的傳統倒是源遠流

〔註57〕魯迅：《我們現在怎樣做父親》，參見《魯迅全集》（卷一），北京：人民文學出版社 2005 年 11 月第 1 版，第 135 頁。

—67—

長。就文學領域而言，在中國現代文學史上因批評而引發的公案是很多的，比較著名的就有 1922 年汪靜之的《蕙的風》出版後因胡夢華的道德批判所引起的論爭、1920 年代中後期的革命文學論爭等等。而在 1921 年，也曾有一場文學論爭轟動了當時的整個新文化界，那就是《白話詩研究集》及《嗚呼蘇梅》所引起的論爭，這是新文化運動發生以來，第一起因學術批評所引發的幾乎波及了整個新文化界的論爭，由此也成為中國現代文學史上一樁著名的公案。

1921 年五六月間，《民國日報‧覺悟》上最引人注目的便是對「嗚呼蘇梅」公案與文章署名問題的討論。而對文章署名問題的討論，更是直接由「嗚呼蘇梅」公案引發而來。當然，這一公案不僅在《覺悟》上引起強烈反響，其實也是當時北京和上海文化界共同關注的一次事件。引發爭端的《嗚呼蘇梅》一文起初就是刊登在 1921 年 5 月 13 日《京報》的「青年之友」欄目內。回頭來看，這其實是一起由不滿別人的學術批評而進行人身攻擊和侮辱謾罵的醜聞。介入其間的不僅有當事雙方，蘇梅和謝楚楨、易家鉞、羅敦偉，更有陸續加入進去的郭夢良、朱謙之、成舍我、彭一湖、楊樹達、黎錦熙、蔣百里以及胡適、高一涵等等。在論述《覺悟》上對此事件的討論之前，還是先讓我們來回顧一下這起事件的來龍去脈。

儘管在此事件中扮演不光彩角色的是易家鉞，但是源起卻是謝楚楨及其《白話詩研究集》。謝楚楨本是胡適中國公學時期的同學，新文化運動中也開始寫作、研究白話詩，《白話詩研究集》便是他在那一時期的成果。《嗚呼蘇梅》文章發表後，在 1921 年 5 月 19 日胡適的日記中有如下記述：

> 今天我做了一件略動感情的事。有中國公學舊同學謝楚楨君做了一部《白話詩研究集》，裏面的詩都是極不堪的詩。他曾拿來給我看，我說這裡面差不多沒有一首可以算是詩，我又說單有白話算不得詩。他後來結交了易家鉞、羅敦偉等一般新名士，他們把他捧作一個大詩人，他這部詩居然出版了！出版後，他來纏著我，要我替他在報上介紹，我完全拒絕了他。他後來竟在報上登出這樣一個大廣告……〔註58〕

在白話詩的始祖胡適眼中如此不堪、連能夠出版都感到奇怪的一部《白話詩

─────────────

〔註58〕 胡適：《胡適日記全編 1919～1922》（曹伯言整理），合肥：安徽教育出版社 2001 年 10 月第 1 版，第 266 頁。

研究集》，到了易家鉞、羅敦偉們那裡卻被視為「大詩人」的「苦心孤詣之作」，並在廣告中大加吹捧。胡適在當天的日記中也引用了那則有許多名人推薦的《白話詩研究集》廣告：

介紹新出版的白話詩研究集

是書系謝楚楨君苦心孤詣之作，全書約十萬言，內容：上半卷列詩錄五十餘條，研究新詩做法，無美不備；並列詩談選一門，都繫時下一般名人所作，下半卷列詩□百二十首，思精筆美；並列詩選一門（共三十餘首，內有女子詩十首），都係男女青年的傑作。討論批評，創造采集，無所不有，誠為新文藝中別開生面之書。至如生活類中描寫社會各種婦女生活狀況（共三十三首，莊諧雜出，形容盡致），使人可怨可歌可笑，尤為此書之一大特色。同人等因其於新詩界大有貢獻，特為鄭重介紹，想凡有志於研究新詩的人，當無不先濱為快哩。

介紹人：沈兼士　李煜瀛　孟壽椿　易家鉞
　　　　孫幾伊　陳大悲　羅敦偉　瞿世英
　　　　楊樹達　郭夢良　陳顧遠　徐六幾
　　　　　　　　　　　　　　　　同啟〔註59〕

撇開《白話詩研究集》是否真得對「於新詩界大有貢獻」不談，單說這則廣告倒也的確算是苦心孤詣之作，並且又有這麼多的名人代為署名介紹，因此從營銷的角度來說，此書做的無疑是成功的。然而「盛名之下，其實難副」卻也是必然的，況且本來就如此不堪。當讀者在廣告的蠱惑下購買了此書，讀完之後發現上當受騙，其憤怒的心情也是可以想見的。於是便有了蘇梅〔註60〕在《女子周刊》上對於此書的嚴厲批評。當然，應該指出的是當時的新文化出版物亂打虛假廣告也並非僅此一例。正如上一節所指出的，當新文化運動成為整個社會文化領域的關鍵詞，新文化出版物開始暢銷和走紅的時候，利用新文化出版

〔註59〕 胡適：《胡適日記全編 1919～1922》（曹伯言整理），合肥：安徽教育出版社2001 年 10 月第 1 版，第 266～267 頁。

〔註60〕 即蘇雪林。關於自己的名字，蘇雪林曾談到：「……幸而家中長輩呼喚我時一直用『小妹』二字，後來改為『小梅』，便算我的學名。一直用到民國八年升學北京女子高等師範，才將『小』字丟掉，成為『蘇梅』，民國十四年自法國返國，又以字為名，『蘇雪林』三字便一直用到於今了。」參見《兒時影事》，《蘇雪林文集》（卷二），合肥：安徽文藝出版社 1996 年 4 月第 1 版，第 1 頁。

物來牟利也是不可避免的現象。而既然要牟利，當然就會有人粗製濫造新文化出版物並打虛假廣告欺騙求知若渴的青年學子。當然，有的作者──就比如謝楚楨，他出版《白話詩研究集》並求胡適等名人推介，也許本意並不在牟利而是「求名」，或者說求得新文化界的認可，但是無可諱言的是這也是一種積累「象徵資本」的舉動，而根據布爾迪厄的理論，象徵資本是可以轉化爲現實的物質資本的，因而仍然可以歸爲牟利的行列。這些粗製濫造、濫竽充數的新文化出版物憑藉炫目的廣告引起了許多熱情參與新文化運動的青年學子的關注，但讀後卻往往發現只是徒然浪費金錢、時間和精力。就在《嗚呼蘇梅》一文發表後引起軒然大波的時候，《覺悟》上發表一位青年讀者的通信，除了對《嗚呼蘇梅》一文的作者對蘇女士的無禮謾罵感到憤慨之外，也根據自己的切身經歷，提醒青年在購買新文化出版物的時候要注意鑒別，不能惑於廣告，而其中的有關文字則直指那則《白話詩研究集》的廣告。文中說：「現在這些新出版物，當未產生以前，沒有不大登其廣告的，說些什麼思精呀，筆美呀，某某苦心孤詣之作呀，爲新文藝中別開生面呀，一套的漂亮話粉飾他們底門面。其實買來一看不是『半生不熟』便是『荒謬絕倫』。我只知道老老實實照著他們的廣告去買他們的作品，哪裏想到他們自命爲新文化運動的人，竟做出了這些名不符實的事情，作了這些非驢非馬的東西。結果使得我金錢也犧牲了，時間也犧牲了，精神也犧牲了，卻找不到益處在哪裏……所以我要奉勸喜歡讀新出版物的同志們幾句話：大家要小心些，別只管『饑不擇食』，再上了人家的當，把自己的腸胃弄壞了。」﹝註61﹞除去指責《白話詩研究集》的廣告係誇大其詞矇騙讀者之外，作者在文中也進一步揭露了《白話詩研究集》的虛假廣告行爲：該書出版後冒充北京大學出版部作爲其總髮行所，結果北大出版部在《晨報》上連續數日刊登啓事，聲明與之毫無關聯。可以說，圍繞這一本《白話詩研究集》所引起的紛爭確是不少。

面對蘇梅的嚴厲批評，作爲作者的謝楚楨面子上自然有些掛不住，於是寫信給蘇梅所在的女高師校長，要求強令蘇梅賠償名譽，並限三天答覆，否則便要宣佈她的罪狀。而當初在報紙上爲該書作廣告的介紹者（胡適所謂的「護法小名士」）此時也「忍無可忍」了──大概覺得自己給予高度評價、將其說得天花亂墜的一本書，居然有人膽敢批得一錢不值，這當然是對自身權

﹝註61﹞ 《奉告喜歡買出版物的同志》（原文署名「I」），載 1921 年 5 月 13 日《覺悟》「通信」欄。

威性的大膽挑戰，必須嚴厲教訓之，於是在《京報》上對蘇梅展開圍剿。因該書的介紹者之一羅敦偉是《京報》「青年之友」的編輯，這時便利用手中的權力盡量發表攻擊蘇梅的稿件而對蘇梅的反批評稿件則一概不發，完全剝奪了對手的話語權。更出格的是後來居然編發了那篇署名「右」的《嗚呼蘇梅》，全文對蘇梅極盡謾罵侮辱之能事，指蘇梅為演「淫戲之名角」，為「潑婦」，為「狗」，言其「身體中有某君成分」並有「勸其不如裸體以激起男子之求婚心」等語，還說「發現蘇梅與某君一封密書」，並徵引該書中文字數段以為謾罵資料。用成舍我啓事中的話說這篇文章簡直是「措辭鄙穢，人格蕩然」。〔註62〕此文一出，京中輿論譁然。《京報》的總編邵振青特意刊登啓事向蘇梅及社會公眾道歉，說是羅敦偉發稿疏忽所致。隨後北京大學新知學社刊登啓事，停止羅敦偉和易家鉞二人的編輯職務。再後來便有新知書社的經理成舍我跟羅、易雙方互登廣告，一方聲稱要「嚴重交涉」，一方則要據實揭露真相。因為此前易家鉞署名「A.D」在《京報》上發表《同情與批評》為謝楚楨辯護過，而此次署名為「右」（易家鉞字「君左」）的《嗚呼蘇梅》一文大家也都一致認定出自易家鉞之手，於是易家鉞自然被推到了輿論的風口浪尖。而易的朋友，彭一湖、李石曾、楊樹達、戴修瓚、熊崇煦、蔣方震、黎錦熙、孫幾伊等八人並未出示證據，卻僅憑「同人對於易君相知有素」就代為發表聲明，稱《嗚呼蘇梅》一文並非易家鉞所作。這自然激起了胡適的不滿，在日記中胡適寫道：「我生平對於社會上濫用名字的行為，最為痛恨。社會既肯信任我們的話，我們應該因此更尊重社會的信任，絕不該濫用我們的名字替滑頭醫生上匾，替污爛書籍題簽，替無賴少年作辯護……」於是他衝破來自個方面的說情與阻撓，聯合高一涵發表聲明，要求八位作證者「鄭重舉出證據」，並且「為尊重諸位先生以後的署名啓事起見，為公道起見，要求諸位先生親筆署名的鄭重答覆。」〔註63〕在胡適、高一涵的壓力下，為了各自的信用，李、彭、蔣、孫、熊、黎等人也分別聯合發表聲明，要求易家鉞舉出反證來證明《嗚呼蘇梅》確實不是自己所作，而當初聲稱有確鑿證據能證明自己清白的易家鉞此時卻並無證據可示，再加上羅敦偉聲稱《嗚呼蘇梅》的原稿已經焚毀這一欲蓋彌彰的做法，此事的真相已近大白了：《嗚呼蘇梅》一文顯然就是

〔註62〕《成舍我特別啓事》，轉引自 1921 年 5 月 24 日《覺悟》「通信」欄。

〔註63〕胡適：《胡適日記全編 1919～1922》（曹伯言整理），合肥：安徽教育出版社 2001 年 10 月第 1 版，第 267～268 頁。

出自易家鉞之手。於是「少年中國學會」也準備開除易家鉞，易家鉞聞風，自己主動脫離，不再像應對新知書社的開除那樣準備「嚴重交涉」，等於是默認了。經過前後這番折騰，「於是這件事，差不多把北京所謂『新文化運動者』牽扯了一大半進去了。」〔註64〕

　　儘管《白話詩研究集》以及「嗚呼蘇梅」公案的主場是在北京的《京報》和《晨報》上，但是自從《嗚呼蘇梅》一文發表後，《覺悟》上就一直關注著事態的發展。不但隨時編發「藐西」採寫的關於事態發展的詳細報告並且轉載各方刊登的啓事、廣告，而且也直接參與到事件的討論之中。許多作者面對這樣的批評和攻訐感到不滿，對易家鉞發表《嗚呼蘇梅》進行無理謾罵感到憤怒，但對蘇梅卻也並不過於偏袒，認爲她的文章毫無問題，完全是無辜的。因爲如果說當初發表在《女子周刊》上的文章儘管有點苛刻但是還屬於正常的學術批評的話，但當自己的反駁文章被《京報》壓下不發，言論自由受到鉗制時，蘇梅的文字也已經不冷靜了，人身攻擊的力度同樣比較大。因此一名作者在發表評論時說：「……後來京報上發表 AD 君的文字，和晨報發表蘇梅女士的文字，想來看過的人也已很多。我對於 AD 的文字認爲已出了辯論的正常範圍，對於蘇梅女士在晨報上的兩篇答覆，也有同樣的感想。不過對於蘇君訴說言論不自由之苦，和京報記者壓擱異己稿件之不應該，卻無論如何有點表同情的意思。」〔註65〕當事情的眞相趨於大白之後，《覺悟》上有人要求轉發蘇梅批評《白話詩研究集》的文章以及《嗚呼蘇梅》以供研究批評時，《覺悟》的主編邵力子卻主動採取了「降溫」的態度，當然這也是《覺悟》另外一部分作者的意見。因爲他覺得儘管易家鉞最終還是沒有承認《嗚呼蘇梅》是他所寫，但是他已經被開除出新知書社、又退出了少年中國學會，已經受到了懲處，並且他之所以不敢公開承認，恰恰證明他也覺得《嗚呼蘇梅》這篇文章問題嚴重，已經意識到過錯了，因此沒有必要再「痛打落水狗」。用邵力子的原話說，這證明「社會尚有『裁制力』，我們即使不再加批評，也沒什麼要緊了。」〔註66〕

　　當然，儘管在編者的干預下，《覺悟》上對於「嗚呼蘇梅」公案當事雙方

〔註64〕藐西：《北京學界底人格破產者》，載 1921 年 5 月 24 日《覺悟》「通信」欄。
〔註65〕《可憐的青年呀！》（作者署名「中」，大概表示中立的批評立場），載 1921 年 5 月 19 日《覺悟》「評論」欄。
〔註66〕力子覆趙君豪的信，載 1921 年 5 月 27 日《覺悟》「通信」欄。

的是非對錯問題沒有再繼續爭執下去，然而由此事件所引發的關於文章署名問題的討論卻又持續了相當長的時間。其實在 5 月 24 日《覺悟》轉載的《胡適高一涵啟事》中胡適已經提及了署名問題，正如他在 5 月 19 日的日記中所言，他「生平對於社會上濫用名字的行為，最為痛恨」，故此才跟高一涵聯合發表啟事，對於彭一湖等人草率發表「鄭重署名負責的啟事」提出質疑。當然，署真名、負責任是胡適畢生堅持的原則，後來他主辦《獨立評論》時對於作者的要求其中一條就是要使用真名，因為他認為既然要發言評論，那麼就應當負責任。然而，1921 年五六月間最早在《覺悟》上挑起文章署名問題討論的「正廠」，卻跟胡適的這種觀念有所不同。1921 年 5 月 30 日，正廠在《覺悟》上發表《〈嗚呼蘇梅〉與文章署名問題》，他認為在批評的過程中由學理探討轉為人身攻擊是不可避免的，而這一切都歸咎於文章署名：「由學理上討論，轉入感情上攻擊，發源是人底固執性和好勝心；但其導火線，恰是文章署名。假使文章不署名，無從知為誰所作，即不能向之作感情攻擊。譬如他不知批評者是蘇梅，哪裏會發《嗚呼蘇梅》？」除此之外，他還列舉了許多文章署名的負面影響：「（一）引起偶像心理；（二）以人廢言，以言廢人；（三）引起感情上攻擊；（四）忘了社會的，引起個人的。」並且聲言，假如文章署名不廢，「後面的《嗚呼蘇梅》接踵而來，還不知有多少咧！」〔註 67〕將由批評而引起人身攻擊歸咎於文章署名，顯然過於簡單和幼稚。因此邵力子對其回應道：「《嗚呼蘇梅》一文確與『文章署名』問題有關，但也可以說『文章不署真名』的緣故。假使一人只署一名，並絕對不許署假名，則《嗚呼蘇梅》一文，便不至於無人負責；或者竟因必須負責而沒有此文的發表，也未可知。那麼，這還是『文章必須署真名』及『一人只署一名』的問題。」〔註 68〕接著，漢胄（劉大白）接連發表《文章署名和負責任》、《文章署名和文章公有》、《文章署名和偶像打破》、《文章署名和意見公開》〔註 69〕四篇隨感錄，對正廠所持文章不應署名的觀點予以駁斥。

　　然而正廠卻並不曾因此而更改自己的主張，他繼續發表《文章不署名的討論》，聲稱主張文章不署名的不止自己和沈仲九，而且《錢江評論》還切實

〔註 67〕 正廠：《〈嗚呼蘇梅〉和文章署名問題》，載 1921 年 5 月 30 日《覺悟》「通信」欄。

〔註 68〕 力子覆「正廠」的信，載 1921 年 5 月 30 日《覺悟》「通信」欄。

〔註 69〕 前三篇載 1921 年 6 月 3 日《覺悟》「隨感錄」欄，後一篇載 6 月 6 日《覺悟》「隨感錄」欄。

實行過。在文中他儘管承認確如漢冑所言，偶像崇拜是主觀原因，但同時強調文章署名在其中的作用也是顯而易見的。他舉例說：「文章署了名；只看署著『胡適』，『哥倫比亞大學博士』，就以爲句句是不錯；倘使仍是這篇文而署了『正廠』；我敢決定注意的人要少些；曉得我沒有資格的人還要嗤之以鼻咧！」〔註70〕不過在漢冑一再針鋒相對的反駁下，正廠也感到自己的觀點越來越難以支撐下去，於是他呼籲那些曾主張文章不署名的人加入辯論：「從前討論文章署名問題的人，『仲九』，『遲明』，以及《錢江評論》，《平民教育》社諸君，他們都還在，我很希望他們再來討論。一個問題決不能一兩人可以解決的；我更希望大家來討論！」此外，他也爲自己退出辯論預留了伏筆，表示對自己的主張並不會一直堅持下去：「我還要聲明：我到理由立不住的時候，馬上認錯。」〔註71〕

6月15日，《覺悟》「通信」欄又發表陳斯白一篇質疑文章不署名的文章，文中凡涉及人名之處都一律用「某君」來替代，只是在中間才露出自己和「正廠」的名字，以示此文是跟「正廠」討論。文章開篇寫道：「某君，你昨天答某君的一篇討論，我很不以爲然。你說先前某君某君、某某君……也曾討論過……」如此表述，讓人讀來一頭霧水、不明所以，該文以文章不署名的實際情形來說明，假如文章取消署名，那麼就連這樣關於署名的討論都難以繼續下去。這對正廠所持的文章不署名的觀點無疑構成了致命的消解。而漢冑更是尖銳地指出，「……像你這樣的無我主義，不單文章不該署名，你本身底名就不該有……其實果然徹底地講起無我主義來，我既不是我，名更不是我，文章署了名，受人家底罵和批評，不過是名在那裡受罵和批評，何嘗是我？那麼，署名又何妨呢？」〔註72〕話已至此，關於文章署名問題的討論是難以再繼續下去了。正廠雖然沒有如先前所說那樣「到理由立不住的時候，馬上認錯」，卻也就此不再寫文章辯解。一場論爭就此收場。

「嗚呼蘇梅」公案和文章署名問題的論爭都是有關學術討論與批評的案例，儘管後者是由前者引發而來。但是這兩起論爭的結局卻截然不同。一個是由對《白話詩研究集》的學術批評而引起惡劣的人身攻擊，最後幾乎引起整個新文化界的關注；一個則始終在學理的範疇內進行討論，最後也以和平

〔註70〕正廠：《文章不署名的討論》，載1921年6月7日《覺悟》「通信」欄。
〔註71〕正廠：《文章署名的討論》，載1921年6月12日《覺悟》「通信」欄。
〔註72〕漢冑：《文章署名的討論》，載1921年6月16日《覺悟》「通信」欄。

方式收場。這相互關聯的兩起論爭中其實蘊藏著許多啓示，尤其是對於後世的學術批評而言。從這兩起論爭中我們可以看到，學術批評應遵循批評道德；批評雙方應將討論的重心著眼於學術本身而非針對個人，避免作人身攻擊；批評者對批評對象應抱有同情的理解，避免一棍子打死，而被批評者也當有開放的心態，虛心接受合理的意見，避免意氣之爭。「嗚呼蘇梅」公案和關於文章署名問題的論爭恰好一反一正爲我們提供了兩個絕好的批評案例。在「嗚呼蘇梅」公案中，《白話詩研究集》因爲虛假廣告大加吹捧嚴重名不符實，當蘇梅發現上當受騙後當然下筆會流於苛刻，批評措辭尖銳，而作者和介紹者又不正視現實，一味流於意氣之爭，更利用手中的資源壓制對方言論自由，這自然更激起蘇梅的反感。於是雙方的筆戰完全脫離了對《白話詩研究集》本身的討論，爭論的焦點轉爲互相指責對方人身攻擊和爭取言論自由了。到《嗚呼蘇梅》一文發表後引起輿論關注，問題的焦點再轉爲對批評道德的討論，原先爭論的雙方已經淡出中心，改由社會輿論對他們的批評行爲進行判斷和糾正。在此事件中，論爭的焦點幾度轉移，完全偏離了批評的初衷，以至於到後來對《白話詩研究集》的批評已經不再重要，批評道德淪喪和不負責任才成了公眾關注的焦點。而《覺悟》上所做的，其實主要就是對這一公案進行評判的工作。論爭焦點轉移，引起人們對批評道德的重視，這自然是件好事，在一定程度上會使批評雙方引以爲戒，減少此類事件再次發生。然而正像後來《覺悟》上所討論的，要想完全避免此類事件的重演卻幾乎是不可能的，這當然沒有正廠所認爲的取消文章署名就能解決那麼簡單。要避免此類事件重演，這在很大程度上依賴於批評雙方對批評道德的遵循和個人修養的提升，而無論是遵循批評道德還是提升個人修養都是不確定的，到了真正的批評實踐中，往往都成了一句空話。批評道德是體現在具體的批評實踐中的，與其在每一個批評實踐中都虛泛地討論一時無法解決的批評道德問題，倒不如著眼於批評本身，辨析和討論一個個實際問題，並力圖接近眞理，這樣的批評和論爭也許更有意義，而緊緊圍繞批評對象展開辨析和討論本身也是一種遵循批評道德的表現。反觀文章署名問題的論爭，當《覺悟》上的討論由「嗚呼蘇梅」公案進而轉爲文章署名問題的論爭後，盡管正廠和邵力子、漢冑以及陳斯白的意見對立，但是論爭的範圍卻始終嚴格限定在「文章該不該署名」這一問題上，決不旁逸出去進行人格嘲笑或人身攻擊。而雙方在批評時也都首先肯定對方觀點的可取之處，並不以爲自己眞理在握而對方

荒謬絕倫。尤其是正廠，在討論過程中認識到自己觀點的偏激時並不為顧全面子而硬撐到底，而是公開保證「到理由立不住的時候，馬上認錯」。這裡表現出來的就是一種嚴肅的辨析問題的態度，而非意氣之爭。無論對於批評者還是被批評者，正廠所表現的這種批評態度都是值得學習的。當然，對於後人而言，「嗚呼蘇梅」事件中的教訓跟「文章署名問題」論爭的榜樣，都同樣值得重視。

第三章　另一種「一校一刊」的結合
——復旦大學與《覺悟》作者群

　　1917 年 1 月 11 日，北大校長蔡元培禮聘《新青年》主編陳獨秀為文科學長，位於上海的《新青年》編輯部也隨之遷至北京北池子箭杆胡同 9 號陳獨秀的家中。此後，依託北京大學豐厚的思想和文化資源，《新青年》的影響迅速擴大，而北大也當之無愧地成了新文化運動的策源地。後來，儘管《新青年》6 卷 2 期曾發表一則啓事，刻意淡化《新青年》與北大之間的關聯：「近來外面的人往往把《新青年》和北京大學混為一談，因此發生種種無謂的謠言。現在我們特別聲明：《新青年》編輯和做文章的人雖然有幾個在大學做教員、但是這個雜誌完全是私人的組織、我們的議論完全歸我們自己負責。和北京大學毫不相干。此布。」〔註 1〕但這只不過是一種應對時局的策略性表述，實際上「《新青年》的異軍突起與北京大學在思想界獨佔鰲頭的特殊地位，有著密不可分的依存關係。」〔註 2〕那些站在思想制高點，引領新文化運動潮流的人物如陳獨秀、胡適、李大釗、錢玄同、劉半農、沈尹默以及周氏兄弟等等，此時都任教於北大，正是有了這幫時賢俊彥的參與《新青年》才到達了它的鼎盛時期。因此陳平原先生在論及《新青年》與北京大學的結合時，也將其稱為「中國思想文化史上具有里程碑性質的大事」。〔註 3〕受北

〔註 1〕　《〈新青年〉編輯部啓事》，載 1919 年 2 月 15 日《新青年》6 卷底 2 期。
〔註 2〕　張耀傑：《北京大學與〈新青年〉編輯部》，見《歷史背後：政學兩界的人和事》，桂林：廣西師範大學出版社 2006 年 3 月第 1 版，第 1 頁。
〔註 3〕　陳平原：《茉莉集》，瀋陽：春風文藝出版社 2001 年 9 月第 1 版，第 132～133 頁。

京大學與《新青年》的啓發，如果從大學思想文化角度考察《覺悟》，很容易就會發現復旦大學之於《覺悟》恰似北大之於《新青年》，是新文化運動中發生在上海的另外一個一校一刊相結合的案例。《覺悟》的編者和主要作者如邵力子、葉楚傖、劉大白、陳望道等都曾擔任過復旦大學的教授，不僅如此，四人還都先後擔任過復旦大學中國文學科的主任。而同時，這幾位也都是五四新文化運動中的風雲人物。《覺悟》之所以成爲五四新文化運動中的一方重要陣地，並且位列「四大副刊」之一，是跟復旦大學的思想文化資源分不開的。

第一節　「青年導師」──邵力子與《覺悟》

提及《覺悟》，自然不能繞過其主編邵力子，正是在邵力子執掌編輯權的時期，《覺悟》成了名動一時的「四大副刊」之一。然而同當時的其他許多有識之士一樣，辦報辦刊雖然對當時的社會文化影響深遠，但卻常常不能作爲一種職業來養活自己，有時那些具有強烈使命感的知識分子甚至要自己掏錢辦報。前文曾敘及的《新青年》編輯同人爲共同的文化理想撰文而不領稿費自然是其中的一個例證，而這方面的例證還有很多，比如作爲文化保守主義陣營的主要刊物《學衡》，當後期發行量劇減後，中華書局不願繼續出版，主編吳宓就從他的大學教授薪金裏每期拿出 100 塊大洋作爲貼補，這樣《學衡》才得以繼續出版。邵力子的夫人傅學文在憶及當年他編《民國時報》時也曾寫道：《民國日報》創辦後，「力子擔任經理兼編輯。該報因抨擊北洋軍閥，宣傳民主思想，鼓舞反帝鬥爭，備受軍閥當局的迫害；經濟上十分困難。力子竭力支撐，備嘗艱苦，有時甚至自己出錢購買紙張，使《民國日報》得以繼續出版……」〔註 4〕正是基於此，在擔任報刊編輯之外，這些知識分子通常另有職業，而在大學任教便是其中多數人的選擇。邵力子也是一樣，在編輯《覺悟》的同時，他還任教於復旦大學、上海大學等高校，並曾擔任過復旦大學中國文學科的第一任主任。

邵力子跟復旦的淵源頗深，他「既是復旦最早的學生，又是復旦的教師、

〔註 4〕傅學文：《水流雲在》，見《和平老人邵力子》（中國人民政治協商會議全國委員會文史資料研究委員會辦公室編），北京：文史資料出版社 1985 年 10 月第 1 版，第 14 頁。

校董」，〔註5〕同馬相伯、嚴復、李登輝、于右任等並列爲復旦的「創校先賢」之一。1882 年 12 月 7 日（農曆十月二十七）邵力子出生於浙江紹興府會稽縣陶堰鄉，1967 年 12 月 25 日在北京去逝，終年 85 歲。初名景奎，字仲輝，1898 年入上海求志學堂讀書，改名聞泰，「力子」是 1910 年任《民立報》編輯時所用的筆名。1902 年邵在叔父的壓力下去浙江應「庚子、壬寅並科」鄉試，中第六十七名舉人，同科者有陳叔通、沈鈞儒等人。但他厭倦科舉，放棄「進士」考試，改入上海南洋公學學習。1905 年又入震旦公學求學，期間因法國天主教勢力企圖控制震旦領導權，震旦學子群起反抗，決定集體退學，並推舉葉仲裕、于右任、邵力子等七人爲幹事，協助馬相伯在吳淞創辦復旦公學，因此邵力子算是復旦的創立者之一。1906 年邵離復旦赴日本學習新聞學，1907 年開始，先後與于右任等創辦《神州日報》、《民呼日報》、《民吁日報》、《民立報》、《生活日報》以及《民國日報》等等，其中尤以主編《民國日報》副刊《覺悟》最爲有名。1910 年邵力子經于右任介紹到山西高等學堂任教，後因宣傳新思想新文化遭到陝西當局驅逐。1913 年再次入復旦擔任國文教員〔註6〕，開始其在復旦十餘年的教學生涯。後來他曾參與創辦上海大學，並出任上海大學副校長，1925 年後還曾擔任黃埔軍校秘書長、政治部主任等等……同時，他也熱心家鄉的文教公益事業，「1932 年他創立了紹興私立稽山中學。後來在富盛金家嶺邵氏祖墳附近的邵家樓邵氏宗祠隔壁，又創建並擴建了兩所小學：一名棠蔭小學，一名明強小學」〔註7〕……終其一生，可以說邵力子對教育事業貢獻巨大。〔註8〕

〔註5〕 趙少荃：《邵力子》，見《復旦逸事》（齊全勝主編），瀋陽：遼海出版社 1998年 9 月第 1 版，第 22 頁。

〔註6〕 邵力子再次入復旦任教的時間有兩種說法，通常的說法是 1913 年 3 月；另一種說法是 1914 年 6 月：「1914 年 6 月，《復旦公學同學錄》載教職員名單。洪維熊、岳昭焉去職，姚登瀛任會計，職員共 7 人。教員新增邵力子（本校高等第一類，國文），劉延陵（大學預科一年級生，英文助教），陳清華（大學預科一年級生，英文助教），洪維熊（江南高等學堂格致科畢業，算學）。」見《復旦大學百年紀事（1905～2005）第一編》（復旦大學百年紀事編纂委員會編），上海：復旦大學出版社 2005 年 5 月第 1 版，第 15 頁。

〔註7〕 邵偉眞：《祖父的遺愛》，見《和平老人邵力子》（中國人民政治協商會議全國委員會文史資料研究委員會辦公室編），北京：文史資料出版社 1985 年 10 月第 1 版，第 28 頁。

〔註8〕 關於邵力子的生平參見晨朵：《邵力子年表》，《和平老人邵力子》（中國人民政治協商會議全國委員會文史資料研究委員會辦公室編），北京：文史資料出版社 1985 年 10 月第 1 版，第 224～254 頁。

　　儘管邵力子中過舉人，國學功底深厚，但是思想並不守舊。他在陝西高等學堂任教期間教授的是西洋史，因支持學生運動而遭偵緝被迫離陝赴滬後，1913 年，他入復旦公學擔任國文教師。這時儘管教的是國文，但邵力子也並不過分宣揚國故，「他在課堂上宣傳革命思想，反對專制制度，抨擊袁世凱復辟陰謀，常出王莽等題目要求學生做作文，以啓發學生覺悟。」〔註9〕

　　五四運動爆發後，也是邵力子首先在上海復旦大學點燃了五四之火並一直推波助瀾使其漸成燎原之勢。邵力子之所以能夠在上海的五四運動中一呼百應，受到廣大青年學子的推崇和信賴，當然跟他長期從事報刊編輯工作、作爲一個媒體人有著廣泛的社會影響力有關，但也有另一個很重要的原因，那就是他的復旦教授身份。眾所周知，學生往往對自己的老師有著本能的信賴，況且當時國難當頭而青年學生的愛國熱情又是那樣的高漲，如此一來面對師長的號召自然應者雲集。時爲復旦學生會負責人的朱仲華對當時的情形有過詳細的回憶：

　　　　五四運動時，他（指邵力子，引者注）又在一九一九年五月六日《民國日報》上，及早刊出了北京學生開展反帝愛國運動的「本社專電」，並且一清早手拿報紙，到復旦大學來，叫我臨時緊急集合全校同學（當時我正任學校學生自治會主席），並上臺親自朗讀當天報紙，然後慷慨激昂地作了鼓動演講，他說：「北京學生有這樣的愛國熱忱，難道我們上海學生會沒有嗎？」動員、組織了我們復旦同學，外出串聯全上海大、中學校，響應北京，在上海也掀起了反帝愛國運動。當我們組織了「上海學聯」（當時我擔任上海學聯總會計兼總幹事和全國學聯評議員）在孫中山先生直接支持下，於五月三十一日下午，在老西門公共體育場開罷郭欽光烈士追悼會，上萬人的示威遊行隊伍首次衝進租界時，邵力子先生等，站在三茅閣橋民國日報社二樓陽臺上，還使勁鼓掌歡呼，給了我們無比巨大的支持與鼓舞。當上海學生得到全市工人以及市民的支持，開展六三罷課、罷工、罷市這聲勢浩大的「三罷」運動時，邵力子先生又應邀參加了我們上海學聯在卡爾登（今黃河路）舉行的各界人士茶話會，即席發表鼓動人心的生動講話，反覆強調，希望滬上各界人士，大力

〔註9〕趙少荃：《邵力子》，見《復旦逸事》（齊全勝主編），瀋陽：遼海出版社 1998年9月第1版，第25頁。

> 支持我們學生的愛國行動。不久，五四運動在全國範圍內初步取得
> 了輝煌勝利……〔註10〕

教師的身份不僅對邵力子組織與號召青年學生響應北京的五四運動起了重要
作用，而且也影響了邵力子本人的行文方式和他主編《覺悟》的辦刊理路。
如果說復旦課堂上是直接面對青年學生開講，引導其接觸新文化、對其進行
思想啓蒙的話，那麼《覺悟》就是一個社會大講堂，邵力子等《覺悟》同人
利用這個講堂（公共空間）對社會民眾布道，將新文化的理念源源不斷地灌
輸給讀者——當然也不僅是邵力子及《覺悟》爲然，五四知識者的教師身份
對新文化運動產生的巨大影響已經被越來越多的學者所意識到，比如張全之
就曾在他的著作中寫道：「陳獨秀、胡適、魯迅、周作人都長期從事高等院校
的教學工作，這一既定的社會角色和長期的職業勞動，使他們自覺或不自覺
地形成了教師特有的思維方式和行爲方式，將整個社會當成一個大課堂，自
己是布道者。他們的文章中，也經常出現教師的職業話語。很明顯，教師職
業爲現代知識分子角色的轉移提供了助力。」〔註11〕

　　教師的職業身份對邵力子的寫作方式及辦刊理路是影響很深的。《覺悟》
創辦之初，邵力子就從 1919 年 6 月 18 日開始發表連載三個月之久的《古訓
懷疑錄》，對那些自古以來就被奉爲金科玉律的所謂「古訓」進行反思和追問。
儘管考慮到《覺悟》創辦時沒有專門的發刊詞，因而有人認爲「這篇主張『有
破有立』的《古訓懷疑錄》，實質上就是主編邵力子爲《覺悟》副刊事後補寫、
遲發連載的發刊辭」，〔註12〕然而在我看來，《古訓懷疑錄》與其說是一份發
刊辭，倒不如說是一篇講稿，一篇啓發學生疑古、解放思想並重新估定一切
價值的講稿。《古訓懷疑錄》的第一篇就表明了他寫作此文的緣起：

> 　　一個社會裏面的古訓，最能夠影響群眾的心理和習慣。加著我國
> 的社會，是守著「則古稱先」的那種話頭。如果是什麼古聖古賢所說
> 的，絕對不許有人懷疑，因此束縛了個人的思想自由，實在不少。況

〔註10〕 朱仲華：《仲輝先生的教誨》，見《和平老人邵力子》（中國人民政治協商會議
　　　　全國委員會文史資料研究委員會辦公室編），北京：文史資料出版社 1985 年
　　　　10 月第 1 版，第 47～48 頁。

〔註11〕 張全之：《火與歌——中國現代文學、文人與戰爭》，北京：新星出版社 2006
　　　　年 1 月第 1 版，第 9 頁。

〔註12〕 陳德和：《邵力子主編〈覺悟〉》，見《和平老人邵力子》（中國人民政治協商
　　　　會議全國委員會文史資料研究委員會辦公室編），北京：文史資料出版社 1985
　　　　年 10 月第 1 版，第 62 頁。

且古人的說話，因著時勢和他四遭的境遇，本含有各種特別的情形，現在卻把他變成個普遍的，永久的，教大家現在都要奉他作金科玉律，自然要發生種種害處。我國學問的不能進步，就因爲一般人對著古訓不敢懷疑的緣故。自明朝末年，有位黃黎洲先生，著了一部書，叫做《明夷待訪錄》。那《原君》一篇，對著古時傳下的君臣原理，著實表示疑惑。到了近來，我國和歐美通商，外國的新潮流，跟著我國的失敗，一點一點輸進來，我們也就一點一點的覺悟起來。那古時候最奇怪的幾句話，已經有許多人不肯相信。孔二先生所說的「民可使由之而不可使知之」，多半都曉得是一種愚民的話，很不應該有的。那韓昌黎說的「天王聖明臣罪當誅」更不消提起了。思想上有了這樣的變遷，政體上也就發生了大變動。就說我們中華民國是成立在這個上頭，也是可以的。但是社會裏面，還有說不盡的許多古訓，盤踞在個人的心坎上。我們現在要把社會改造，就不能不先把種種可疑的古訓，教各人都能夠用新思想去觀察。那眞理越發明白，社會就越發進步，眞正的「德摩克拉西」也就越發有了希望。因此我就大著膽，做起這個《古訓懷疑錄》來。〔註13〕

《覺悟》創辦初期，儘管欄目設置的體系還沒建立，但是從文章排版的位置上也能夠看出，這篇《古訓懷疑錄》決不可能是發刊辭，因爲它僅僅排在本期所發文章的第三篇，在它前面，還有署名「鶴」的《什麼叫社會主義》和「玄廬」的《解放》。相對於邵力子的這篇《古訓懷疑錄》，放在本期頭條的沈玄廬的《解放》，倒更像是《覺悟》的發刊辭。在這篇宣言式的短文中，沈玄廬寫道：

現在的世界，是什麼世界？是已經覺悟的世界。覺悟點什麼？覺悟「解放」的要求、覺悟了、要求了、能夠不解放嗎？

家屬要求家長解放、女子要求男子解放、工人要求資本家解放、農夫要求地主解放。那班做家長、男子、資本家、地主、解放不解放、誠然有一種肯與不肯的問題。但是家屬、女子、工人、農夫是要求定了。

我且不必說「求之不得」以後的波瀾如何變幻、危險狀態如何呈露、我先把已經解放的事體陳列給讀者諸君看看。

〔註13〕 力子：《古訓懷疑錄》，載 1919 年 6 月 18 日《覺悟》。

（一）鴉片煙！「癮」戒除了、解放了。鴉片煙有什麼能力，強他們再上癮嗎？

（二）八股！「考試」廢除了、解放了。八股有什麼能力，強制人家再把他來作文體呢？

（三）纏足！「體制」廢除了、解放了，裹腳帶有什麼能力、強制一般女子再受他的束縛？

　　一般做家長、男子、資本家、地主的，如果願意步鴉片煙、八股、裹腳帶的後塵呢，也就罷了！倘或不願意蹈這些個覆轍，還要請做家長男子資本家地主的，自己解放自己。〔註14〕

且不說此文一開始就將「覺悟」二字點出，符合一般發刊辭的特徵，文中提出的「家屬要求家長解放、女子要求男子解放」等等，也恰恰都是《覺悟》後來著重展開討論的問題，而「工人要求資本家解放、農夫要求地主解放」也是《覺悟》上宣傳馬克思主義的應有之義。因此這篇短文對於《覺悟》後來的發展理路實在有著一種提綱挈領的作用，有著發刊辭的功效。而反觀邵力子的《古訓懷疑錄》，儘管其主旨也在號召人們解放思想以祛除新文化前進道路上的障礙，但是「專業」的色彩還是相當濃厚，聯繫到他在復旦任國文教師的身份，這篇《古訓懷疑錄》顯得更像一份講稿。只不過宣講的對象已不僅限於教室裏的學生，而是延展到了整個社會中的覺悟青年。在《古訓懷疑錄》第二篇中他就借孫中山針對「知之非艱行之維艱」進行反思，提出「知難行易」為例，希望社會上覺悟的有識之士對於那些「似是而非」的古訓進行研究，指出其荒謬之處。〔註15〕當然，對任何古訓進行反思，其目的也不僅在於古訓本身，而是著眼於批判並改造現實。例如對孟子「窮則獨善其身，達則兼濟天下」的懷疑，作者就給出了幾個理由：「第一層，是他把做官的事情，看得太重。第二層，是他把自身的這人，看得太輕。第三層，是他把社會問題沒有研究明白」。〔註16〕不做官就放棄社會責任感、「獨善其身」，這種中國式的至理名言其實表達了一種消極和逃避的生活態度，過於圓滑和狡黠。在一個承前啟後的革新年代，如果把變革社會的責任全都推給那些當權者，而未居其位者就以「獨善其身」來逃避付出和責任，那麼就難以取得進

〔註14〕玄廬：《解放》，載 1919 年 6 月 18 日《覺悟》。
〔註15〕力子：《古訓懷疑錄（二）》，載 1919 年 6 月 19 日《覺悟》。
〔註16〕力子：《古訓懷疑錄（三）》，載 1919 年 6 月 20 日《覺悟》。

步。因此破除「達」才能「兼善」的古訓，實在對於激起新文化運動中平民的參與熱情有著極其重要的作用。中國文化歷來相信歷史上曾有過理想的黃金時代，於是便有所謂「人心不古」、「則古稱先」代代流傳，表示對世風日下的不滿。當近代國門被打開，各種西方學說尤其是達爾文的進化論思想進入中國之後，接受了進化論的知識分子開始明白人類社會是一個不斷髮展和進化的過程，於是他們一改「向後看」的文化慣性而改為「向前看」，依託西方現代思想對傳統文化遺產進行全面清理，以期實現社會的變革和民族國家的復興。在這個思想解放的大語境中，邵力子的《古訓懷疑錄》跟魯迅「從來如此，便對嗎」的詰問其實有著同樣的內涵。如果說魯迅式的詰問如當頭棒喝、石破天驚，令人驚醒的話，《古訓懷疑錄》則從一個個具體的古訓出發，一點點破除長期統治人們思想的枷鎖，做的是一種為魯迅式的詰問提供證明的工作。

　　青年人是民族的未來和希望，魯迅等五四的啓蒙者們都對青年人給予了特別的關注，而五四啓蒙運動本身也以青年學生為主要啓蒙對象。魯迅在《狂人日記》中發出了「救救孩子」的呼喊，在《我們現在怎樣做父親》中也表示願意「自己背著因襲的重擔，肩住黑暗的閘門，放他們到寬闊光明的地方去」﹝註17﹞，這其中對青年人的關愛和期望自不待言。在新文化運動「解放」與「改造」的潮流中，邵力子同樣也異常關心、愛護青年人的成長，他不僅在《覺悟》上對於年輕人所關心的婦女解放以及婚戀自由等問題給予了很多的關注、討論，還針對一個個具體的案例為青年人解疑答難、出謀劃策，堅定他們向舊習俗、舊文化挑戰的信心。在《覺悟》的「通信」欄，每有青年來信求教生活或學習中的困難，他必耐心解答並提出建議，深得青年人的信賴。五四運動時在湖南桃源女子師範學校讀書的丁玲回憶當時的情景說，「……我們學生會訂購了北京、上海等地出版的許多進步的報紙雜誌，如《新潮》、《民國日報》等。我就是從這時開始讀報，開始知道了一些作者，其中就有邵力子先生。這些人在我的心目中是生疏的、遙遠的智者，大人物，卻又都是親近的。老師般的知心朋友。」﹝註18﹞《民國日報‧覺悟》的發行量

﹝註17﹞ 魯迅：《我們現在怎樣做父親》，見《魯迅全集》（卷一），北京：人民文學出版社 2005 年 11 月第 1 版，第 135 頁。

﹝註18﹞ 丁玲：《我景仰的邵力子先生》，見《和平老人邵力子》（中國人民政治協商會議全國委員會文史資料研究委員會辦公室編），北京：文史資料出版社 1985 年 10 月第 1 版，第 69～70 頁。

巨大，覆蓋範圍相當廣泛。像丁玲這樣將邵力子視作「老師般的知心朋友」的青年實在不在少數。曹聚仁曾在一篇文章中記述邵力子上海寓所的書房中「掛著一條橫幅，上書『青年導師』四個大字，那是全國學生聯合會主席狄侃所贈送的。」曹聚仁並且說，「在領導青年思想這一課題上，邵氏一直保持著《覺悟》時期的風度，和年輕人相接近的。」〔註19〕他不僅在復旦的課堂裏作爲學生的老師盡力傳道授業解惑，在課堂之外，在《覺悟》這個公共平臺上他同樣扮演著老師的角色，關心覺悟青年的成長，盡力爲他們提供幫助。「青年導師」四字可謂是對邵力子盡心盡力關心青年學生成長，支持青年學生投身新文化運動的最高讚譽。

在邵力子爲青年人出謀劃策提供指導的過程中，其中有的解決辦法就是來自他自己的親身經驗——比如他主張如果反對父母包辦婚姻的壓力太大，一時難以成功，那麼就可以先退而求其次，採用要求女方受教育的方法來提高女性的知識水平，以爭取時間，如果女方也覺悟到婚戀自由是絕對眞理甚至重新考慮婚事那自然再好不過，而就算到頭來還是捆綁成了夫妻，那麼讀過書的女性相對更加明事理，也有助於婚後生活的幸福。而這就恰恰來自邵氏自身的親身經歷。眾所周知，對於包辦婚姻的懷疑並不自五四始，從清末開始隨著中西交流的越來越頻繁，婚姻自由的觀念就已經在一些進步的知識分子之中流傳。只是那時由於周圍的環境還過於嚴酷，封閉的鐵屋子雖已鏽迹斑斑眼看要垮掉，但生活在鐵屋子中的人短時間內卻還看不到傾頹的迹象，因而反對包辦婚姻、爭取婚戀自由的呼聲還異常微弱。前文所提 1902 年 6 月 26 日《大公報》上刊出的那則徵婚廣告就是傳統的婚姻制度開始動搖的標誌。而 1903 年結婚的邵力子在婚前同樣也經過了一番鬥爭。邵力子的女兒在回憶父母的結合時寫道：

> 我母親姓屠名玉瑛。說起她當年和父親的結合，卻有一段佳話。
> 原來，父親中舉之後，經謝、陳兩老伯爲媒，介紹邵、屠兩家對親。
> 這門親事，在當時可說是「門當戶對」，可料不到我父親竟表異議。
> 他說：「對女方，我有兩個條件：一要女方開放纏足；二要她進校讀
> 書。她全都做到了，我才能同意成婚。」對第一點，解放小足，女

〔註19〕曹聚仁：《和平老人邵力子》，見《和平老人邵力子》（中國人民政治協商會議全國委員會文史資料研究委員會辦公室編），北京：文史資料出版社 1985 年 10 月第 1 版，第 185 頁。

方很快便表示同意，但對第二點，則頗感爲難。因在當時封建社會，一個大家閨秀，大多不願拋頭露面出外上學。此事難住了雙方家長，也難住了媒人。最後，還是兩位媒人想出妙計，決定由眷屬陪同女方上學，才打開僵局。這說明：我父親年輕時就遠瞻時勢，順應潮流，力倡婦女解放。後來他主編《民國日報》副刊時，這一新思想更是如同火花般爆發出來。〔註20〕

由此可見，邵力子不僅主張男女平等、反對包辦婚姻，並且也身體力行，是其中的先行者。在對待子女的婚姻問題上他也思想開明、言行一致，決不橫加干涉。當然，最讓人稱道的還是他親自主婚讓守寡的兒媳再嫁之事：「他的次子邵志剛留學歐洲，後不幸死在意大利，兒媳懷孕沒有隨同出國。志剛死後，她撫養遺腹子，邵力子勸兒媳先去日本讀書，後再改嫁。在重慶特爲舉辦婚禮，請于右任證婚，邵力子把她作爲女兒出嫁對待，自當主婚人……當時對邵的尊重婦女，移風易俗，曾傳爲佳話。」〔註21〕

除了在《覺悟》「通信」欄以編者身份爲青年人在新文化運動中所遇到的困惑解疑答難、給予指導之外，邵力子也頻頻以「隨感錄」的形式針對新文化運動中的一些現象發表評論。據不完全統計，主編《覺悟》期間，他發表在《覺悟》上的隨感錄共有上千篇。這些隨感錄短小精悍、鋒芒畢露，針砭時弊、一針見血，很爲覺悟的青年所喜愛，有力地配合了當時的社會改革與新文化運動的進行。當然，邵力子當年之所以能夠立足復旦、同時又借助《覺悟》版面在上海的新文化運動中一顯身手，是跟復旦大學自由寬容的空氣分不開的。這一時期執掌復旦校長席位的李登輝出身於印尼的華僑家庭，他 14 歲赴新加坡讀書，後又去美國求學，1899 年畢業於耶魯大學，飽受西方現代民主自由思想的浸染。1912 年擔任復旦校長後，李登輝開明治校、延聘名師，爲復旦的發展做出了極爲重要的貢獻。他治校所帶來的復旦民主空氣也一直受到後人讚譽。復旦老校友杜紹文曾在回憶中寫道：「……滬上 The China Press 評述，謂復旦爲一富有 Democracy 化之學府。東鄰朝日新聞社，復譽復

〔註20〕 邵偉眞：《慈父的遺愛》，見《和平老人邵力子》（中國人民政治協商會議全國委員會文史資料研究委員會辦公室編），北京：文史資料出版社 1985 年 10 月第 1 版，第 25 頁。

〔註21〕 張豐胄：《力子先生的足迹》，見《和平老人邵力子》（中國人民政治協商會議全國委員會文史資料研究委員會辦公室編），北京：文史資料出版社 1985 年 10 月第 1 版，第 12 頁。

且爲我邦最有進取精神之絃歌聖地。復旦三十年來，雖歷盡滄桑，然此自由
獨立之風氣，則歷久不渝。」〔註 22〕後來曾經擔任復旦大學校長的章益在憶
及他的老師、前校長李登輝時也曾對李的民主作風和開明治校給予高度評
價：「我所見到的李校長是一位博擇眾善的李校長。師主母校三十載，凡有興
革，鮮以個人意見出之。上及教授，下及學生，每普遍咨詢，然後擇善採納。
在昔大學規程未經頒佈，當時各大學行政，多出校長獨裁，而在我校則因李
校長素重民治精神，首由校長設正式評議機關，於時稱曰行政院，完全出於
師座自動的建議而設立。其後逐漸蛻化，乃有今日之校務會議。此種制度，
實開全國大學行政之先河焉。」〔註 23〕在上海的五四運動中，有許多青年學
生因倡導學生運動而遭到所在學校當局的開除，當這些運動積極分子學業無
著時，李登輝卻對他們敞開了復旦的大門，章益就是當年被李登輝接納進復
旦的學生運動積極分子之一。這份「救難」之恩，他自然是難忘的，所以事
隔多年之後他對此仍記憶猶新：「余始拜謁師座，在民八『五四』學潮澎湃之
際。時余肄業梵王渡，因首倡加入學生運動觸怒學校當局，同輩五六十人，
見擯棄校，窮無所歸。倉皇謁師，立賜容納。令人眞有『廣廈千萬間，大庇
天下寒士俱歡顏』之感⋯⋯」〔註 24〕章益也在另一篇文章中回憶了當時環境
的窘迫與邵力子任教復旦之不易：「那時候，『中學爲體，西學爲用』的幽靈
還在知識界中徘徊，官方公然下令尊孔讀經，有些『衛道之士』也以捍衛中
國固有文化爲己任。所以《覺悟》副刊被視爲洪水猛獸，其主編人也就處於
『逐出教門』之外的地位了。邵先生其時尚能在一所大學裏任教，也只有復
旦的李登輝先生這樣開明的校長才敢加以禮聘的。」〔註 25〕得惠於李登輝者
當然不止於此，上海的五四之火之所以能夠率先在復旦大學點燃，邵力子以
及葉楚傖、陳望道、劉大白等人之所以能夠在復旦自由傳播新文化，這都是
與李登輝的開明治校、民主治校分不開的。在這一點上，李登輝掌復旦所追

〔註 22〕杜紹文：《舊事新記》，見《老復旦的故事》（陳麥青、楊家潤編），南京：江
　　　　蘇文藝出版社 1998 年 12 月第 1 版，第 26 頁。

〔註 23〕章益：《我所見到的李校長》，見《老復旦的故事》（陳麥青、楊家潤編），南
　　　　京：江蘇文藝出版社 1998 年 12 月第 1 版，第 234 頁。

〔註 24〕章益：《我所見到的李校長》，見《老復旦的故事》（陳麥青、楊家潤編），南
　　　　京：江蘇文藝出版社 1998 年 12 月第 1 版，第 233 頁。

〔註 25〕章益：《上海學聯的顧問》，見《和平老人邵力子》（中國人民政治協商會議全
　　　　國委員會文史資料研究委員會辦公室編），北京：文史資料出版社 1985 年 10
　　　　月第 1 版，第 112～113 頁。

求的民主精神與蔡元培掌北大所奉行的「兼容並包」主義一樣，都是新文化運動順利發展所必需的。只有在這樣一種相對寬鬆的氛圍中，新思潮、新文化才能夠衝破重重阻撓並生根發芽。

　　儘管邵力子社會兼職很多，《覺悟》的編務也異常繁忙，但他在復旦上課卻認認眞眞、一絲不苟，深得同學喜愛。他當年的學生焦雨亭回憶他講課的情景時說:「邵先生講的課是《經史百家簡編》，他來上課時從來不帶書本，只帶幾支粉筆。他對課文能背誦講解，博古通今，闡述精闢，內容十分豐富。同學們聽講時鴉雀無聲，聚精會神，經他啓發式誘導，每堂課都收益不淺。」〔註26〕並且邵力子在上課之外，也時常邀請思想界文化界的名人來校演講，陳獨秀、惲代英、汪精衛、何香凝等都曾先後到復旦演講，向師生灌輸新思想、新文化。邵力子對復旦貢獻頗多，除了算得上是「創校先賢」之外，他也對復旦的新聞學科以及國文學科的建設起到了至關重要的作用。邵堪稱復旦新聞專業的開創者之一。儘管復旦到 1929 年才設立新聞系，但早在 1924 年 1 月，作爲國文部主任的邵力子就開始爲學生開設選修課《新聞學與現代政治》，著手培養新聞人才。這是復旦最早開設的新聞學課程。〔註27〕復旦新聞專業後來發揚光大，培養了眾多優秀的新聞人才，實在是與邵力子等先賢的遠見分不開的。作爲媒體人的邵力子本能地意識到未來中國需要大量的新聞從業人員，於是他披荊斬棘，率先開始培養新聞人才，爲復旦新聞學科的創立發揮了重要作用。至於國文學科，復旦的源頭──1902 年馬相伯先生創辦的震旦學院本是用外文上課，對於國文的重視相當不夠。1905 年改爲復旦之後逐步開始注重學生的國文素養。此後 1912 年復旦進入私立公學時期、1917 年又開辦大學，國文也越來越受到重視。在 1917 年復旦就爲尊重國學起見，特設國文部並設立專部教授。1924 年夏，國文部主任邵力子向復旦大學行政院提議改國文部爲中國文學科，12 月 17 日，學校行政院召開常務會議，決定從 1925 年秋季起，將國文科擴充爲中國文學科，邵力子爲中國文學科主任。由國文部擴充爲中國文學科，復旦國文學科的力量進一步得到壯大。

〔註26〕　焦雨亭:《邵師力子的事業》，見和平老人邵力子》（中國人民政治協商會議全國委員會文史資料研究委員會辦公室編），北京:文史資料出版社 1985 年 10 月第 1 版，第 39 頁。

〔註27〕　參見《復旦大學百年紀事（1905～2005）》（《復旦大學百年紀事》編纂委員會編），上海:復旦大學出版社 2005 年 5 月第 1 版，第 37 頁。

　　邵力子是復旦中國文學科的第一任主任，然而他卻來不及正式上任就離開復旦南下了。1925 年五卅慘案發生後，上海掀起反帝反封建運動的高潮，學生罷課、工人罷工、商人罷市震動了整個大上海。作爲運動的支持者和鼓動者，邵力子遭到上海當局的忌恨，他們同租界巡捕房勾結下令緝拿邵力子。邵不得不東躲西藏，後來乾脆離開上海赴廣州擔任黃埔軍校秘書長、後又擔任該校的政治部主任。自此邵力子離開了復旦，也離開了《覺悟》。在國民黨右派的掌控下，《覺悟》迅速變色，再也不是傳播新文化的公共空間而一舉變爲國民黨專制宣傳的「自己的園地」了。關於《覺悟》的轉變，且留待後文再談。這裡應該指出的是，人們在談到《覺悟》，談到《覺悟》作爲五四新文化運動中的四大副刊之一時，其實主要指的就是邵力子任主編時期的《覺悟》。任教復旦與主編《覺悟》的這段時期，成了邵力子一生中最耀眼的階段，後來進入政界的邵力子雖然曾居高位，但他留給歷史最豐富、最有意義的記述還是作爲「青年導師」的那些歲月。

第二節　「小鳳」長鳴——葉楚傖與《覺悟》

　　1946 年 2 月 15 日，跟鈕永建一起擔任京滬兩市及蘇浙皖三省宣撫使的葉楚傖病逝上海，終年 60 歲。消息傳出，各界名流顯要紛致唁電哀悼，國民政府明令褒揚，並派孫科、居正、宋子文、戴傳賢、于右任、孔祥熙、吳鐵城、潘公展等人組成治喪委員會，料理喪事。3 月 10 日，國民黨中樞機關舉行公祭，祭奠葉楚傖、李烈鈞、李夢庚三位新近去世的要員。蔣介石親致祭辭，以表達對勳賢的懷念。而在葉去世之初，蔣介石也曾親送輓聯：「治績在吳中，宣慰重臨遺愛地；沉濱淹海上，彌留愈見老成心。」〔註28〕總之，葉楚傖在去世之後，也算盡享「哀榮」了。在眾多的輓聯和唁電中，有一副輓聯和一封唁電最能引起我的關注。輓聯是邵力子所寫：「以文人爲報人，筆伐口誅，患難相同逾十載；由黨治進民治，鞠躬盡瘁，昇平在望忽千秋。」唁電是上海復旦大學發的：「上海葉北平先生禮鑒：楚公文章道德，薄海同欽。昔年主講本校，緬仰春風，尤且瞻依。遽聞溘逝，曷

〔註28〕蔣介石撰的輓聯以及下面所引邵力子撰的輓聯俱引自《上海文史資料選輯第七十九輯：葉楚傖紀念集》（中國人民政治協商會議上海市委員會文史資料委員會編），上海：上海市政協文史資料編輯部 1996 年 2 月版，第 34 頁。

勝痛悼。謹電奉唁，尚希節哀順變，以襄大事。國立復旦大學。」〔註29〕

從 1912 年 12 月主編《民立報》副刊開始，葉楚傖便與邵力子一起共事，之後在《生活日報》兩人仍是同事。1916 年 1 月，在《生活日報》的基礎上創辦《民國日報》，葉楚傖任總編輯，邵力子任經理，一直到 1925 年邵力子被迫離開上海爲止，兩人共事十年有餘。期間一起致力於反對袁世凱稱帝、維護共和，一起投身新文化運動、傳播新思想新文化同守舊派作鬥爭，可以說患難與共、相知甚深。輓聯的上聯「以文人爲報人，筆伐口誅，患難相同逾十載」邵力子既是哀悼死者，也是自況。而下聯則是對抗戰勝利後葉遽然去世未能看到當時國人都希望出現的「民治」時代而倍感遺憾。國家的安定繁榮是每一個清醒的國人所共同期待的，經歷了八年艱苦卓絕的抗戰，眼見四海昇平指日可待，葉楚傖卻等不及看到了，作爲知交故友，邵力子自然會爲之惋惜──儘管此時內戰的陰雲已經籠罩在中國的上空，所謂「昇平在望」也只不過是美好的一廂情願而已。當然，身居要職且對國共雙方都知之甚深的邵力子自然知道眼前所見不過是暴風雨來臨之前的寧靜，敏感的他早就感覺到了國共對峙、大戰一觸即發的緊張氣氛，只是他還不願放棄爲和平而努力，畢竟從晚清以來整個中華大地上就戰火頻仍，這個國家太需要和平安定，這個民族太需要發展進步了。此處他借對葉楚傖看不到「昇平」氣象的惋惜，表達對和平的呼號。

如果說蔣介石的輓聯昭示的是葉楚傖的政治身份，邵力子的輓聯指向葉楚傖的文人報人身份，那麼復旦大學的唁電則提醒著人們葉楚傖作爲大學教授的教育家身份──當然，也許葉楚傖跟邵力子一樣，只不過把教育當作自己的一種職業，用以養家糊口維持生計，而從未將其當作自己的事業。在轉向政治舞臺之前，葉楚傖一度將辦報紙配合國民黨奮鬥當作自己的事業，因而辦報時他不但不領薪水，而且當經濟窘迫報紙難以爲繼時他還跟邵力子一起四處籌錢，有時甚至會變賣妻子的首飾來維持報紙的正常出版。曾經跟葉楚傖共事、擔任過《民國日報》副刊編輯的成舍我回憶說：「(《民國日報》)全體編輯部同仁總共約只十位，除楚傖先生外，多是二十幾歲的青年，而我只有十八歲，是同仁中年紀最輕的。自先烈陳其美被暗殺後，報館經濟更形

〔註29〕見《上海文史資料選輯第七十九輯：葉楚傖紀念集》(中國人民政治協商會議上海市委員會文史資料委員會編)，上海：上海市政協文史資料編輯部 1996 年 2 月版，第 25 頁。

拮据，社中同仁都不支領薪金，完全犧牲奉獻，一心為黨為國⋯⋯（楚傖先生）夜主筆政，日則歷任上海青年會中學以及南洋路礦學校國文教員，兼亦撰寫小說賺取稿費，以維生計。」〔註30〕葉楚傖是 1920 年受聘擔任復旦大學國文教授的，此前也曾在上海青年會中學以及南洋路礦學校等校任教，復旦的教職跟此時葉楚傖在其他學校的兼職一樣，都是為維持生活而從事的一種職業，他真正花費心血、著力經營的事業還是《民國日報》。葉雖然後來做過國民黨的中宣部長、國民政府立法院副院長等高官，但這些在葉的眼中都遠不如主編《民國日報》重要，在他的臨終遺囑中，葉說「余為黨國效力四十餘年，愧無成就。《民國日報》為余致力最久之事業，希望同志厚加愛護，並望隨余工作二十餘年之同人，不辭勞瘁繼續努力，俾能維持久遠。」〔註31〕不過雖則復旦的教職只是職業，葉楚傖卻也並不應付了事，仍然認真備課上課。當年他教過的學生鄭國泮回憶說：

> 民九年，先生受聘復旦，擔任國文教授，恰巧我上他的課，那時他已給我一個深刻的印象，還記得第一次課題：「名是什麼」。那時，也是我學習作白話文和詩歌的開始，雖然學校裏規定兩個星期，只要作文一次，我感覺著太少了，在課餘的時候，我學寫的小說和詩歌，常常呈給先生改正。我好像小麻雀覓糧食一般，在上課時間沒有衝突時，我也到邵力子現身規定課室裏去旁聽，所以，我把學寫的作品，給邵先生在覺悟欄發表。我是民國日報的忠實讀者，每天讀先生撰的社論，秉提正義，讜言犀利，好像是在課堂裏上課一樣⋯⋯葉先生在復旦也有好幾年的歷史，他或許是比較安閒的一員。他不輕意請假，也不遲遲上課，的確，是我們底一個好導師。

〔註32〕

有意思的是，鄭國泮說讀葉楚傖撰的社論「好像是在課堂裏上課一樣」，也恰恰印證了前文所論教師職業對現代知識分子的言說方式產生影響的觀點。除

〔註30〕 胡有瑞：《「葉楚傖先生百年誕辰」口述歷史專訪》，見《上海文史資料選輯第七十九輯：葉楚傖紀念集》（中國人民政治協商會議上海市委員會文史資料委員會編），上海：上海市政協文史資料編輯部 1996 年 2 月版，第 93 頁。

〔註31〕 葉楚傖：《葉楚傖先生文集》（第三冊），中國國民黨中央委員會黨史委員會編輯出版，1983 年 6 月 30 日出版，第 391 頁。

〔註32〕 鄭國泮：《追念葉楚傖先生》，見《上海文史資料選輯第七十九輯：葉楚傖紀念集》（中國人民政治協商會議上海市委員會文史資料委員會編），上海：上海市政協文史資料編輯部 1996 年 2 月版，第 43～44 頁。

去這種以「授課」的方式鼓勵青年學生接受新思想支持新文化運動之外，在許多政治風潮中葉楚傖也都與青年學生站在一起。五四運動發生時，葉楚傖就連續在《民國日報》發表社論，呼籲當局釋放被捕學生、懲辦賣國賊。大學教授和媒體人的雙重身份，使得葉楚傖當年在青年學生中享有很高的威望。

葉楚傖於 1887 年農曆 7 月 15 日出生於江蘇省吳縣周莊鎮，原名宗源，號卓書。楚傖本是其早年投身新聞工作時用的筆名，後即以此為名。另外，他還「有葉葉、小鳳、湘君、簫引樓主、之子、老鳳、單公、龍公、屑屑、春風、琳琅生等筆名。」〔註 33〕其中「小鳳」是其主編《民立報》副刊時開始適用的筆名，葉楚傖的父親號鳳巢，「小鳳」二字或即源於此。主編《民立報》副刊時，作者「在每期『編輯餘語』中發表精到政見，抨擊時弊，暢抒政治、軍事、外交、財政個人意見……一時遐邇聞名。」〔註 34〕《民國日報》創辦後，葉楚傖也用「小鳳」作筆名發表了大量的小說、詩、短評，由於他筆鋒犀利、詞句又婉轉動人，「小鳳」二字便更是盡人皆知。新文化運動中，「小鳳」依然長鳴不已，以《民國日報》作為陣地，鼓吹新思潮、批判舊文化，有力地配合了新文化運動的開展，成為新文化運動大合唱中引人注目的一個聲部。

作為《民國日報》的總編輯，除了採編新聞、撰寫社論把握輿論導向之外，葉楚傖對副刊也傾注了相當多的精力。早在《覺悟》成立之前，就在《民國日報》副刊上發表《古戍寒笳記》、《官場醜史》等小說作品。他的朋友姚鵷雛在評價其創作時寫道：「楚傖於詩為中盛唐；於文為《戰國策》、《韓非》、《淮南》；於小說則時時近於施耐庵，中更世變，怫鬱畸零，所造述不堪卒讀。然其睥睨一世之氣幸不少衰」〔註 35〕胡樸安也表達過類似的看法，但認為葉之為文雖有所宗，但又不拘於所宗，有自己的變化：「小鳳為文，上自匡時就世，洋洋灑灑之大章；下至移風易俗，嬉笑怒罵之小說，以及片言隻語，一詞半曲，無不精工，而亦吾不能變化其氣質。其為說部也，摹施耐庵。吾初

〔註 33〕 毛策：《葉楚傖年譜簡編》，見《上海文史資料選輯第七十九輯：葉楚傖紀念集》（中國人民政治協商會議上海市委員會文史資料委員會編），上海：上海市政協文史資料編輯部 1996 年 2 月版，第 125 頁。

〔註 34〕 毛策：《葉楚傖年譜簡編》，見《上海文史資料選輯第七十九輯：葉楚傖紀念集》（中國人民政治協商會議上海市委員會文史資料委員會編），上海：上海市政協文史資料編輯部 1996 年 2 月版，第 132 頁。

〔註 35〕 《簫引樓稗鈔·姚序》，見《葉楚傖詩文集》（葉元編），上海：上海三聯書店 1988 年 1 月第 1 版，第 27 頁。

謂爲學施耐庵者也，誰知又不是學施耐庵。繼而又摹唐人。吾復以爲學唐人
者也，誰知又不是學唐人。千變萬化，不可測度。大抵隨文而異，隨題而異，
隨興而異。所不如此，他文概可知矣。」〔註 36〕在當時鴛鴦蝴蝶派才子佳人
小說風行一時之際，葉楚傖的章回體小說無論從語言風格還是主題內容都有
別於鴛鴦蝴蝶派，更近於《水滸傳》或其他演義類歷史小說。無怪吳練才在
評價葉的小說創作時也說，「所寫小說，偏重於歷史故事，有別於當時風靡一
時的鴛鴦蝴蝶派。」〔註 37〕

　　如成舍我等人回憶，葉創作小說，首先是爲賺取稿費維持生計，但之所
以跟當時的鴛鴦蝴蝶派有所區別，跟他對小說的認識與定位有關。本書緒論
部分曾談及葉的《小說雜論》，在文章的一開篇，他就說「小說勢力與教育有
驂勒之功」並且其「普遍之力，爲教育所弗及」。〔註 38〕對小說教育功能的重
視，使得葉創作小說時不滿足於娛樂大眾，而是想「寓教於樂」。作者對此有
著清醒的認識：「作小說而有志於社會，第一宜先審察一般閱者之習慣，投其
好以徐徐引導之」。〔註 39〕因此無論是「寫古」還是「敘今」，在「娛人」的
背後都著眼於當時風起雲湧的社會改革，批判社會的黑暗與官場的醜惡，呼
喚人們顛覆舊習俗舊制度。《小說雜論》既有葉楚傖對小說的總體認識，也有
對具體小說文本展開的闡述。其中對《紅樓夢》、《水滸傳》、《西遊記》、《三
國演義》、《金瓶梅》等文學名著，作者都給予了評價和分析，使得這篇文章
讀來像一篇講稿，不過其中不少觀點並不隨波逐流、四平八穩，而是充滿作
者的個性和睿智。如他批評時人讀《石頭記》，「先以拜佛燒香之腦筋，供奉
寶黛二人，於是凡不利於寶黛者，皆若在大逆不道之列」，〔註 40〕《金瓶梅》
雖然寫出了宋代的社會情狀、自然市俗，但終非名著、「實淫書也」……等等。
在當時的社會語境中，這都是與主流的看法格格不入的。另外，針對當時社
會上仍有不少人將小說視爲小道薄技，將讀小說視爲逾規越矩的現象，葉大

〔註 36〕 《簫引樓稗鈔‧胡序》，見《葉楚傖詩文集》（葉元編），上海：上海三聯書店
　　　　 1988 年 1 月第 1 版，第 27 頁。

〔註 37〕 吳練才：《葉楚傖先生簡歷》，見《葉楚傖詩文集》（葉元編），上海：上海三
　　　　 聯書店 1988 年 1 月第 1 版，前言頁第 7 頁。

〔註 38〕 小鳳：《小說雜論（一）》，見 1918 年 9 月 10 日《民國日報‧民國小說》。

〔註 39〕 葉楚傖：《小說雜論》，見《葉楚傖詩文集》（葉元編），上海：上海三聯書店
　　　　 1988 年 1 月第 1 版，第 88 頁。

〔註 40〕 葉楚傖：《小說雜論》，見《葉楚傖詩文集》（葉元編），上海：上海三聯書店
　　　　 1988 年 1 月第 1 版，第 84 頁。

膽地提出將小說引入課堂，讓學生在教師指導下通讀中西小說名著，久而久之，學生審美趣味提高，自然對不入流的濫竽充數之作不屑一顧。在當時，這也是比較先鋒的觀點。同時，對於「小說」的名稱來源葉楚傖也進行了追問，認為一種文體之所以被稱為「小說」其本身就蘊含了是「小道薄技」的意思：「同為文章，此何為而稱小說乎？……以意度之，則亦有說小之為言別於大也。文章亦有小乎？廟堂為大，則草野為小；雅頌為大，則吳歈竹枝為小；……經史為大，則小說為小。是故小說也，別於經史之文也。」然而同時他也指出，作為一種文學體裁，小說是不可缺少的，它所具有的功能是「經史」所不能取代的，「故小說之道雖小，而人間之不可無此之物，與經史無異。」〔註41〕作為研究者，同時也作為一名小說作者，葉在此雖然強調了小說作為一種文體存在之必要性，但內心深處仍然比較複雜，含糊的表達儘管質疑了小說之為「小道薄技」的看法，但同時似乎也仍有某種程度的認同，只不過認為大道固然重要，小道亦不可少，因為眾多的草野之夫，「不足語廟堂之事」，而小說正是他們最好的精神食糧。關於新文化運動初期，葉楚傖的觀點跟新文化倡導者們的意見不相一致的情況，前文已有論述，此處不必再展開。這裡所要強調的只是教師職業對葉楚傖寫作的影響，以及葉提倡小說進課堂的歷史意義。

葉楚傖對《民國日報》副刊的影響還可以從副刊的作者群上看出來。縱觀《民國日報》副刊，其作者主要有兩個群體，一是由邵力子、葉楚傖、劉大白、陳望道等復旦教授及毛飛、徐紹棣等部分復旦學生組成的復旦作者群，一是由胡樸安、姚鵷雛、王鈍根、王大覺等人組成的南社作者群。當然這兩個群體之間也有交叉，比如葉楚傖就既是復旦教授也是南社成員，同時葉楚傖、邵力子、陳望道也是 1923 年新南社的發起人之一，而 1924 年，劉大白也加入新南社。在《覺悟》成立之前，活躍在《民國日報》副刊上的主要是南社同人，胡樸安的詩詞、葉楚傖、姚鵷雛、王鈍根等人的小說都頻頻在《藝文部》以及後來的《民國藝文》與《民國小說》上發表。《覺悟》創立之後，由於《民國日報》副刊的辦刊方針調整，致力於傳播新思潮新文化，南社作者群就漸漸淡出，復旦作者群取而代之。南社同人中只有同時身兼復旦教授並且也支持新文化運動的葉楚傖還經常在《覺悟》上亮相。1923 年新南社成

〔註41〕葉楚傖：《小說雜論》，見《葉楚傖詩文集》（葉元編），上海：上海三聯書店 1988 年 1 月第 1 版，第 93～94 頁。

立後，由於新南社是支持新文化運動的，而邵力子、葉楚傖、陳望道、劉大白等人也都是新南社成員，《覺悟》的復旦作者群與新南社作者群便交融在一起。等到 1925 年邵力子離開《民國日報》後，原有的南社同人更是又一度執掌了《民國日報》副刊的編輯權，而復旦作者群則漸漸衰落。這時《民國日報》副刊不僅有了專門談國故的《國學周刊》而且從創辦伊始就要求「體裁概爲白話」的《覺悟》上也開始發表胡樸安的文言作品。南社同人之所以能夠兩度以《民國日報》副刊作爲自己的主要陣地，跟社員中有個《民國日報》的總編輯葉楚傖是分不開的。在《覺悟》創立之前，南社同人不僅是《民國日報》副刊的主要作者力量，甚至南社在上海的機關也就設在《民國日報》館的葉楚傖處。〔註42〕

《覺悟》創立之後，儘管邵力子才是《覺悟》的主編，但是作爲《民國日報》的總編輯，葉楚傖跟《覺悟》的關聯必然異常密切。毛策所撰《葉楚傖年譜簡編》中聲稱「《民國日報》得風氣之先，在『五四』時代，葉楚傖籌劃增設『覺悟』、『救國』二副刊，注重啓迪民衆思想，抨擊封建勢力」〔註43〕云云，雖則有些溢美譜主之嫌，但我以爲倒也並非完全空穴來風。關於《覺悟》之創設，一般研究者都言是邵力子創辦，對葉楚傖決然不提。然而儘管《覺悟》並無發刊辭就其創設初衷及來龍去脈進行闡述，當事人也沒有相關回憶《覺悟》創辦的文字流傳下來，但是從常識的角度看，《覺悟》畢竟是《民國日報》的副刊，是依附《民國日報》而發行的，副刊改革對一份報紙來說是件大事，很難相信作爲《民國日報》總編輯的葉楚傖居然完全沒有參與此事。換句話說，即便《覺悟》完全是由邵力子一手創辦的，但也必然得到了葉楚傖的同意與支持。

然而跟邵力子相比，葉楚傖身上傳統的因襲相對更重一些。作爲南社成員，他熱衷於文人之間的相互唱和，同時他也寫了許多文言短篇小說和章回體長篇小說，因而對於當時轟轟烈烈的新文化運動，葉楚傖雖則表示支持，但對於新文化運動中某些主流的看法也並不一概贊同。在新舊兩派之間，葉

〔註42〕《南社消息》，參見 1919 年 4 月 21 日《民國日報‧民國閒話》。「本社在上海設機關部於三茅閣橋民國日報館葉楚傖處及靜安寺路環球中國學生會朱少屏處。同社諸君如有垂詢事宜均可就近接洽。此布。」

〔註43〕 毛策：《葉楚傖年譜簡編》，見《上海文史資料選輯第七十九輯：葉楚傖紀念集》（中國人民政治協商會議上海市委員會文史資料委員會編），上海：上海市政協文史資料編輯部 1996 年 2 月版，第 137 頁。

楚傖的立場更接近於中立和調和。例如葉楚傖曾撰文批評守舊派反對白話文，認為白話文古已有之，「並不是新文體」，不必反對，但同時又認為主張白話文者也不無可批評之處，離經叛道也是確有其事，「若說白話文中間所說的話，與古時典語訓謨的意思不同，或者竟指他是離經叛道侮辱聖賢。那麼你們所反對的是學說不是文體，也應該明白劃出個界限來，不要混在一起。麵糊般的來說反對。論者在暗地裏看得很明白，敢說現在雙方的筆戰，都由這種麵糊反對新文學的製造出來的。」〔註44〕而在隨後發表的《我的學說新舊觀》中也認為學說沒有新舊之分，「學說是應人類需要而發生的……腦力是學說的動力，腦力不能分新舊，學說當然也沒有新舊。」〔註45〕文體沒有新舊、學說也沒有新舊，葉楚傖的觀點顯然有別於胡適、陳獨秀等新文化派的文化進化論，而更接近於杜亞泉、章士釗等人的「新舊調和論」。1919 年 11 月 11 日《覺悟》的「白話詩」欄發表了「小鳳」的《論詩》：

（一）你看那白話的詩翁，／手裏拿著筆，／伏案沉吟，／幾回搔首，／一聲歎息，／看他才寫了半行，／又撲了許多墨點，／再從頭寫起，／才開了他甜津津的笑靨。

（二）他何苦做詩，／可憐他有悲歡喜怒一堆兒，／這樣的天天地地，／除了詩怎平他的閒氣？／可憐他淚隨筆下，／老頭子還嫌他是白話。

（三）沿街叫喊道乞兒，／娘娘！太太！了一大堆兒，／他不敢說這是白話新詩，／因為白話的詩體／也脫不了書氣息、詩滋味。

（四）是明義開宗的第一章，／俗眼見了，／總說他是不詳。／你要有真實本領，／自然有卓卓的光芒。／反對的未必不是朋友，／附和的也有些是摸壁摹牆。／平心靜氣些，／看月升幽谷日上窮桑。

作為南社成員的葉楚傖對舊體詩有著特殊的感情，他跟他的酒朋詩侶們相互唱和時採用的文體正是舊體詩，因而當胡適開創白話詩，宣判舊體詩的死刑時，葉的心態是極為複雜的。這首題為《論詩》的白話詩，正是此時葉楚傖複雜心態的表現。一方面他對胡適提出「詩體大解放」、宣判舊體詩的死刑不

〔註44〕楚傖：《非新舊文體說》，見 1919 年 11 月 7 日《覺悟》。
〔註45〕湘：《我的學說新舊觀》，見 1919 年 11 月 9 日《覺悟》。

以爲然，因而在（一）、（二）兩節中對白話詩人進行調侃甚至嘲諷。同時在第三小節中他也尖銳地指出單有白話並算不得詩，否則乞兒的叫喊也都是白話詩了。應該說這樣的質疑還是必要的，「詩體大解放」無疑是漢語詩的一次革命，它將詩歌從格律的束縛中解放出來，使其充滿生機與活力，這無疑是漢語詩歌史一次巨大的變革。然而解放也須有個限度，那就是必須保留「詩意」，如果「詩體大解放」連詩歌本身也消解掉了，白話詩僅僅成了分行的白話，那麼白話詩本身也就不存在了。實際上早期的白話詩往往都有這個毛病，那就是沒有詩意可言，因而葉楚傖的這一批評是切中肯綮的。然而另一方面葉楚傖也無法不認同新文化運動中胡適提出的「一時代有一時代之文學」的文學史觀，認爲詩體解放自然也有其必要。於是感情上對舊體詩的情有獨鍾和理智上認爲詩體解放有其合理性便展開了激烈的衝突。正是基於此，他才提醒提倡白話詩的新文化派「反對的未必不是朋友」。對新文化派常常加以反對的「朋友」，恰恰是葉楚傖這一時期的角色定位。這一點同樣也可以從他對白話文的態度上看出來。廢文言、倡白話是新文學運動的主要內容之一，白話還是文言也是新舊兩派爭論的焦點問題。對於白話文運動葉楚傖是支持的，但這在很大程度上只是出於政治宣傳的考慮：「現在的中國，是全國人民的中國，現在中國的政治事業，是全中國人民的政治事業。現在中國的人民是主人不是牛馬。所以文學傳達的範圍，應該由少數人擴充到全國，試問原有的文學式的文章，能傳達到全國，使全國的人民領悟嗎？」他對反對白話文的守舊派進行批評，其理由則是「白話自白話，文學自文學。這兩條路原是不衝突的。你要治文學，盡治文學去。美的學術界上原留著位置等你，好自做文學家去，來向提倡白話的饒舌些什麼？」〔註46〕由此看來，葉楚傖雖然不反對提倡白話文，因爲他看重白話文普及教育大眾的功效，但他還是認爲只有文言的才是「雅」的、「美」的，對於白話和文言，他也是持一種調和的態度，主張兩者都盡可發展、並行不悖，這也有別於新文化派「廢文言、倡白話」的立場。也許正是因爲葉楚傖跟主流新文化派的這種區別，才使得作爲《民國日報》主編的他跟《覺悟》所持的觀點並不盡一致，陳望道就曾回憶過葉楚傖和邵力子之間的觀點存在分歧：「邵、葉觀點不一致，葉爲《覺悟》寫稿，邵有時不登。」〔註47〕

〔註46〕 楚傖：《告反對白話文的人》，見 1919 年 12 月 11 日《民國日報》「社論」。
〔註47〕 陳望道：《關於上海馬克思主義研究會活動的回憶》，載《復旦學報》1980 年第 3 期。

不過《民國日報》總編輯的身份到底還是有影響力的，葉楚傖有時會對出版業的發展發表一些自己的看法，這些看法自然也對《覺悟》起著宏觀的指導作用。教授兼媒體人的葉楚傖非常重視媒體的教育作用。他在《要求出版界五事》中說「出版品的作用有兩種：（一）教育的。（二）介紹意見的。教育性的出版品，我敢說眼前絕對沒有。為什麼呢？因為研究中的種種問題，現在沒一個經過充分的研究，沒一個已有成立的結果。」同時他又認為介紹意見性的出版品，「價值比教育性的要高百倍，因為介紹研究的時候，是這個問題的本身受教育的過程。」論述的重點還是落在教育上。為使出版界在新文化運動中更好地發揮啓蒙、教育民眾的作用，葉楚傖對於出版界提出了自己的五條意見：

（一）努力有價值的辯論。

（二）主義上要互相諒解，知識上要互相交換。

（三）不必附和高深，只揀有益的話說。

（四）獎勵工商界的意見，不要用學者的眼光來做繩墨。

（五）有見得到的地方，放開膽子。見他人的駁辭，平心體會。

〔註48〕

這五條意見既是葉楚傖在新文化運動中對所有出版界的建議，同時也對《民國日報》以及《覺悟》的辦刊理路起著指導性的作用。《覺悟》上圍繞新文化運動中青年所關心的婚姻自由問題、人力車夫問題、優待學生問題等等展開的辯論，以及《覺悟》上對馬克思主義、無政府主義、社會主義、實驗主義等等主義的介紹與宣傳，還有《覺悟》上對底層民眾聲音的關注與重視都很好地實踐了葉楚傖所提的「五事」。

1925 年 5 月底，復旦同學會在大東旅社舉行夏季聚餐會，歡迎遠遊歸來的校長李登輝，並歡送國文部主任邵力子赴粵。〔註49〕邵離開後，《覺悟》的編輯事務正式交由沈澤民負責，未幾沈也離開，《覺悟》又由葉楚傖負責編輯。1925 年 7 月 11 日《覺悟》上發表葉楚傖的一則「小通信」：「白棣先生，來信和《致青年男女》的譯稿第一段，都到了。我是個暫時的《覺悟》編輯人，

〔註48〕 楚傖：《要求出版界五事》，見 1920 年 1 月 28 日《覺悟》。

〔註49〕 參見《復旦大學百年紀事（1905～2005）》（《復旦大學百年紀事》編纂委員會編），上海：復旦大學出版社 2005 年 5 月第 1 版，第 43 頁。

事多於虱，質鈍如牛，敬佩指導，容當勉勵。力子澤民都因事他往了，請你告訴我住址，許我通信。」此信表明此時葉楚傖已經做了《覺悟》的編輯。同時，1924 年 12 月 7 日復旦大學行政院常務會議上邵力子提議的擴充復旦國文科爲中國文學科一事也於這年秋季正式實施。當初被推選爲中國文學科的主任的邵力子由於已經離滬，並沒有正式上任，復旦中國文學科成立後，葉楚傖做了第一任主任。身兼復旦中國文學科主任和《覺悟》主編的葉楚傖此時本來可以利用高校和《覺悟》這個深得青年們信賴的園地很好地實踐自己的教育理想。然而可惜的是，在邵力子離開後，《覺悟》的新文化運動四大副刊之一的地位並沒有得以延續，而是逐步衰落變質，直至蛻化爲專制政黨鉗制思想、灌輸黨見的後花園。有關《覺悟》的轉向，下文再作探討。

第三節　「白屋詩人」──劉大白與《覺悟》

「中國現代報紙文藝副刊等媒體的介入文學生產，使文學變成了公眾化的活動，改變了以往文學爲少數人壟斷的局面，使文學最終告別了文人自娛或藏之名山的時代」。〔註50〕作爲五四時期四大副刊之一的《覺悟》，文學生產自然也是其重要內容之一。「小說」、「詩歌」等等都是《覺悟》上的常設欄目。在爲越來越多的覺悟青年逐漸認可的六七年間，《覺悟》上發表了大量的新文學作品，成爲中國現代文學發展的重要園地之一。它爲現代文學展現和保存了最原初的生態場景，也爲現代文學貢獻了爲數不少的詩人、作家和批評家。他們中許多人的文學之路就是從《覺悟》上姍姍起步的。經過時間的淘洗，能夠進入文學史的畢竟是極少數，大多數默默無聞已被人們所遺忘，然而當年正是有了他們，「寂寞新文苑」才顯得不再那麼寂寞。當然，《覺悟》的新文學作者中也並非沒有佼佼者出現。正如《時事新報・學燈》上走出了郭沫若、《晨報副刊・文學旬刊》上走出了李健吾、以及《大公報・文藝》走出了蕭乾一樣，如果在《覺悟》的新文學作者中選一個代表出來的話，那這個人應當是劉大白。

劉大白是 1924 年 2 月到上海的，經邵力子推薦，他受聘於復旦大學，擔任大學部文科教授，同時受聘於上海大學，教授中國文學。〔註51〕儘管跟邵

〔註50〕雷世文：《現代報紙文藝副刊的原生態文學史圖景》，載《中國現代文學研究叢刊》2003 年第 1 期。

〔註51〕參見《劉大白生平與文學活動年表》，《劉大白研究資料》（蕭斌如編），天津：天津人民出版社 1986 年 5 月第 1 版，第 22 頁。

力子和葉楚傖相比，劉大白進入復旦的時間較晚，但其與《覺悟》的關係則早在幾年前就開始了。1922年2月15日，《民國日報‧覺悟》發表該社社友名單，其中就有劉大白。〔註52〕而劉大白在《覺悟》上發表作品則更早，依託《覺悟》，他不僅發表了大量的詩歌作品，成為早期白話詩的倡導者和代表詩人之一，另外他也發表了大量的「隨感錄」，積極參與到新文化運動的進程當中。當然，如果考察劉大白跟五四新文化運動的關聯，則至少還要追溯到他在浙江省立第一師範學校任教的時代。

劉大白（1880～1932），浙江紹興人，本名金慶棪，字伯貞。後改姓劉，名靖裔，字清齋，號大白，別號白屋，另外還有漢冑、靈倩、錦心女士等筆名。「他的遠祖姓劉，因避吳越王錢鏐的『鏐』字音諱，而改姓金，據傳是宋元間名儒金履祥後裔」。〔註53〕劉大白出生在一個書香世家，幼承庭訓，打下了堅實的國學基礎。1895年赴杭州參加科舉考試，得過優貢生，並曾膺選拔貢，因父親病亡才放棄入京。後曾在紹興師範學堂和山會小學教書，並與王世裕、任瘦紅等合編《紹興公報》。1913年討袁失敗後，曾發表過討袁文章的劉大白遭到通緝，被迫流亡日本。在日本劉加入同盟會，後因發表反對二十一條的文章遭到日方監視，只好出走南洋，在新加坡、蘇門答臘等地擔任過當地華僑學校的國文教師，直到1916年袁世凱稱帝失敗身亡之後才得以回國。回國後劉大白曾在《杭州報》任職，並曾應沈玄廬之請擔任過浙江省議會秘書長等職務。1918年馮國璋、段祺瑞舉行所謂新國會選舉。劉大白拒絕填寫「參議院、眾議院初選調查單」，辭去議會秘書長之職。劉辭職之後應浙江省立第一師範學校校長經亨頤（子淵）之邀，擔任浙一師國文教員。經亨頤「原是浙江兩級師範學堂第一任教務長，後接任校長，併兼任教育會會長。兩級師範改為一師後，他蟬聯校長。他一貫提倡『人格教育』（即道德教育），主張辦教育要革故鼎新……在『五四』潮流的影響下，他認為對於時代精神應該『迎』而不該『拒』，除繼續實行『與時俱進』的辦學方針外，還採取了

〔註52〕因1981年人民出版社影印版的《民國日報》此日《覺悟》缺失，1922年2月15日《覺悟》刊佈社友名單轉引自《劉大白生平與文學活動年表（1880～1932）》，內中關於1922年劉大白的記述有：1922年（民國四十一年）四十三歲：二月十五日，《民國日報‧覺悟》發表該社社友名單，其中有沈雁冰、沈澤民、邵力子、李漢俊、陳望道、夏丏尊、楊之華、沈玄廬、劉大白等。參見《劉大白研究資料》（蕭斌如編），天津：天津人民出版社1986年5月第1版，第18頁。

〔註53〕應國靖：《文壇邊緣》，上海：學林出版社1987年8月第1版，第238頁。

一系列改革措施。就在五四運動過後不久的當年秋季，他在一師大膽試行了：職員專任、學生自治、改授國語和學科制（籌劃階段）等四項重大改革，成為新文化運動的先驅者。」〔註 54〕禮聘劉大白等入校，正是經亨頤改革浙一師的其中一步。劉大白入校後即與陳望道、夏丏尊及李次九等其它三位國文教師一起協助經亨頤推行改革，實行「『集思廣益』辦學；學生在校方『開誠佈公』的指導下，自己管理自己；國語改文言為白話，教材的選用注意了思想性和藝術性，學校面貌煥然一新。」〔註 55〕而劉大白、陳望道、夏丏尊、李次九也因推動改革支持新文化運動而贏得了學生們的尊敬和喜愛，被稱為浙一師新文化運動的「四大金剛」。

　　在校長和老師們的倡導下，浙一師學生追求新思想、新文化的熱潮空前高漲。施存統、何景亮等同學在校內發起組織了「全國書報販賣部」和「書報販賣團」，《新青年》、《新潮》、《星期評論》、《民國日報・覺悟》等宣傳新文化的報刊在一師同學中廣為傳播。隨著新文化運動的影響越來越大，他們還編輯出版了《浙江省立第一師範學校校友會十日刊》作為傳播新思潮的園地。接著，施存統、俞秀松等人又聯合省一中的查猛濟、甲種工業學校的沈乃熙（夏衍）等同學，將《雙十》半月刊社改組為《浙江新潮》社，並出版《浙江新潮》周刊。發表後引起軒然大波的施存統的《非孝》一文，正是發表在《浙江新潮》第 2 期上。《非孝》一文發表後引起強烈反響，新文化界對之表示稱讚與歡迎，守舊派卻表現出無比的惶恐和忌恨。陳獨秀在《新青年》上發表文章說：「……《浙江新潮》的議論更徹底，《非孝》和攻擊杭州四個報——《之江日報》、《全浙公報》、《浙江民報》、和《杭州學生聯合會周刊》——那兩篇文章，天真爛漫，十分可愛，斷斷不是鄉愿派的紳士說得出的……」〔註 56〕而早就對浙一師改革懷有敵意的政府當局和各派舊勢力也終於找到了對浙一師新文化運動進行打壓的理由，於是他們查封《浙江新潮》社，強令解職「四大金剛」並開除施存統，經亨頤據理力爭但隨後也被調任「視學」

〔註54〕見中共浙江省委黨史資料征集研究委員會、中共杭州市委黨史資料征集研究委員會編：《浙江一師風潮》，杭州：浙江大學出版社 1990 年 6 月第 1 版，第 3～4 頁。

〔註55〕見中共浙江省委黨史資料征集研究委員會、中共杭州市委黨史資料征集研究委員會編：《浙江一師風潮》，杭州：浙江大學出版社 1990 年 6 月第 1 版，第 4 頁。

〔註56〕陳獨秀：《〈浙江新潮〉——〈少年〉》，載 1920 年《新青年》第 7 卷第 2 號。

而撤掉了校長的職務。接受了新文化運動薰陶的浙一師學子當然不甘看到剛剛有點起色的浙一師重新歸於沉寂,他們拒絕承認指派的新校長,自發組織起來挽留經亨頤和「四大金剛」,並且與政府軍警發生衝突,爆發了當時引起全國關注的「浙一師風潮」。

在這場風潮中,雖經學生們幾次懇切挽留,劉大白等「四大金剛」還是決意離開,在他們聯名寫給學生的公開信中寫道:「浙江省教育當局,承復省長令,查第一師校的公文上說:『所聘國文教師,學本無原,一知半解……。』這幾句話,把我們國文教師業務上的信用完全損壞了。業務上的信用既然損壞,怎麼還可以到校授課呢?」當然,雖則離開了,但他們還是勉勵學生在新文化的道路上繼續前行,「諸君:你們以後,向著光明的路上努力爲新文化運動奮鬥,千萬別摻一點替個人謀私利的念頭在裏面,那麼雖然不免暫時的犧牲,畢竟能得最後的勝利……」〔註57〕而 1920 年劉大白在爲《浙潮第一聲》寫的序中也極力稱讚了這次風潮對於擴大新文化運動在浙江的影響所起的重要作用:「這一次一師學生,抱定了犧牲底決心,做了一個浙江文化運動底先驅者,雖然所犧牲的不能說不大,但是在當時已經引起了旁觀者底同情心,在未來也一定能夠喚起無數的後繼者。這是我想像未來的一種希望。」〔註58〕

離開浙一師後,劉大白輾轉杭州、上海、蕭山、紹興等地,先後任教於崇文、安定、春暉等中學。並且經常在《星期評論》和《民國日報·覺悟》上發表白話詩作、參與一些討論,繼續關注和支持新文化運動。前文論述的《覺悟》上關於文章署名問題的論爭,劉大白(漢胄)就是其中的積極參與者之一。而發表在 1920 年 6 月 6 日《星期評論》上的《賣布謠》也是早期白話詩的代表作之一,後經趙元任爲之譜曲,傳唱更廣。《賣布謠(一)》中,「嫂嫂織布,哥哥賣布。弟弟褲破,沒布補褲。」樸素淺顯的語言寥寥數筆就勾勒出了底層小手工業者的窘迫生活。而「土布粗,洋布細。洋布便宜,財主歡喜。土布沒人要,餓倒哥哥嫂嫂」則表明在資本主義工業文明的衝擊下,中國傳統的以家庭爲主要單位的小生產模式已經到了崩潰的邊緣。或許是因

〔註57〕《浙一師國文教員爲辭職事致學生書》,載 1920 年 4 月 10 日《民國日報》。

〔註58〕劉大白:《〈浙潮第一聲〉序》,原載 1920 年 6 月《浙潮第一聲》,參見中共浙江省委黨史資料征集研究委員會、中共杭州市委黨史資料征集研究委員會編:《浙江一師風潮》,杭州:浙江大學出版社 1990 年 6 月第 1 版,第 142 頁。

爲暗合了當時一度盛行的民族主義（或民粹主義）潮流，這首詩發表後就一直受到極高的讚譽，認爲它「活生生展現出帝國主義經濟侵略在北洋軍閥政府和封建勢力支持縱容下長驅直入、嚴重威脅我國民族經濟和勞動人民生活的慘痛圖畫。」〔註59〕當然，詩歌本身也有較高的藝術性，語言洗練、生動傳神，具有反映民間疾苦、批判世間醜惡的強烈的現實主義精神等等。然而若從現代白話詩的角度來看，《賣布謠》則還未完全從古詩中脫胎出來，與其說它是現代白話詩，毋寧說是更接近杜甫《三吏》、《三別》式通俗易懂的古詩。著名詩人瘂弦在談論劉大白時將其定位爲「一個先後受到黃遵憲的『詩界革命』和胡適的『文學革命』雙重影響下的過渡期人物」，〔註60〕應該說這樣的定位是非常準確的。早年還在寫舊體詩的劉大白就受黃遵憲「我手寫我口，有誰能拘牽」的影響，注重發掘新題材，以「舊瓶裝新酒」的方式來開拓詩世界。例如在《新相思》、《丙辰夏夜西園小飲》等詩中，劉大白將現代文明的某些象徵如電報、電話、電扇、電燈等引入舊體詩，給舊詩帶來了新的生趣。

　　1917年2月1日《新青午》刊出了胡適的《白話詩八首》，這是中國現代白話詩的開山之作。中國古典文學中詩歌是最具代表性的文體，是「雅」的集中體現，現代白話文學要真正立足並取代古典文學成爲符合時代進步要求的文學樣式，非得創造出有代表性的白話詩不可。否則，在那些守舊派眼裏，白話仍然只是「引車賣漿之徒」所用的粗俗語言，無法用來創作「高雅」的文學，尤其是詩。因此，胡適「詩體大解放」能否在實踐中獲得成功直接決定著文學革命的最終成敗。也正是基於此，新文化運動的倡導者和支持者們在一段時間內都曾集中精力創作白話詩，除胡適外，像魯迅、周作人、沈尹默、劉半農等等都曾一度創作白話詩。當然，他們的創作在很大程度上都是爲了使文學革命顯得不那麼寂寞、或者想起一種「開風氣」的帶頭作用，當社會上寫白話詩的浪潮掀起之後，他們就悄然離開了，從此不再寫作白話詩。劉大白是早期白話詩運動的支持者之一。早就認同詩界應該發生革命的他，對「舊瓶裝新酒」意猶未盡，當胡適「詩體大解放」的思想一經提出，立即

〔註59〕陳孝全、周紹曾：《胡適、劉半農、劉大白、沈尹默詩歌欣賞》，南寧：廣西教育出版社1989年6月第1版，第160頁。
〔註60〕瘂弦：《蛹與蝶之間──過渡期的白話詩人劉大白》，載1974年6月《創世紀》第36期。

得到他的認同。在這一時期他創作了大量的白話詩，而且由於他本身就是詩人，所以當把寫作白話詩這一使命跟自己的原有的詩情相結合後，他的新詩創作生命也就比「開風氣」的胡適、魯迅等長得多，切實爲中國現代白話詩壇貢獻出了一批像樣的作品──儘管這些作品大都帶有過渡期的特徵。後來趙景深在論及劉大白的新詩創作歷史時，就特別強調過時代氛圍對他創作的影響：「……雖然《郵吻》時期有好些詩不等發表，我想無論如何總遠遜於《舊夢》時期之大量生產的。這大約是環境的關係。《舊夢》時期可以說是新詩全盛時期，亞東圖書館成了專出新詩的書店，幾乎新詩運動就是新文學運動，《晨報副刊》，《民國日報・覺悟》，《時事新報・學燈》更推波助瀾，每日刊載新詩，劉大白時任《民國日報》館編輯，幾日有新作發表。等到辦《黎明》與《詩和散文》的時候，早沒有從前那般的勃勃興致了。」〔註61〕

在詩集《舊夢》的「自記」中，劉大白寫道：「朋輩中批評我底詩的頗多，最中肯的，有兩句話：一，以議論入詩；二，以哲理入詩。不過我以爲議論文體並非絕對不宜於作詩；如果能使議論抒情化，至於詩中禁談哲理，也未必然。因爲一個詩人底詩，當然有他底哲學作背景，所必要的，也是哲理底抒情化。所以我只承認我不能使議論和哲理，歸於抒情化，是我藝術拙劣底一端，不承認議論和哲理不可以入詩」。〔註62〕或許正是出於對詩歌的這種認識，劉大白在其白話詩中頻頻發表議論，他不僅創作白話詩，以新詩的形式表示對新文化運動的支持，而且其詩歌的內容也毫不掩飾對傳統文化的批判和對新文化運動的支持。例如發表在 1921 年 1 月 4 日《覺悟》上的《姻緣──愛》一詩中作者就借東方式的「姻緣」是由月老用繩子把兩人栓在一起，而西方的婚姻則先由丘比特之箭將兩人之心連在一起的區別，表達作者對傳統婚姻制度的不滿和對自由戀愛的呼籲，主張婚姻應該建立在愛情的基礎上，而不是由父母、媒人捆綁成夫妻。在詩前的小序中他寫道：「『父母之命，媒妁之言』的舊式婚姻當然沒有祝賀謳歌的價值，但是社會底制度不能立改；歷史底成案不能盡翻……我底朋友某君，因爲應酬的緣故，要我代做賀新婚的詩。我再三地構思，始終覺得無話可說；不得已，只有祝賀他們倆從東方

〔註61〕趙景深：《劉大白的詩》，原載 1934 年 4 月《文藝茶話》第 2 卷第 9 期「紀念劉大白先生特刊」。引自《劉大白研究資料》（蕭斌如編），天津：天津人民出版社 1986 年 5 月第 1 版，第 302 頁。
〔註62〕劉大白：《〈舊夢〉付印自記》，上海：商務印書館 1924 年版。

式的『姻緣』，到西方式的『愛』罷。」詩中呼喚的以愛為基礎的婚姻，正是
五四新文化運動中青年最關注的問題之一。無怪文學史家唐弢在對白話詩發
軔期的幾本代表詩集進行評價時，認為劉大白的《舊夢》跟徐雉的《雉的心》、
康白情的《草兒》還有汪靜之的《蕙的風》有個「共同的地方，就是承受『五
四』的餘風，倡導自由戀愛，解放男女社交，被衛道士所反對，而又為當時
新派人物所愛讀……」〔註63〕

　　劉大白對新文化運動不遺餘力的支持，甚至為宣傳新文化運動而被迫離
職浙一師，但這並不表明他也跟邵力子、葉楚傖一樣，只是把教學當作一種
謀生的手段，在新文化運動中，他並沒有像邵、葉二人那樣佔據輿論的制高
點，成為令人矚目的「青年導師」，因而就其「公共性」來說，要比邵、葉等
人差很多。即便後來加盟《覺悟》，其影響力也無法跟邵、葉等人相比。在很
大程度上，他只是作為一個個體在為新文化運動貢獻力量。因而，教學不僅
是劉大白賴以謀生的職業，也是其盡心投入的事業。1924 年任教復旦大學和
上海大學後，劉大白盡心盡力做好一個教授的本職工作，他除了繼續在《覺
悟》上發表新詩，推動新文化運動之外，也潛心從事學術研究，後來結集出
版的《白屋詩話》就是他任復旦教授時的學術研究心得。在該書的序言中他
寫道：「這《白屋說詩》的名稱，是 1926 年秋冬間在上海復旦大學的時候給
《復旦週刊》寫本書第一部分『說《毛詩》』十節的時候所用。那時候我底朋
友徐蔚南先生擔任著《復旦週刊》底編輯，他要我寫一點關於文學研究的東
西，以充篇幅；我就用了這個名稱，隨手把對於《毛詩》的見解，瞎說一番，
陸續寫出了十節。」〔註 64〕除去切實履行自己的教授職責，做好教學和研究
外，劉大白也關心著復旦的發展。1924 年復旦大學行政院通過邵力子提出的
擴充國文部為「中國文學科」的建議後，劉大白即協助邵力子起草《復旦大
學中國文學科章程》，在他們的努力下 1925 年中國文學科正式成立。1926 年
2 月，劉大白接替葉楚傖出任復旦大學中國文學科主任。不久，他還為復旦大
學創作了校歌：

　　　　復旦復旦旦復旦／巍巍學府文章煥／學術獨立，思想自由／政

〔註63〕　唐弢：《晦庵書話》，上海：生活・讀書・新知三聯書店 1980 年 9 月第 1 版，
　　　　第 294 頁。

〔註64〕　劉大白：《白屋說詩・自序》，見《白屋說詩》，北京：中國書店 1983 年 6 月
　　　　第 1 版，第 321 頁。此書據開明書店 1935 年版影印。

羅教網無羈絆／無羈絆，前程遠／向前向前向前發展（進展）／復旦復旦旦復旦／日月光華同燦爛

復旦復旦旦復旦／師生一德精神貫／鞏固學校，維護國家／先憂後樂交相勉／交相勉，前程遠／向前向前向前發展（進展）／復旦復旦旦復旦／日月光華同燦爛

復旦復旦旦復旦／滬濱屹立東南冠／作育國士，恢括（廓）學風／震歐鑠美聲名滿／聲名滿，前程遠／向前向前向前發展（進展）／復旦復旦旦復旦／日月光華同燦爛〔註65〕

這首高唱「學術獨立、思想自由、政羅教網無羈絆」的校歌莊嚴熱烈、恢宏大氣成為復旦校歌中最優秀的一首，期間雖曾因「舊」而遭棄用，不過復旦百年校慶又恢復了這首校歌，它將繼續伴隨著復旦迎來燦爛。

　　任教復旦後由於教學、研究以及行政工作佔用了大量的時間，劉大白的詩歌創作明顯減少。有學者曾就他的兩本新詩集《舊夢》和《郵吻》對其創作情況進行分析，《郵吻》「共收作者 1923 年 5 月至 1926 年 5 月三年中寫的一百首詩」，而在《舊夢》中則收了詩人的六百多首詩，「相比之下，可以看出劉大白已將更多的精力花在寫雜感和教育上。」〔註66〕不過雖則創作的數量減少，但從中仍然能夠清晰的看出劉大白向「傳統」告別和向「現代」靠攏的努力。作為詩集題目的《郵吻》一詩，發表在 1923 年 5 月 27 日的《覺悟》上，該詩構思精巧，情感細膩，詩中的主人公接到愛人的來信後不捨得用指頭撕，也不捨得用剪刀剖，因為「我知道這信唇裏面，藏著伊秘密的一吻」。而後主人公又輕輕地、異常仔細地揭起信封上的郵花，因為「我知道這郵花的背後，藏著伊秘密的一吻」。這首詩無論從語言還是從形式上都已經看不到什麼傳統的羈絆了，並且也毫不缺乏詩意，實在算得上是早期白話詩中的佳作。然而由於《郵吻》和這部詩集中的許多詩歌並沒有延續《舊夢》中《賣布謠》、《收成好》、《田主來》等關注底層人民生活的傳統，因而發表後一直為左翼批評家和文學史家所不喜，以為《郵吻》所代表的劉大白的後期詩作情調由「紅色」逐漸變為「灰色」，思想日趨「頹廢」，從而暴露出了

〔註65〕《復旦大學百年紀事（1905～2005）》(《復旦大學百年紀事》編纂委員會編)，上海：復旦大學出版社 2005 年 5 月第 1 版，第 44 頁有「（1925）10 月間，本校制定校歌，由劉大白作詞，豐子愷作曲」的記錄，但此處時間應當有誤。
〔註66〕應國靖：《文壇邊緣》，上海：學林出版社 1987 年 8 月第 1 版，第 250 頁。

劉大白的「投機」色彩。比如 1933 年 9 月 19 日《申報·自由談》上就發表「何如」的文章《范成大與劉大白》，文中把劉大白跟范成大作比，以爲他並沒什麼了不起，只不過寫了一些「投機的革命詩……」然而拋開意識形態的偏見不管，儘管詩集《郵吻》還是無法完全擺脫白話詩「過渡期」的色彩，但從《舊夢》到《郵吻》，劉大白的白話詩日臻完善和成熟還是有目共睹的。尤其是《郵吻》一詩，更是受到廣泛的讚譽，當代著名詩人瘂弦就曾稱讚這首詩說：「我以爲（《郵吻》）是劉大白作品中最富現代趣味的一首，表現手法十分新穎。」〔註67〕

　　1925 年 9 月，劉大白兼任復旦大學實驗中學部國文教員，同時在大學部，他除教授國文外，還兼授文學史、詩歌兩門課程。〔註68〕儘管工作異常忙碌，但跟在浙江一師的時候一樣，投身教育的劉大白並沒有讓教學和研究淹沒掉他對新文化運動的關注。1920 年代中後期，白話文運動已經在全國範圍內取得大致的勝利，然而反對之聲卻也從來也沒有停息過，並且在特定的時間和地區被廢掉的文言還會沉渣泛起，再次堂皇登場。1925 年邵力子離開上海南下廣州後，《覺悟》的編者短時間內幾易其人，原先新文化運動先鋒的光環也逐漸褪色，上海的新文化界顯現出沉寂和落寞的迹象。在此情勢下，復旦大學中國文學科師生〔註69〕主編的《黎明》週刊於 10 月 4 日創刊。《黎明》週刊不僅單獨發行，同時也隨《民國日報》附送，在《覺悟》開始褪色的日子裏，它在一定程度上接過了《覺悟》將新文化運動推向前進的擔子。在《黎明》週刊的出版廣告中說：「近來的出版界──尤其是上海，眞的是太沉寂了，我們到此，似乎再沉默不下去，非出來吶喊一下不可。這個刊物便是由看不慣現狀而圖謀解放的動機所產生的……」〔註70〕作爲主要編者之一的劉大白在《黎明》第一期上發表《告訴讀者們──第一次》，說「黎明」的含義是「對

〔註67〕瘂弦：《蛹與蝶之間──過渡期的白話詩人劉大白》，載 1974 年 6 月《創世紀》第 36 期。
〔註68〕《劉大白年表》，見陳孝全、周紹曾：《胡適、劉半農、劉大白、沈尹默詩歌欣賞》，南寧：廣西教育出版社 1989 年 6 月第 1 版，第 269 頁。
〔註69〕在《黎明》週刊第 1 期最後附有《我們底一群》，列出了「黎明社」的成員名單：王寬甫、王世穎、朱應鵬、伍範、李榮祥、吳頌皋、胡寄南、徐蔚南、陳望道、許紹棣、黃維榮、蒨娜女士、劉大白、綺媛女士、蔡樂生、應成一、應業任。
〔註70〕《〈黎明〉週刊出版啓事》，見 1925 年 10 月 4 日《民國日報》第 1 版。

於黑暗的現社會，表示不滿足，而希望黎明時期底到來」，〔註71〕表達了對當時文化環境的不滿和對新文化運動深入徹底的渴望。而他寫於此時，後來結集出版的《白屋文話》則正是他試圖將白話文運動繼續推向前進的重要文獻。他在《白屋文話》中憤怒地將文言文稱爲「鬼話文」、而將白話文稱爲「人話文」，並且呼籲努力打到「鬼話文」倡揚「人話文」。對於劉大白的這一「正名」訴求，胡適雖然出於「反對名教」的考慮而並非完全認同，但對劉氏此舉對於白話文運動的貢獻卻也給予熱情的肯定：「劉大白先生是痛恨死文學而提倡活文學的一個急先鋒，所以他要更進一步，做點正名責實的工夫，把古文叫做『鬼話文』、把白話文叫做『人話文』……他的話都有歷史的根據，說的又很痛快，我讀了自然十分高興，十分贊成。」〔註72〕而劉大白在復旦的同事，同時也是促成《白屋文話》寫作的徐蔚南，在爲《白屋文話》寫的序言中則結合當時的文化環境闡述了《白屋文話》問世的重要時代意義：「提倡文學革命的老同志們，看見幾本用白話文來輯成的雜誌，便沾沾自喜，以爲文學革命完全成功了。實際距完全成功，還相差得遠！不是還有不少的著作者們，至今仍輕蔑白話文而一徑用文言文來發表他們的著作嗎？不是還有糊塗蟲，先是口是心非地附和著提倡白話文；到了現在，竟會說白話文足以亡國，要借權力來禁止學校教授白話文了嗎？不是還有許多青年，現在雖則也運用著白話來寫作，心上卻堅信文言文遠勝於白話文嗎？不是國民政府建都於南京的第一年，中央大學的入學試驗，還禁止投考學生作白話文嗎？老同志們，你們看，知識階級對於白話文是這個樣子；至於商人對於白話文更是莫不相關了。你們還能沾沾自喜，以爲文學革命完全成功了的！沒有，『革命尚未成功，同志仍須努力』哪！」〔註73〕

1928 年 1 月，劉大白應浙江省教育廳長蔣夢麟之邀，辭去復旦教職，出任教育廳秘書，從此開始涉足政界，後來還曾擔任過教育部常務次長等職務。涉足政界後的劉大白雖則擔任的仍然是跟教育有關的職務，但離具體的教學活動畢竟遠了。可是熱愛教育的他仍然難以忘情，在擔任教育廳秘書期間他還在省立一中兼課，1928 年 9 月又出任浙江大學中國文學系主任……但繁忙

〔註71〕 原文雖引用《舊夢》中的詩句，但並無署名，應國靖在《白屋詩人劉大白》中認定爲劉大白所作，見應國靖：《文壇邊緣》，上海：學林出版社 1987 年 8 月第 1 版，第 249 頁，姑且採用這種說法。

〔註72〕 胡適：《跋〈白屋文話〉》，上海：世界書局 1929 年 8 月版。

〔註73〕 徐蔚南：《〈白屋文話〉序》，上海：世界書局 1929 年 8 月版。

的政務活動畢竟已成爲他日常生活的主要方面。作爲一個教師和白話詩人，劉大白一生最耀眼的時期還是他任教浙一師和復旦並在《覺悟》上盡情展示他的詩歌才情的那些歲月。如果說他留給浙一師的是「四大金剛」之一的堅毅背影，留給復旦的是那首傳唱至今的莊嚴校歌，那麼他留在《覺悟》以至中國現代文學史上的則是「白屋詩人」那淺斟低唱的永恒風姿。

第四節　「修辭之父」——陳望道與《覺悟》

在《覺悟》的主要作者中，陳望道也是跟復旦淵源頗深的，他於 1920 年 9 月開始受聘於復旦大學，1927 年 9 月接替劉大白擔任復旦大學中國文學科主任，直到 1931 年 2 月才被迫離開復旦。1940 年秋，陳望道再次回到西遷至重慶北碚的復旦大學任教，之後曾任新聞系主任，1949 年後又擔任過復旦大學校長等職。從教授到校長，陳望道見證過復旦發展的幾個重要階段，他的名字注定會被濃墨重彩地寫入復旦校史。而在當下的歷史敘述中，較之邵力子、葉楚傖和劉大白，陳望道的「聲望」或許也會更高一些。這當然首先歸功於他是將《共產黨宣言》全文譯成中文的第一人。早在 1919 年陳望道就應《星期評論》的約請，開始翻譯《共產黨宣言》，並於 1920 年 4 月底完成譯稿。1920 年 6 月，來不及發表《共產黨宣言》的《星期評論》遭當局勒令停刊，於是該書只好在這年 8 月由上海社會主義研究社作爲社會主義研究小叢書的第一種正式出版。在當時的「主義」熱潮中，該書一出版便立即受到廣泛的歡迎，並且先後受到了 20 世紀中國兩位巨人的稱讚。一位是文化巨人魯迅，《共產黨宣言》出版後陳望道曾寄贈一冊給魯迅，據周作人回憶，魯迅在接到書後當天就翻閱了一遍，並稱讚說：「這個工作做得很好，現在大家都在議論什麼『過激主義』來了，但就沒有人切切實實地把這個『主義』眞正介紹到國內來，其實這倒是當前最要緊的工作。望道在杭州大鬧了一陣之後，這次埋頭苦幹，把這本書翻譯出來，對中國做了一件好事。我看望道這個人就比北京那些吃『五四』飯的人要強得多，他是眞正肯爲大家著想的。」〔註74〕另一位則是政治巨人毛澤東，毛在回憶年輕時接受馬克思主義的時候說：

〔註74〕余廷石：《魯迅和〈共產黨宣言〉》，原載《魯迅研究資料（1）》，北京：文物出版社 1976 年版。轉引自中共浙江省委黨史資料征集研究委員會、中共杭州市委黨史資料征集研究委員會編：《浙江一師風潮》，杭州：浙江大學出版社 1990 年 6 月第 1 版，第 440～441 頁。

「有三本書特別深地銘刻在我的心中，建立起我對馬克思主義的信仰。我一旦接受了馬克思主義對歷史的正確解釋以後，我對馬克思主義的信仰就沒有動搖過，這三本書是：《共產黨宣言》，陳望道譯，這是用中文出版的第一本馬克思主義的書……」〔註75〕

或許正是因爲有著馬克思主義「播種者」的身份，後人在論述作爲「革命先驅」的陳望道的早年經歷時也往往會帶有些爲革命者樹碑立傳的意味，所用史料以正面歌頌居多，有時爲了證明其「革命性」甚至不惜放大他在某些事件中的作用。比如《民國日報‧覺悟》是 1920 年代傳播馬克思主義的重要陣地之一，許多論者在論述《覺悟》的編輯時便都說《覺悟》創辦後是由「邵力子主編，陳望道助編」。〔註76〕朱順佐的《邵力子》一書，更是對陳望道「助編」《覺悟》有過大膽的想像：

> ……邵力子在《民國日報》的編輯室與陳望道熱烈地議論著：
>
> 「時代在呼喚我們，應該辦個新刊物。」
>
> 「辦個什麼新刊物？」
>
> 「這個新刊物應該是時代的喉舌，青年的知音，喚起民眾覺悟的陣地。」
>
> 「辦新刊物的經費、辦公房子、印刷是個難題，可否就在《，民國日報》上辦個副刊？」
>
> 「可以，這個提議好，可以減少很多麻煩事。」
>
> 「副刊名稱取什麼合適呢？」
>
> 「是否可稱《覺悟》副刊，以示覺悟時代創辦的副刊。」
>
> 「好！那你任主編，我協助你，爲助編吧！」
>
> 就這樣，以邵力子爲主編，陳望道助編的《覺悟》副刊於 1919 年 6 月 16 日就首次在上海《民國日報》第 8 版上出現了。〔註77〕

〔註75〕（美）埃德加‧斯諾：《西行漫記》（董樂山譯），北京：生活‧讀書‧新知三聯書店 1979 年版 12 月第 1 版，第 181 頁。

〔註76〕例如晨朵：《「覺悟」副刊對傳播馬克思主義的貢獻》（載 1983 年《復旦學報》第 2 期），丁言昭的《曹聚仁：微生有筆月如刀》（上海教育出版社 1999 年版）第二章中都有類似的表述。尹世尤：《〈覺悟〉副刊與馬克思主義在中國的傳播》（湖南師大碩士論文，未刊稿），在其論文摘要的一開始也寫道：「《覺悟》是國民黨報刊《民國日報》的最具進步性的副刊。它創始於 1919 年 6 月 16 日，由邵力子主編，陳望道協助編輯。」

〔註77〕朱順佐：《邵力子》，石家莊：花山文藝出版社 1997 年 3 月第 1 版，第 118 頁。

雖然該書的作者在「後記」中聲稱是這是一本強調可讀性和生動形象的傳記文學，因而作者可以在細節上進行大膽的想像和發揮，然而這種想像和發揮也必須要以基本的史實為基礎，因為他所描寫的人物都是歷史上切實存在過的，否則不顧史實的亂寫一氣，那麼傳記文學跟小說的界限又在何處呢？當然，也許不應過於苛責朱順佐，此處他只不過是就那句許多人都說的《覺悟》由「邵力子主編，陳望道助編」進行了細節上的想像和加工，不料這一加工就犯了一個嚴重的史實錯誤。陳望道自己在回憶五四運動時說：「五四運動之前，我在日本留學，1919 年 6 月才回國，在杭州工作了半年，1920 年初就離杭到了上海……」〔註 78〕既然陳望道 1919 年 6 月才回國，並且隨即由經子淵邀請，任教於杭州的浙江第一師範學校，浙一師風潮後才到上海，那麼他怎麼可能跟邵力子商量創辦《覺悟》並自任「助編」呢？當然，陳望道的確做過《覺悟》的編輯，1922 年 2 月 15 日《覺悟》上發表的社友名單其中就有陳望道，並且在《覺悟》上有幾次陳也的確曾以編者身份對讀者來信進行過回應，然而陳的身份跟《覺悟》的其它社友沈雁冰、沈澤民、李漢俊、夏丏尊、楊之華、沈玄廬、劉大白等人一樣，偶而會協助邵力子處理一些《覺悟》的編輯事務，他在《民國日報》副刊主要還是致力於由他主編、創刊於 1920 年 8 月 3 日的《婦女評論》。許多人得出《覺悟》由「陳望道助編」的結論或許來自陳本人的回憶，他曾說：「……《民國日報》是葉楚傖負責，社論主要由他執筆。副刊《覺悟》則是邵力子負責，邵忙時，我就去幫助編輯……」〔註 79〕陳本人的說法應該是事實──儘管「幫助編輯」的時候並不多，但因此就籠統地說《覺悟》是由「邵力子助編，陳望道助編」則未免有些拔高的嫌疑。

　　同劉大白一樣，陳望道投身新文化運動也是從任教浙江省立第一師範學校時開始的。陳望道（1891～1977），浙江義烏人，原名參一，單名融，字任重，筆名有佛突、曉風、仁子、雪帆、南山、一介、薛凡、張華、齊名等。「他求學東瀛及初到『一師』任教時都是用的原名。正是在受到『五四』新文化運動的啟示後才改名『望道』。改名『望道』二字的含義是，『望』，原

〔註 78〕陳望道：《「五四」時期浙江新文化運動》，參見中共浙江省委黨史資料征集研究委員會、中共杭州市委黨史資料征集研究委員會編：《浙江一師風潮》，杭州：浙江大學出版社 1990 年 6 月第 1 版，第 351 頁。

〔註 79〕陳望道：《關於上海馬克思主義研究會活動的回憶》，載《復旦學報》1980 年第 3 期。

有展望以及尋找和探索的意思；『道』，亦即道路，它還含有法則、道德的意思。『望道』二字合起來即爲探索，展望，尋找新的道德、新的法則、新的革命的道路。」〔註80〕少年時代陳望道在家鄉讀書，受過良好的國學教育。1915 年赴日本留學，1919 年畢業於日本中央大學法科，獲法學學士學位。〔註81〕五四運動後回國並任教於浙一師。其時浙一師成爲浙江新文化運動的中心，陳望道與劉大白、夏丏尊及李次九等國文教師一起支持學生參與新文化運動，被稱爲浙一師的「四大金剛」。有關浙一師新文化運動及浙一師風潮的相關內容前文已有提及，此不贅述。而陳望道本人也曾對當年任教浙一師參與新文化運動的情況有過回憶，他說：「當時我們鬥爭的中心是反對文言文，提倡白話文，反對盲目崇拜……我們在教國文時，就挑了魯迅先生的《狂人日記》，給學生學習；到講課時，我們不講文章本身，只講了些文藝理論。同學們反映看不懂，我們就抓住了這問題，說明即使是白話文，學校裏不學習不講也是不行的，沒有一定的思想基礎是看不懂的道理，深得同志（學）們的贊成……」〔註82〕提倡並鼓勵學生學習和寫作白話文，將白話文的經典作品引入課堂以及支持學生創辦新文化刊物等等，都是陳望道等人任教浙一師參與新文化運動的具體活動。在他們的努力下，浙一師的新文化力量迅速發展，並點燃了杭州及浙江其它地區的新文化運動之火，一度成爲全國媒體關注的焦點。當時上海的《民國日報》、《申報》、《新聞報》、《時事新報》，北京的《晨報》、《公言報》以及浙江省內的許多報刊都紛紛關注浙一師新文化運動的進展並支持浙一師師生反抗浙江教育當局的壓迫。浙一師風潮後，陳望道拒絕留任，返回家鄉並著手翻譯《共產黨宣言》。1920 年 4 月底，陳望道應《星期評論》社編輯之邀赴滬任職，抵滬後不久，《星期評論》被迫停刊，陳又應陳獨秀的約請參加《新青年》的編輯工作，年底陳獨秀離滬赴粵後陳望道便全面負責《新青年》的編務，在他的主持下，《新青年》逐漸成了宣傳馬克思主義的陣地，由此也引起胡適等人的不滿，出現了胡適與李大釗的所謂

〔註80〕鄧明以：《陳望道傳》，上海：復旦大學出版社 2005 年 5 月第 2 版，第 37 頁。

〔註81〕據鄧明以：《陳望道先生年表》，參見《陳望道先生誕辰一百週年紀念文集》（復旦大學語言文學研究所編），上海：學林出版社 1992 年 12 月第 1 版，第 200～201 頁。

〔註82〕陳望道：《「五四」時期浙江新文化運動》，參見中共浙江省委黨史資料征集研究委員會、中共杭州市委黨史資料征集研究委員會編：《浙江一師風潮》，杭州：浙江大學出版社 1990 年 6 月第 1 版，第 351～352 頁。

「問題與主義之爭」，並最終導致「新青年」同人的分裂。同年 9 月應復旦大學國文部主任邵力子之邀，陳受聘復旦大學，開設文法、修辭等課程。

任教復旦後的陳望道在致力於教學研究的同時也繼續參與新文化運動，他主編《新青年》和《民國日報·婦女評論》，關於馬克思主義的理論文章大多發在《新青年》上，關於婦女解放的文章多發在《婦女評論》上，關於語言文化方面的文章則發在《覺悟》上。儘管是中國翻譯《共產黨宣言》的第一人，但陳望道並沒有成為一個職業的革命家，他將推動新文化運動和自己的具體教育實踐相結合，在復旦課堂上講授寫作學、修辭學以及美學理論，幫助青年學子提高寫作技巧和審美能力，這些工作看似只是普通的教學活動，但卻直接為新文學發展培養作家隊伍和提升新文學創作水準服務，進而服務於整個新文化運動大局。

1922 年陳望道根據在復旦授課的講義編成《作文法講義》一書，該書從選詞、造句、分段等寫作的基本功講起，利用大量生動豐富的例證分門別類地講解了記載文、紀敘文、解釋文、論辯文、誘導文等五種常用文體的特徵、旨趣和做法，並提出評判好文章的「明晰」、「遒勁」、「流暢」三種「美質」。這本書對於初學寫作者掌握寫作技巧、提高寫作水平和審美鑒賞能力有著重要的作用。在書前的「小序」中作者介紹了編寫此書的目的：「我是為了滿足男女同學們底需要，編了這一冊書，也是為了提供男女同學以外的男女青年一種見解和一種希求起見，編了這一冊書……這一冊書，將告訴青年們作文上的各個重要的問題，又將告訴青年們這些問題底地位和這些問題基本的解決法……」〔註 83〕從中可見作者對此書的讀者群有著明確的預期，一是復旦課堂裏的學生，另一個讀者群則是社會上支持新文化運動、嘗試並從事新文學創作的青年男女。積極參與新文化運動的陳望道對自己的身份也有著清晰的定位，那就是「教師」──不僅是復旦等大學課堂上的教師，而且也是社會上一切從事白話文寫作的青年的教師。他期待通過自己的講授，幫助更多的青年掌握白話文寫作的技巧，為新文學貢獻出更多、更優秀的作品。陳望道的另外幾本著作如《美學概論》、《因明學概略》、《修辭學發凡》等等也都是其任教復旦時的研究成果。《美學概論》的後記中作者回憶了任教復旦時的繁忙生活：「這是我斷續匆忙寫成的一本簡約的小書。我在這一年中特別的

〔註 83〕陳望道：《作文法講義·小序》，見《陳望道文集（第二卷）》（復旦大學語言研究室編），上海：上海人民出版社 1980 年 5 月第 1 版，第 163 頁。

忙，差不多時時須爲學校料理事務，有時簡直執筆一點鐘便須斷續六七次。而且一面執筆，一面會客的時候也常有。在說話上自然也免不了有斷續匆忙的痕迹……」〔註84〕而奠定了他現代漢語修辭學之父地位的《修辭學發凡》一書寫作初衷則是爲了「將修辭學的經界略略畫清，又將若干不切合實際的古來定見帶便指破」，另外「還想對於當時正在社會的保守落後方面流行的一些偏見，如復古存文，機械模仿，以及以爲文言文可以修辭，白話文不能修辭，等等，進行論爭，運用修辭理論爲當時的文藝運動盡一臂之力。」〔註85〕此書初稿曾被田漢、馮三昧、章鐵民、熊昌翼以及其它許多國文教員拿去當教材，影響甚大。

除了一些介紹馬克思主義的理論文章之外，作爲大學教授和語言學家的陳望道在《覺悟》上發表的文章大都帶有較強的專業色彩。例如針對如何發展中國原有的白話和一些人對白話文歐化的質疑，1921 年 6 月 16 日陳望道在《覺悟》上發表《語體文歐化的我觀》，主張一面提倡語體文的歐化，另一方面也需要加以限制，並且提出兩個限制條件，那就是歐化必須是「原有文法底擴張」和「原有文法底顛倒或離合」。再如陳望道也提出過方言可以作爲白話文的資源問題，他舉上海方言中的「要末……要末……」爲例，認爲文言句式的「不自由，毋寧死」引入方言後譯爲白話的「要末自由，要末死」便可更加簡便有力。由此主張對於豐富的方言資源，「當此國語文新興的時候，正該虛心平氣，仔細研究，愼重採用；如果因陋就簡，總是不很有利於國語文前途的。」〔註86〕由此可見，當白話取代文言儘管還是波折連連但總體看來已經是勢不可擋之後，陳望道便從泛泛的文言白話論爭中抽身出來，開始從專業角度對白話文的發展趨向進行探索，跟許多白話文化的提倡者相比，他所從事的更多的是一種紮紮實實的建設性工作。

當然，如果遇上頑固的爲文言辯護者，陳望道也會據理與之討論，但仍然不會流於表層的爭論，言語之間專業性依然很強。1923 年 3 月 9 日《覺悟》「通信」欄發表一名署名「鄰」的讀者來信，信中對贊成白話文的《覺悟》

〔註84〕陳望道：《美學概論・編完之後》，見《陳望道文集（第二卷）》（復旦大學語言研究室編），上海：上海人民出版社 1980 年 5 月第 1 版，第 88 頁。

〔註85〕陳望道：《修辭學發凡・一九六二年重印前言》，見《陳望道文集（第二卷）》（復旦大學語言研究室編），上海：上海人民出版社 1980 年 5 月第 1 版，第 520 頁。

〔註86〕望道：《方言可取的一例》，載 1923 年 4 月 5 日《覺悟》。

主編邵力子提出了許多疑問,譬如提倡白話文言是否可以廢棄不用,歐化白話文與「純中國法」的白話文哪種更好,以及新式標點跟舊式標點哪種更適用等等。對此陳望道代邵力子逐條給予明確回答,針對第一個問題,陳望道表明「我們是主張從今以後一律公用白話文(著重號為原文所有,下同)。」關於第二個問題,陳望道說,選擇哪種白話文的標準都是「完美,那邊完美,人就應該隨從那邊。」甚至再次強調他的白話可以從方言中獲取有用資源的觀點:「──此外別的句法如方言等類只要夠得上完美兩字,你也無不可以依從。」而對於標點問題,作為在中國最早提出文字橫排和使用新式標點者之一,陳望道當然毫無保留地表明「用新式標點好。」針對陳望道的回復,一位署名「甄」的讀者雖也承認白話文「是普及教育的利器,和國語一樣,同是我國文化前途底明燈,確是現在所需要的」,但卻不同意完全放棄文言文,因為在他看來,文言文「也另有一種特別的美,非白話文所能具的……完全放棄,從今以後不應有人去研究,這樣也覺得未免太可惜。」〔註87〕針對這種實際上仍主張「文言雅、白話俗」的論調,陳望道和邵力子聯名回信對其進行質問「你既看出了『非白話所能及』的『特別的美』在文言文中,你為何不明白說給我們知道呢?」〔註88〕這樣的質問當然得不到回應,於是陳望道再次著文,從語言學的角度出發說明「文言白話只是文藝底工具」,「並無嚴格的美醜可說。嚴格的美醜底學說固然很多,終未見有從工具上分別的」。即便如有些人認為的,「用文言做的可以成為很美的文章,用白話做的卻不得如此」,但「那也只是說:文言較利便,得構成美的可能性較大,並非說文言本身就是美」。〔註89〕這一番討論將文言「雅、美」,白話「俗、陋」的論調徹底顛覆,同時邏輯性強、富有學理,比僅僅從表面駁斥有說服力得多。文中所表現出的語言學、美學方面的專業素養也都符合陳望道復旦大學國文教授的身份──當然,要不是對語言學、美學有著深入研究的國文教授,即便參與討論也決不可能論述地這麼深刻、透闢而又絲絲入扣。可以說,陳望道從一個大學教授出發所寫的這些專業性很強的文字,在當時的語境中對於平息新文化運動中那些固執的守舊者的聲音起著非常大的作用。

〔註87〕　「甄」:《對於白話文的討論(二)》,載 1923 年 3 月 11 日《覺悟》「通信」欄。

〔註88〕　望道、力子覆「甄」的信,見《對於白話文的討論(二)》,載 1923 年 3 月 11 日《覺悟》「通信」欄。

〔註89〕　望道:《文言白話和美醜問題》,載 1923 年 3 月 22 日《覺悟》。

　　1923 年 8 月 21 日至 22 日，作為保守陣營重要代表人物的章士釗在上海《新聞報》發表《評新文化運動》一文，對新文化運動大肆攻擊，並在北京、湖南、浙江等地多次發表同題演講，一時間文化界復古的潮流重新洶湧，新文化運動又面臨一次較大規模的衝擊。而《覺悟》則堅守新文化的立場並與之進行了針鋒相對的鬥爭。1923 年 8 月 21 日《覺悟》「通信」欄，發表陸久之的《〈新文化批評〉的懷疑》將章士釗在杭州演講的內容加以披露並予反駁，邵力子在當日的「隨感錄」中也發表《循環和新舊》，堅持進化論，反駁章士釗的「文化無新舊」說。隨後 8 月 24 日《覺悟》又發表署名「C.H」的《評〈評新文化運動〉》對章士釗展開細緻的反批評。8 月 28 日的《覺悟》上發表陳望道的《談新文化運動》，對章士釗的復古傾向予以駁斥。在文中，陳望道首先就新文化運動的發展狀況進行總結，他說：「文化運動今已進展到各個方面具體實際的建設，不再是空談一個總括名詞抽象計劃的時代了。」接著他就何為「文化運動」和何為「新文化運動」進行分析，對否定新文化運動的觀點予以駁斥：「所謂『新』，無非表明不同，原不一定用『新』字，如自稱『文化運動』或『野蠻運動』，也未始不可能。但當代的文化運動者，卻頗謙虛，一面不把舊有的結果盡放在『文化』以外，所以把那也仍稱為『文化』。而一面又有分別不同的必要，所以只好彼此各加形容詞，說這是新的，那是舊的，而新的一面便有所謂新文化一個熟語，其運動便是所謂新文化運動了。」〔註 90〕由此可見，陳望道雖然肯定了新文化運動存在的合法性，但跟邵力子不同，他的解釋並不暗合文化進化論的觀點，以為「新」取代「舊」是線性進化、是一種歷史的進步，而只是認為，命名為「新」，「無非表明不同」。這種解釋表明了陳望道的文化觀，那就是新文化運動是應時代需要而出現的，既不必過於誇張新文化運動的「進步」意義——因為「進步」與否尚待歷史檢驗，而對新文化運動避之如蛇蠍、拼命加以否定更是荒唐可笑——直至多年以後，陳望道在回憶五四新文化運動時，也依然重申他對過於簡單的劃分新舊思想文化的不以為然：「五四當時，還只是茫然地以新舊為分。一時曾流行一種不加區別和選擇的思想，把一切古來已有的不分好壞一概稱為舊，一切古來未有的一概稱為新……（後來）對於新舊逐漸有所區別和選擇：對於所謂舊的，不一定一概加以否定，對於所謂新的，也不一定一概加以肯定。於是五四以後一切以『新』為名的新什麼、新什麼的刊物或主張，不久就有

〔註 90〕望道：《談新文化運動》，載 1923 年 8 月 28 日《覺悟》「評論」欄。

了更高的判別的準繩，也有了更精的辨別，不再渾稱爲新，渾稱爲舊了。」〔註91〕在他看來，糾纏於新舊文化之爭沒有多大意義，新文化和舊文化的不同就是「要求得一個面面而充實的人生。」他認爲從人的發展來看，人的精神和肉體是不能分裂的，「故一面要使文學美術等精神的糧食豐滿充足，而一面又要使衣食住等肉體的滋養人人有著。前者形成了新文學新繪畫新音樂等運動；後者最顯著的就是社會主義的運動。」〔註92〕對新文化的這種理解，直接決定了他在新文化運動中所從事的主要是踏踏實實的建設工作，而很少跟頑固派作一些口舌之爭，同時這也決定了他在參與新文化運動建設時的兩個主要努力方向：一方面致力於語言文學等精神方面的建設，另一方面則致力於介紹、探討並試圖推動實踐社會主義、馬克思主義思潮──致力於人的物質生活方面的改善。

從 1920 年 9 月任教復旦到 1931 年 2 月被迫離開復旦，這十餘年是作爲文化人的陳望道一生中最重要的階段之一，在這期間他不僅完成了他最重要的幾本學術著作，爲新文化運動做出了重要的建設性貢獻，同時他也編輯多種新文化刊物並加入文學研究會、新南社等新文化團體，成爲影響頗大的新文化運動領導者之一。當然，1930 年代陳望道還曾編輯《文學》、主編《太白》等雜誌，尤其是 1934 年 6 月他與陳子展、胡愈之、葉聖陶、曹聚仁等人共同發起大眾語運動，試圖建立真正以群眾語言爲基礎的「大眾語」和「大眾語文學」更是將白話文運動進一步推進同時也把五四啓蒙運動繼續推向深入的一種有益嘗試。考慮到本書的寫作範圍，有關陳望道 1930 年代繼續從事新文化建設的相關內容這裡不再展開。

陳望道在後來曾多次著文或接受訪問，回憶自身參與五四新文化運動的經歷，這爲研究五四新文化運動提供了寶貴的資料。在一篇文章中他總結了五四時期思想文化鬥爭的主要場所：

> 五四運動當年，思想文化鬥爭場所主要有兩個。一個是刊物。
> 當時刊行的刊物很多，約有三四百種。刊物多是青年學生、青年教
> 師辦的。壽命不一定都長，有的出了一二期，沒有人看，便自行停

〔註91〕 陳望道：《五四和文化運動》，原載 1959 年 5 月《文藝月報》總第 77 期。參見《陳望道文集（第三卷）》（復旦大學語言研究室編），上海：上海人民出版社 1981 年 12 月第 1 版，第 685 頁。
〔註92〕 望道：《談新文化運動》，載 1923 年 8 月 28 日《覺悟》「評論」欄。

刊了。刊物有月刊，有周刊等多種，還有日刊。日刊多附在日報上，作爲日報的副刊發行。新舊思想文化的鬥爭多在副刊上進行，文藝作品也多登在副刊上。副刊一般比正刊進步，有時甚至同它的正刊對立，上海《民國日報》的副刊《覺悟》，就曾有過這樣的情形，副刊有時暗暗在糾正正刊的錯誤或缺點。

思想文化的另外一個鬥爭場所便是學校：學校的學生組織、行政組織和中國語文課。中國語文課尤其是當時學校新舊思想文化鬥爭的重要部門。鬥爭的範圍涉及文章的古今中外的內容，也經常涉及文章所用的語言──文言和白話之爭是當時的主要爭端……〔註93〕

陳望道在此雖然將刊物和學校分別作爲五四時期思想文化鬥爭的主要場所，但同時也注意到了兩者的關聯，因爲他也說「刊物多是青年學生、青年教師辦的」。在五四的語境中，新文化刊物的主要作者群和讀者群都是青年學生和教師，一方面青年學生和教師爲刊物撰稿並在刊物上展開討論，爲新文化刊物提供寶貴的思想資源，另一方面刊物和學校也不斷教育出新的支持新文化運動的青年，而這些青年一旦覺悟後，也會迅速投入到新文化運動的行列之中，形成一種良性循環。以《民國日報》副刊《覺悟》爲例，如果抽去邵力子、葉楚傖、劉大白、陳望道等復旦教授爲主體的編者和主要作者，《民國日報》副刊能在五四新文化運動中產生如此大的影響是不可想像的。而1925年10月由復旦大學中國文學科師生編輯的《黎明》周刊附刊於《民國日報》，也是復旦思想文化資源與《民國日報》副刊結合的另一重要例證。當然，其實就《覺悟》而言除邵、葉、劉、陳等復旦教授外，《覺悟》上也一直活躍著一批復旦學生作者，如許紹棣、毛飛等等皆是，他們是復旦以及《覺悟》培養出來的五四「新青年」，同時也正是有了他們的參與《覺悟》才會如此豐富和生動，得以長久地葆有活力和銳氣，並且在邵力子、葉楚傖等師輩離開《民國日報》以及《覺悟》後，正是他們接過了《覺悟》的編輯工作──儘管並沒有成功地將《覺悟》的開放精神傳承下去。

總之，《覺悟》之所以能夠在五四新文化運動中名列「四大副刊」之一，跟復旦大學和《覺悟》的這「一校一刊」的完美結合是分不開的。

〔註93〕 陳望道：《五四和文化運動》，原載 1959 年 5 月《文藝月報》總第 77 期。參見《陳望道文集（第三卷）》（復旦大學語言研究室編），上海：上海人民出版社 1981 年 12 月第 1 版，第 686 頁。

第四章 《覺悟》與五四新文學

　　許多史書都將五四新文化運動的主要內容概括爲四項：提倡民主反對專制，提倡科學反對愚昧，提倡新道德反對舊道德，提倡新文學反對舊文學。雖過於簡單，但也抓住了要害。《民國日報·覺悟》作爲當時鼓吹和支持新文化運動的一方重要園地，「提倡新文學反對舊文學」自然也是其致力的方向之一。《覺悟》上不僅大量譯介西方文學理論及優秀文學作品，並且也開闢新文學欄目，發表大量白話詩歌、小說、散文和雜文，培養了許多新文學作家。同時，對於一些優秀的新文學作品，《覺悟》常常轉載並爲之刊登廣告以介紹推薦擴大其影響力。對於新生的一些新文學社團《覺悟》也不遺餘力地予以扶持，不僅刊登其宣言、介紹其宗旨，有時還闢出版面附載其刊物。總之，在新文學的建設過程中，《覺悟》的參與是全方位的，中國現代文學史上的許多重要文學事件，在《覺悟》上都有所反映。而當 1920 年代中期新文學發展進入革命文學的提倡和建設階段，《覺悟》也是革命文學的最早發源地之一。

第一節　無心插柳柳成蔭──《覺悟》與新文學建設

　　現代報刊雜誌的勃興對五四新文學的巨大推動作用已經被許多研究者所關注。當報刊雜誌（尤其是日報的副刊）借助現代的編輯和印刷技術以及完善的發行網絡參與新文化建設時，它所起的作用是難以估量的。新文化運動的火種及其精華和養料正是通過如同高速公路般伸向四面八方的報刊雜誌源源不斷地輸送到全國各地的。當然，在新文化和新文學的發展過程中，報刊雜誌所起的絕不僅僅是這種媒介的傳播作用，它本身也是新文化與新文學生

存與成長的重要空間。正如有學者所論述的，文學期刊雜誌「是中國新文學發生、發展、演進的歷史存在物，是作家成長的搖籃，是作品之所以成爲作品的轉化場，是作家同讀者溝通交流的聯絡站。文學思潮的興起、文學運動的勃發常以此爲陣地，文學實績的展示以此爲載體，文學進入文化市場也以此爲傳媒。」〔註1〕正是由於現代報刊雜誌對於中國現代文學的發生和成長有著如此重要的意義，楊揚才發出了「整個二十世紀中國文學的發展都是在書報出版劃定的文化空間中生存和發展，除此之外，大概再也找不出可與之相比擬的新的文化空間了」〔註2〕的感歎。

《民國日報‧覺悟》作爲五四新文化運動中發揮過重要作用的一塊陣地，其對新文學發展的推動也是不可忽視的。1920 年代上半葉，《覺悟》上形成了一個獨特的文學場，它構成了 20 世紀中國新文學場的重要組成部分。在這一文學場中烙下了新文學成長過程中的每一個腳印，記錄下了新文學發生發展的最原始風貌，同時也爲研究者保存了相當完整和豐富的標本資料。在這一文學場中，構成文學史的那些文學人物、文學作品、文學事件雖紛繁蕪雜但卻一一清晰可辨。回到這一文學場我們便部分地回到了新文學發生的歷史現場，從中我們可以眞實而具體的觸摸並感受新文學發生發展的每一個瞬間，重溫 20 世紀中國新文學邁出的每一個步伐。當然，枝蔓叢生的歷史現場需要研究者的清理，清理過後才能更加清楚地看到《覺悟》這一文學場是怎樣參與了 20 世紀中國新文學發生發展的大合唱。

1917 年 2 月，在胡適發表《文學改良芻議》揭開文學改良的序幕之後，陳獨秀又在《新青年》發表《文學革命論》，旗幟鮮明地亮出了文學革命的大旗，並且對文學革命的目標做出了清晰的規劃：「曰推倒雕琢的阿諛的貴族文學，建設平易的抒情的平民文學；曰推倒陳腐的鋪張的古典文學，建設新鮮的立誠的寫實文學；曰推倒迂晦的艱澀的山林文學，建設明瞭的通俗的社會文學。」〔註3〕這就是著名的文學革命「三大主義」，它從「破」和「立」的兩方面爲新文學革命指明了方向。順應時勢的新文學革命很快取得了重大進展，到 1920 年 1 月，北洋政府教育部通令凡國民學校一二年級國文課教育也

〔註1〕周海波、楊慶東：《傳媒與現代文學之間》，北京：中國社會科學出版社 2004 年 12 月第 1 版，第 17 頁。

〔註2〕楊揚：《文學的年輪》，石家莊：花山文藝出版社 2002 年 1 月第 1 版，第 248 頁。

〔註3〕陳獨秀：《文學革命論》，載《新青年》1917 年 2 月號。

統一運用白話文，新文學革命的重要一環——語言工具的革命已經取得了決定性的勝利。此後雖反對白話文的聲音仍不斷出現，但白話文的地位畢竟是難以撼動了，而文學革命的主要任務也已經轉向新文學的建設。創刊於 1919年 6 月的《民國日報・覺悟》雖然也經歷過文言白話論戰的語言工具革命階段，並且此後每當反對白話的聲浪掀起，《覺悟》也必然對之迎頭痛擊——這部分內容在前文已有所體現，但在文學革命歷程中所從事最多的還是新文學的建設。

首先，《覺悟》參與新文學建設的一個重要方面就是對外國文藝理論和優秀文藝作品的譯介。儘管眼下受到許多學者的質疑 [註4]，但五四新文學運動乃至整個五四新文化運動其思想資源中西方資源佔有相當的比重並且發揮了重要作用卻是確鑿無疑的。西方的文藝思潮和優秀文藝作品在中國文學現代化的過程中不僅有著「衝擊——反應」理論所言的那種催化劑的作用，而且對中國現代文學不同流派的形成以及現代文學作品的成熟和完善都有著極為重要的意義。蔣夢麟在回憶五四文學革命時說道：「文學革命是要把舊的思想重新估計其價值，並用白話文來表達思想，以科學方法研究問題。對內是討論社會問題與思想問題，對外是輸入西洋的文藝和思想……」[註5] 在五四的語境中，一些傑出的西方文藝家在當時中國的影響甚至遠遠溢出了文藝界，例如挪威劇作家易卜生及其劇作就是其中的代表。儘管易卜生及其劇作被譯介到中國並不始於五四，但直到 1918 年《新青年》6 月號發表胡適的《易卜生主義》後，易卜生在中國的反響才空前熱烈。那時，「有些作家把易卜生作為文學革命、婦女解放、反抗傳統道德、提倡民主科學等新運動的象徵，因此，他們的作品也染上易卜生的色彩，充滿了詰難社會的一連串『？』（易卜生就是『偉大的問號』）。那時候，人們如此重視易卜生，既有學習歐洲近代劇『寫實主義』藝術技巧的根由，又有從民主精神中吸取精神營養的原因。」

〔註 4〕 例如莊錫華在《文學評論》2006 年第 2 期發表《五四新文學的文化淵源與學理反思》一文，對新文化運動的思想資源主要來自外部，是借助域外文化推動的「刺激——反應」說提出質疑，認為「按照賽義德的理論，此種由西方文化具有先天優越性觀念切入的論斷，其學術立場存在頗多問題」，並且認為「以今天的眼光看，20 世紀初的西方主要資本主義國家的工業水平是有限的，文化霸權尚未確立，對別國思想文化的操控遠未達到經濟與思想文化全球化的今天所達到的程度。」

〔註 5〕 蔣夢麟：《西潮・新潮》，長沙：嶽麓書社 2000 年 9 月第 1 版，第 345 頁。

〔註 6〕1921 年成立的第一個新文學社團文學研究會在其章程中也明確規定：「本會以研究介紹世界文學、整理中國舊文學、創造新文學爲宗旨。」〔註 7〕此處「研究介紹世界文學」不僅與「整理中國舊文學」以及「創造新文學」並列爲文學研究會的宗旨之一，同時也是創造和建設新文學所必須的基礎和重要資源。早期的新文學作家幾乎無一例外都從外國文藝理論和文學作品中汲取過營養。除易卜生的廣泛影響外，魯迅之於俄國文學、郁達夫之於日本私小說、冰心之於泰戈爾等等也都是反覆被人研究討論的新文學與外國文學關係的案例。在文學革命的語境中，對西方文藝理論和文學作品的譯介並不是一個單純的「引進」行爲，它同時也構成了建設中國新文學的一部分，二者有機地融爲了一體。

《民國日報‧覺悟》從創刊伊始就注重外國文藝理論和優秀文藝作品的譯介，在《覺悟》作爲新文化運動重要園地的幾年間，許多外國文藝理論和優秀文學作品都通過《覺悟》被介紹給國人，如汪馥泉翻譯的木間久雄所著《新文學概論》、由沈澤民翻譯的小泉八雲的《文學論》，以及徐蔚南翻譯的《屠格涅夫散文詩集》和《鮑史尼小說集》（法國作家哥羅那著），張聞天、汪馥泉合譯的《王爾德介紹》和《獄中記》等等都是首先在《覺悟》發表的。另外如莫泊桑的短篇小說、波德萊爾的詩等等也時常在《覺悟》上亮相。這些外國文學作品的發表在當時起到了榜樣和拋磚引玉的作用。1919 年 8 月 22 日，《覺悟》開闢「詩」的欄目，但首先刊出的卻不是由中國詩人創作的新詩，而是由「天鈍」翻譯的英國「陶白孫」的詩作《奏樂童子》。這首詩通過描寫一個迫於生計爲人奏樂的小孩子，表達了作者對底層人民和兒童生活境遇的無限同情與關注，「他爲了接見大人奏樂／他順著夫人的意思奏樂／直至可憐的小頭昏眩／可憐的小腦涽濁……」在此之後，沈玄廬、沈迺人、徐蔚南、劉大白、胡懷琛等人創作的新詩才逐漸支撐起了《覺悟》「詩」欄目，沈玄廬、劉大白和胡懷琛還分別成爲了當時有影響的新詩人之一。這一過程說明在新文學建設初期，在現代白話文創作還無章可循的情勢下，這些舶來的外國文學作品有著多麼重要的意義。當然，外國文學作品不僅影響了新文學各種文

〔註 6〕王忠祥：《中國接受易卜生及其劇作史迹──易卜生的戲劇與中國現代文學》，見《易卜生與現代性：西方與中國》（王寧編），天津：百花文藝出版社 2000 年 3 月第 1 版，第 135～136 頁。

〔註 7〕《文學研究會簡章》，見《小說月報》第 12 卷第 1 期。

體的成長，也影響了新文學作家對創作主題和內容的選擇。還是以新詩爲例，在《奏樂童子》發表之後，《覺悟》上很長一段時間內發表的新詩也都以對底層人民生活的人道主義關注爲主。例如 1919 年 9 月 28 日發表沈玄廬的《鄉下人》，該詩就借一個爲著衣食溫飽清晨早起進城賣菜的鄉下人的遭遇，表達了對巡丁魚肉鄉民和濫收苛捐雜稅的憤怒：「賣菜本來不犯罪／那裡知道要完稅？／收稅作何用？／罰則翻比菜價貴。／巡丁虎，司事牛，賣菜鄉人是只狗，哪裏容得你開口。不如撇卻擔兒走！」鄉民賣菜，菜價居然還不夠繳稅！作者對社會現實的不滿和對底層百姓生活的憂心忡忡盡顯筆下。《覺悟》上其它如劉大白的早期詩作等等，從主題上說也都是以對平民生活的關注爲主。當然文學作品對平民的關注跟五四時期人道主義及「勞工神聖」思潮的流行有關，眾多人力車夫題材的文學作品大量湧現就是例證，而這也同樣說明了五四新文學同外國文學思潮之間交織融合的密切關聯。那些洋溢著人道主義光彩的外國文學作品的直接輸入，則更爲新文學的人道主義主題創作起了直觀的示範作用。

當然，從輸入思潮上來講，《覺悟》最爲後人稱道的是對馬克思主義和社會主義的傳播，而從輸入外國文藝作品來看，《覺悟》上譯介最多的也是來自蘇俄的文學作品。屠格涅夫、高爾基、托爾斯泰、契科夫等蘇俄作家的作品經常在《覺悟》上出現。這些優秀的現實主義作品對中國新文學的發展起了非常大的影響。因爲五四新文學最重要的社團之一文學研究會就是倡導「爲人生」的現實主義文學路線的，《覺悟》上大量譯介蘇俄現實主義優秀文學作品，恰好與文學研究會的倡導相契合，有力地推動了新文學現實主義創作的發展——當然這也許跟沈雁冰和陳望道這兩位文學研究會成員同《覺悟》的密切關聯有關。而蘇俄文藝作品中蘊含的革命因子，也爲 1920 年代中期《覺悟》上出現「革命文學」倡導埋下了誘因。有關《覺悟》上革命文學的濫觴，下文專門討論，這裡不再展開。

值得注意的是，在《覺悟》上發表的大量外國文學作品中，周氏兄弟的譯作也是其中的重要組成部分。《覺悟》上共刊載魯迅的作品十三篇，其中譯作有：

1921 年 10 月 3 日	《池邊》，愛羅先珂著，魯迅譯。
1921 年 10 月 25 日、27 日、28 日	《春夜的夢》，愛羅先珂著，魯迅譯。

1921 年 11 月 10、11 日	《瘋姑娘》，明那‧亢德著，魯迅譯。
1921 年 12 月 11 日	《雕的心》（選），愛羅先珂著，魯迅譯。
1922 年 1 月 1 日	《古怪的貓》，愛羅先珂著，魯迅譯。
1922 年 5 月 18、19、21、22、	《桃色的雲》，愛羅先珂著，魯迅譯。
23、25、26、28、29、30 日， 6 月 1、2、4、5、6、8、9、 11、12、13、15、16、18、19、 20、22、23、25、26、27、29、30 日， 7 月 2、3、4、6 日	
1922 年 12 月 4 日	《時光老人》，愛羅先珂著，魯迅譯。

另外魯迅的作品《故鄉》、《白光》、《不周山》、《吶喊‧自序》等等《覺悟》也都刊載或轉載過。至於《覺悟》上刊載的周作人的作品那就更多了，他翻譯的《日本俗歌五首》、《清兵衛與壺廬》、《希臘的輓歌》以及創作的《山中雜信》、《山居雜詩》等等大量作品都發表在《覺悟》上。刊載當時在文壇有著重要影響的周氏兄弟的作品對於擴大《覺悟》的影響力和提升《覺悟》稿件的質量都有著重要的意義。

除去刊登譯介外國文藝作品外，發表新文學創作也是《覺悟》的重要職志。《覺悟》上常設的發表文學作品的欄目有「詩」、「小說」、「隨感錄」、「新文藝」等等。其中尤其以推動新詩的成就最大，在新文學發展初期，《覺悟》上培養出的劉大白、沈玄廬等都是當時有名的詩人。當然除去若干「有名」的作者外，《覺悟》上更多的作者則是相對沉默的，他們在當時的文壇上並不活躍，所寫的作品也歷來不太受人重視——一般來說也是因為作品的藝術水準不夠，但這也僅是指一般而言，在《覺悟》龐大的作者群中想找出幾個例外卻也不難。早期白話詩由於受胡適「詩體大解放」的影響，往往導致詩味

缺失,似乎把白話分行就是新詩。無怪有研究者批評說「借白話直接說理,平鋪直敘、隨意白描,往往意隨言盡,淡而無味。平民化、世俗化甚至低俗化取代了化意識與感受為意象的貴族化,以致『病在說盡,少回味』,『明快有餘而深刻不足』(茅盾《論初期白話詩》)。只有少數人的個別詩作帶有意象化傾向,如周作人《畫家》、《小河》、劉半農《中秋》、陳衡哲《鳥》、沈乃人《燈塔》等。」〔註8〕這裡被提及的「少數」之一沈迺人(乃人)的「個別詩作」《燈塔》就是發表在 1919 年 11 月 1 日《覺悟》上。這首詩借讚頌不怕風吹雨打頑強地矗立在海邊為雨夜中航行的船舶領航的燈塔讚頌那些不畏犧牲、抵抗強權為民眾指路的啟蒙志士。整首詩構思精巧、意象選擇貼切,實在是早期白話詩中難得的佳作。當然發表在《覺悟》上的意象詩並不只這一首,同樣是歌頌引領時代潮流的啟蒙者,沈迺人和其他許多作者還用過許多意象,其中「雞」與「狗」的意象是用得最多也是相對較為貼切的。1919 年 12 月 2 日《覺悟》的「新文藝」欄目發表沈迺人的新詩《雞》:

(一)可憐睡不醒的人,／不恨天明,／因為天終得要明的,／都恨上了雞。

(二)雞要守它的天職要叫!／他如何能把他禁住了?／沒得想法,／只有害他。

(三)那雞是給他害死了,／可是旁的雞還是要叫!／他要害也害不了,／只剩煩惱。

這首詩選擇啼破暗夜、喚來黎明的雄雞作為啟蒙者的意象,仍然十分傳神貼切。無獨有偶,1920 年 1 月 11 日《覺悟》上發表徐蔚南的《雄雞》一詩,也是將雄雞作為啟蒙者的意象來歌頌。如果說在沈迺人的筆下,照明的燈塔「做了抵抗強權的犧牲」、報曉的雄雞也「給他害死」,在歌頌啟蒙者堅韌不屈的同時也預示著啟蒙之路坎坷而遙遠的話,徐蔚南的《雄雞》則讓人看到了啟蒙勝利的希望,在徐的詩中,早醒的雄雞呼喚「光明!光明!」,雖然招致了喜歡趁暗夜捕食劫獵的貓頭鷹和蝙蝠們的嫉恨,但「雄雞的嗓子,卻愈喚愈好」,直喚得太陽升起,「光明且燦爛」,「喜歡黑暗的貓頭鷹與蝙蝠兒,不知哪裏去了!」發表在 1920 年 3 月 24 日《覺悟》上的於森的新詩《雞》同樣是以雄雞的意象來寫啟蒙者,但側重的卻是眾人昏睡我獨醒的孤獨與落寞,「……奈何萬物,尚如此沉寂!／難道若大個天地,只有雞嗎?／可憐他不

〔註 8〕 石中晨:《戴望舒詩歌創作轉向論》,載《學術探索》2007 年第 2 期。

住的叫，有何人來體貼……」也是以新詩的形式來歌頌啓蒙者，但張琦卻選擇了慣於在深夜中狂叫的狗作爲意象，這其實跟報曉的雄雞有異曲同工之妙，同樣是用叫聲撕破黑夜的沉寂，將人們從昏睡中喚醒：「你爲什麼獨自在睡鄉狂叫？／莫不是爲了人都睡著了狂叫？還是爲著黑暗底狂叫？狗唉！狗唉！／我被你叫醒了，我也願和你在這黑暗的睡鄉里面一同狂叫……」〔註9〕在白話詩草創階段，這些以意象入詩的詩作跟只會平鋪直敍、缺乏詩意的作品相比自然另有一番味道，意象的選擇也都極爲貼切，算得上是佳作。

同詩歌相比，《覺悟》上的小說作品就遜色很多。也或許正是因爲少有白話小說佳作的原因，《覺悟》創刊後的很長一段時間裏都沒有小說作品發表。當然，在《民國日報》的其他版面上小說仍是存在的，但仍然不脫「舊」味，難以跟倡導新文化的《覺悟》融爲一體。例如1919年10月6日《民國日報》第7版發表「瘦娟」的小說《美女》，內中寫一青年害病，迷迷糊糊中直喊「美女」，家人遂以爲其得了相思病，後來經青年的好友分析，才知道他要的是南洋兄弟煙草公司的美女牌香煙。類似這種應景的廣告式小說在當時的《民國日報》上還有很多，大都有頭無尾，並且也跟新文化運動的追求格格不入，自然難登《覺悟》的版面。到1920年1月，《覺悟》上雖然開始設立「小說」欄目並開始發表現代白話小說，但由於大都篇幅較短、情節簡單，難以從容地進行藝術雕琢，因而都較爲粗糙，往往流於單純說教或宣傳，藝術價值不高。例如1919年12月3日《覺悟》上發表沈迺人的《王先生的家訓》，內中模仿一個頑固守舊的父親的口吻來教訓兒子「讀書無用」。12月6日又發表沈迺人的《王太太的女誡》，小說中的王太太勸女兒嫁人，講做女人應知的禮儀道德、應守的規矩等等，女兒不同意王太太竟以強迫她退學相威脅。類似這種反映現實問題的「問題小說」雖然提出了新文化運動中的一些實際問題，並可能引起社會的關注從而具有一定的現實意義，但由於行文過於倉促，情節尙未展開便匆匆結束，這種新聞報導式的寫法決定了在藝術上不可能取得很高的成就。

由於投稿的作品中少有佳作，《覺悟》上有時便會轉載發表在其他新文學刊物上的優秀小說作品或是發表譯作。前面提過的魯迅的《故鄉》、《白光》、《不周山》等小說都曾轉載於《覺悟》上，久而久之，隨著新文學運動的不斷深入，《覺悟》上發表小說的質量也有所提高。一批小說作者開始在文壇嶄

〔註9〕張琦：《守夜的狗》，載1920年3月31日《覺悟》「詩」欄。

露頭角，如白採、孫俍工、譚正璧、程起、許傑、張春浩等等都成爲《覺悟》小說欄經常發表作品的作家，而隨著他們作品也越來越成熟，也爲他們在文壇上贏得了一定的聲譽。

「隨感錄」（雜文）也是《覺悟》上的重要文體之一，並且取得了相當大的成績。這不僅表現在其發表的數量上——逐日發行的《覺悟》幾乎每期都有數則「隨感錄」發表，幾年間僅邵力子一人就發表了上千篇，而其藝術表現也頗值得稱道。作爲一種論說性的散文文體，「隨感錄」其淵源儘管可以追溯到清末梁啓超《自由書》所開創的那種短小精悍的論說文〔註10〕，但其直接的源頭則是 1918 年《新青年》4 卷 4 號開始設立的「隨感錄」欄目。或許是由於這種短小活潑、思辨性強的論說文體其所具有的批判性恰好暗合了當時新文化運動「重新估定一切價值」和除舊立新的潮流。「隨感錄」或「雜感」迅速成爲當時主流新文化刊物的必設欄目之一。除《新青年》外，像《每周評論》、《晨報副鎸》等等都設立了類似的欄目。《民國日報·覺悟》創刊後不久，也於 1920 年 1 月創設「隨感錄」欄目，除主編邵力子外，劉大白、陳望道等人也都經常發表「隨感錄」對當時的社會政治、文化教育現狀進行批判，有力地配合了新文化運動的進行，也繁榮了當時文壇「隨感錄」的創作，爲中國現代雜文文體的發展和成熟做出了貢獻。然而不可諱言的是《覺悟》上發表的「隨感錄」跟其他日報副刊上發表的「隨感錄」一樣，由於刊物版面的限制以及出版周期過短，作者行文大都過於倉促，難以進行從容的雕琢，有著「急就章」的痕迹，因而從總體上顯得過於粗糙，少有《新青年》等雜誌上發表的「隨感錄」那種思想深度和藝術追求。因此雖然邵力子等人的一些「隨感錄」當中也不乏鋒芒與睿智，但總得來說佳作不多。

除去譯介外國文藝作品、發表新文學創作外，《覺悟》也以媒體特有的方式鼓吹和提倡新文學，這主要體現在對新文學作品的宣傳廣告和對新文學社團的介紹推薦上。刊登廣告是通過媒體對新文學作家作品進行重點推介的有效手段之一。王本朝先生曾以《小說月報》對冰心的介紹和推介爲例詳細探討過媒體在廣告宣傳新文學中所採取的手段，諸如發「預告」、登「通信」、

〔註10〕例如《中國近百年文學體式流變史》中就認爲「梁啓超《自由書》中的『隨感錄』，直接開啓了五四時期『隨感錄』的創作道路。」參看馮光廉主編：《中國近百年文學體式流變史》（下），北京：人民文學出版社 1999 年 10 月第 1 版，第 48 頁。

加「附注」、發「徵文」、刊「約稿」等等，並且指出，「有意思的是，《小說月報》參與冰心和她的作品的策劃、運作方式，後來成爲了現代文學報刊創造作家的主要手段，形成了文學與報刊合作的現代文學傳統。文學越來越離不開報刊的運作參與，必須借助於文學期刊推出自己的代表作家作品和理論主張；作家也反過來越來越依附於文學報刊，才可能獲得更大的生存空間，爲自己所代表的文學社團和流派搖旗吶喊，維護和爭奪文學陣地和話語權」。〔註11〕在新文化運動的語境中，幾乎所有的進步刊物都刊登過新文學廣告，這爲擴大新文學的影響和聲勢、促進新文學的繁榮起了不可或缺的作用。《民國日報‧覺悟》因其具有逐日發行、流通速度快，並且在青年中影響廣、發行量大等特點，自然成爲刊登新文學廣告的理想選擇。先後在《覺悟》刊登廣告的新文化刊物有《新青年》、《奮鬥旬刊》、《新婦女》、《民心周報》、《新中國》、《新人》、《新的小說》、《學藝雜誌》、《曙光雜誌》、《太平洋》、《戲劇》、《晨光》、《勞動與婦女》、《少年中國》、《彌灑》、《淺草》文藝季刊、《微音》、《晨報副鐫》、《小說月報》、《創造周報》等數十種。而亞東圖書館、泰東書局、新知書社、新青年書社、新中國雜誌社出版部等出版機構也常常在《覺悟》上刊登廣告介紹其新出版的新文化刊物和書籍，這些新文化刊物和書籍大都發表新文學作品。《覺悟》上的廣告除經常刊登相應刊物的詳細目錄外，往往對刊物或書局本身也有積極性的評介。例如由新中國雜誌社出版部出版的《白話文選》在出版之前就於 1920 年 5 月間連續在《覺悟》上刊登廣告「新文學建設的工具！學校國文課的教材！」以進行宣傳擴大發行量。1923 年 9 月間刊登在《覺悟》上的亞東圖書館爲該館出版的《胡適文存》、《獨秀文存》、《吳虞文錄》所發的廣告則圖文並茂，一邊用箭頭表明新文化前進的方向，箭頭中大書「文化運動的先鋒」，一邊則是四句精彩的廣告詞：「改造國民思想，討論婦女問題；改革倫理觀念，提倡文學革命！」非常準確地概括出了新文化運動的基本內容，讓人一目了然。另外，一些作家的詩文集如胡適的《嘗試集》、胡懷琛的《大江集》、湖畔詩社的新詩集《湖畔》、劉夢葦的小說集《青年的花》、陳志莘的詩集《茅屋》等等也都曾以精心設計的廣告通過《覺悟》向社會推出，借助於《覺悟》的傳播優勢迅速走向公眾。當然，除廣告外，《覺悟》上也專門設有「介紹新刊」的欄目對新出現的新文化刊物進行評價和介紹，以擴大其影響。

〔註11〕 參見王本朝：《文學傳播與中國現代文學》，《貴州社會科學》2004 年第 1 期。

　　而隨著新文化運動的蓬勃發展，1920 年代前期也出現了新文學社團的成立高潮。大大小小的新文學社團如雨後春筍般紛紛湧現預示著新文學建設轟轟烈烈的美好前景。當時的許多進步刊物都設立專欄對這些社團表示支持與鼓勵，如《小說月報》、《晨報副鐫》、《清華周刊》等都有「文壇消息」、「來件」之類的欄目刊登新文學社團的宣言，介紹他們的主張和刊物。《覺悟》同樣表現積極，專門設立「文藝界消息」來替新成立的新文學社團進行宣傳。先後被《覺悟》介紹推薦的新文學社團有汪靜之、胡思永、曹誠英等人發起的「明天社」，胡山源、陳德徵等人發起的「彌灑社」，陳煒謨、陳翔鶴等人發起的「淺草社」，何植三、董秋芳等人發起的「春光社」，於庚虞、焦菊隱等人發起的「綠波社」，以及復旦大學學生李灝、施蟄存等人組織的青鳳文學社，岳世昌、劉劍華等人組織的湖波文藝研究會等等。《覺悟》對這些新文學社團一視同仁，只要要求為之介紹宣傳就有求必應，絕不厚此薄彼，不過有時由於工作的疏漏也會引起一些誤會。1923 年 5 月 3 日《覺悟》應「春光社」的要求發表《春光社消息》為之宣傳。春光社是由一群愛好文學的青年學生組織發起的，並且還請了四位導師隨時指導，因此在《春光社消息》裏除社員名單外也列出了四位導師的名字：周作人、魯迅、張定璜、徐祖正。然而這則消息發表後不久邵力子即接到一封質問的信。蘇一師「曉光社」的王一沙寫信給他質問為何不登他們的消息——「曉光社」的簡章已經寄給《覺悟》三次，然而拖了一個多月都沒有登出。在看到「春光社」的消息後王一沙感到不平：「實在不知你是什麼意見，何以把我們的消息不登。今天剛又看到貴刊上登一篇春光社的消息，我們的依舊沒有登出，那麼，我們和春光社有甚兩樣？還是春光社消息上有四個文學家的大名，你想我們都是些無名小卒，不登載也沒有要緊嗎？……」〔註 12〕面對這樣的質問，邵力子並不惱火，他將來信照登在《覺悟》上，並解釋說或許是工作疏漏也或許是郵局失誤，自己並沒有見到「曉光社」的簡章，「但我很自信，我胸中還不至於存著什麼『大名的文學家』和『無名小卒』的成見，幸而本刊所介紹的文藝團體，也曾有過許多，並不只是『春光社』一個，你再仔細想一想，或者也可以相信吧……」〔註 13〕建設新文學遠比批判舊文學艱難和複雜，文學革命能否取得徹底的勝利在很大程度上要看新文學建設的「實績」。而在新文學建設過程中眾多的文

〔註 12〕　《對於本刊的一個責問》，見 1923 年 5 月 10 日《覺悟》「通信」欄。
〔註 13〕　力子覆王一沙的信，見 1923 年 5 月 10 日《覺悟》「通信」欄。

學社團則起了非常關鍵的作用,「常言說破壞容易建設難。要建設新文學就不是《新青年》、《新潮》、《星期評論》等幾個刊物和魯迅、郭沫若、周作人等幾個作家能夠勝任的,它需要廣泛的群眾性和較強的專業性,眾多文學社團的誕生正好適應了這一時代的要求。」〔註14〕考察一下新文學的發展歷史後我們發現,幾乎所有的新文學作家都是某個文學社團的成員或與某個文學社團發生過密切聯繫。如果抽去了這些文學社團及其成員,現代文學史也就整體癱瘓了。因此對新文學社團的扶持和鼓勵自然是對新文學建設的重要支持,《覺悟》在這方面做出了積極的努力。

在對新文學建設著力加以推動的同時,《覺悟》也參與並見證了中國新文學史上一些重要的文學事件。《蕙的風》及其引發的論爭是中國新文學史上的一次影響非常大的論爭,不僅有周作人、魯迅等文化名人的參與,而且論爭的場所也也遍及了五四新文化「四大副刊」中的三個(《京報副刊》其時尚未創刊)。1922 年 8 月,由朱自清、胡適、劉延陵作序,周作人題寫封面的《蕙的風》出版。這是年輕的詩人汪靜之在五四思想解放潮流引領下對愛情汪洋恣肆的歌詠。或許是那麼多文化名人的推介起了效果,詩集出版後受到到廣泛的關注。然而也引起了汪的一位績溪同鄉的不滿,當時就讀於南京東南大學的胡夢華於 1922 年 10 月 24 日在《時事新報・學燈》發表《讀了〈蕙的風〉以後》,對這部詩集進行攻訐,認為這是一部「墮落輕薄」的作品,有「不道德的嫌疑」和引導人「向惡的傾向」。胡夢華這種粗暴的道德評判以及所表現出的封建禮教衛道士的臉孔令新文化陣營大感驚異,也點燃了整場論爭的導火索。於是章洪熙率先在 1922 年 10 月 30 日的《民國日報・覺悟》上發表《「蕙的風」與道德問題》對胡夢華的論調加以批駁,胡夢華又寫了《悲哀的青年──答章洪熙君》(載 11 月 3 日《覺悟》)進行回應。之後論爭便不斷升級,《覺悟》、《晨報副鐫》、《學燈》上不斷髮表文章,絕大多數是對胡夢華的批評,胡也不憚「孤軍奮戰」,連連著文反擊。期間,周作人寫了《什麼是不道德的文學》發表於 1922 年 11 月 1 日《晨報副鐫》,而魯迅也寫了《反對「含淚」的批評家》發在 11 月 17 日的《晨報副鐫》上。《覺悟》是這場論戰的主戰場之一,除章洪熙跟胡夢華的首輪較量即在《覺悟》上展開外,《覺悟》也發表了許多其他參與論戰的文章,周作人的文章發表後,《覺悟》於 11 月 5 日全文轉載,並且後面還加上了邵力子的「附言」:「本欄曾載過章洪熙君第一篇《蕙

〔註14〕 李光榮:《社團與中國現代文學》,見《學術探索》2001 年第 4 期。

的風和道德問題》，後來又有胡夢華君底答辯，晨報附刊登這篇，現特轉錄；我很希望讀者對於本問題加入討論。」〔註 15〕之後《覺悟》又陸續發表「聚仁」的《瞟意中人》（1922 年 11 月 6 日）和《更進一言》（1922 年 11 月 7 日），「鐵民」、「家斌」的《新文化底悲哀》（1922 年 11 月 14 日），謝傳茂的《禽獸詩人》（1922 年 11 月 12 日），「養真」的《詩中的道德——給胡夢華的一封信》（1922 年 11 月 20 日）……等等。關於論戰的具體內容已經多有論者論述，此不贅言。讓人感興趣的是這些力挺《蕙的風》的人當中，除曹聚仁、「養真」等少數幾個人外，大都與作者汪靜之有著較密切的關係。周作人曾爲《蕙的風》題寫書名，魯迅則在《蕙的風》出版前爲其做過修改，〔註 16〕至於章洪熙、章鐵民、黨家斌則更是汪靜之在「明天社」的社友。跟當時的其它許多新文學社團一樣，「明天社」成員是由於意趣相投或是文學觀相近才走到一起組織社團的，所以當胡夢華批評汪靜之《蕙的風》時，他所批評的就不僅是汪一人，而是跟整個「明天社」的成員及他們的文學觀念發生了衝突，自然會遭到章洪熙等人的全力反擊。在五四文學場上，單憑個人的奮鬥是難以奏效的，一個人的文學成績要想獲得時人的認可，其背後必然要有眾多的支持者，而帶有同人組織性質的新文學社團也就應運而生。《蕙的風》論爭背後的社團因素並不是個案，幾乎現代文學史上的每次論戰都不是單純的一對一的交鋒，而是一群人跟另一群人或一個社團跟另一個社團的對抗。從這個意義上來理解 1920 年代新文學社團的大量湧現並重新認識當年的有關文學論爭或許更能客觀地還原歷史的本來面目。

除去像《蕙的風》引發的論爭這樣一些文學論爭事件外，其他如 1920 年代中國文壇掀起的愛羅先珂熱與泰戈爾熱等等，《覺悟》也都是歷史的在場者。1921 年下半年，《覺悟》上不僅連續刊載魯迅等人翻譯的愛羅先珂童話作品，而當愛羅先珂到達中國開始教授世界語並到各處演講時，《覺悟》上也時常刊載介紹他的消息，並且於 1921 年 11 月 15 日專門出版《愛羅先珂專刊》刊登了愛羅先珂專門爲《覺悟》創作的《我底學校生活底一段片》以及他在

〔註 15〕邵力子的「附言」，見 1922 年 11 月 5 日《覺悟》。
〔註 16〕1957 年 9 月，人民文學出版社出版《蕙的風》「刪節本」，作者「刪棄三分之二，剩下 51 首」，在《自序》中，汪靜之說「《蕙的風》的原告在 1921 年魯迅先生曾看過，有不少詩他曾略加修改，並在來信裏指導我應該怎樣努力，特別舉出拜倫、雪萊、海涅三個人的詩要我學習。」核對魯迅日記，汪靜之的回憶應是準確的。

日本創作的《虹之國》等作品。一位在當時的世界文壇上並不著名的俄國盲詩人，卻一度成為 1920 年代中國文壇關注的焦點，並且得到了包括周氏兄弟在內的一些文化名流的熱情關照與推許，這是非常耐人尋味的，或許正如錢理群先生所分析：「他引人注目之處在於他的不平凡的經歷：1914 年離開俄國，先後在日本、暹羅（今泰國）、緬甸、印度等地漂泊。在印度，以帶有無政府主義傾向的理由，被英國官方驅逐了。於是他來到日本，卻又被日本當局驅逐，理由是有宣傳危險思想的嫌疑。他於是想返回久別的祖國，歷盡艱辛地來到赤塔，卻沒有得到入境的批准。他於是帶著迷惘絕望的心情漂泊中國，先在哈爾濱，後流向上海……愛羅先珂的這些遭遇，首先引起了魯迅的注意，他曾寫信給周作人：『大打特打之盲詩人之著作已到，今呈閱。雖略露骨，但似尚佳。我尚未及細看也。如此著作，我亦不覺其危險之至，何至於興師動眾而驅逐之乎。我或將來譯之，亦未可定。』」〔註 17〕不過相對而言，似乎還是《覺悟》上刊登的《愛羅先珂專刊預告》說得更為直截了當：「像這樣一位同情於被壓迫階級和弱小民族的藝術家，我們實在覺得有鄭重介紹的必要……」〔註 18〕愛羅先珂之所以能夠在 1920 年代的中國文壇受到關注，很大程度上是因為他的思想在「同情被壓迫階級和弱小民族」這一點上跟中國的知識分子們達成了默契——飽受磨難和帝國主義壓迫的中華民族太需要這種外來的正義之聲和朋友式的慰藉了。可惜當時的自命不凡的年輕人似乎並沒有很好地意識到這一點，所以後來才發生了魏建功「《不敢盲從》事件」。這引起了魯迅等人的憤怒，邵力子後來也在《覺悟》上發表《盲心》〔註 19〕一文，嚴厲批評了魏建功對愛羅先珂的嘲弄。

　　跟愛羅先珂不同，當 1924 年泰戈爾來到中國時，曾於 1913 年獲諾貝爾文學獎的他早已是聞名世界的大文豪了。然而面對這位大文豪的來訪，當時的中國知識界卻有著不同的反應。正如鄭大華先生所分析的：「這些不同反應，既映現了五四時期錯綜複雜的思想文化鬥爭，又引發了新的思想文化鬥爭」……當時梁啟超、張君勱等「玄學派」，表示熱烈歡迎；陳獨秀、瞿秋白等中國共產黨人「持反對和批評的態度」；另外一批自由主義知識分子如胡適、周作人等則「介於歡迎、認同和反對、批評之間，他們既不同意泰戈爾

〔註 17〕　錢理群：《周作人傳》，北京：十月文藝出版社 2005 年 1 月第 2 版，第 223 頁。
〔註 18〕　《愛羅先珂專刊預告》，載 1921 年 11 月 13 日《覺悟》。
〔註 19〕　載 1923 年 1 月 18 日《覺悟》。

所宣揚的文化理論，也不贊成以陳獨秀、瞿秋白等人對泰戈爾訪華及其講演的批判，而主張依據自由主義的寬容立場來對待泰氏的訪華及講演。」〔註20〕《覺悟》上從 1923 年 9 月 4 日發表瞿菊農在濟南暑期講習會的講演《太古兒的思想及其詩》開始，陸續發表了許多關於泰戈爾的文字。當然，從思想趨向上比較傾向於社會主義的《覺悟》在這場思想文化鬥爭中是站在批評泰戈爾一端的，因為在社會主義者看來，其時中國亟待解決的是實實在在的民生疾苦和物質困窘問題而非泰戈爾所宣揚的「東方精神」。1924 年 6 月 1 日《覺悟》發表「求實」的《送太戈爾並慰失意的諸位招待先生》，對泰戈爾在武昌演講中所提到的「他覺得中國在今天並不急需物質的進步，而最急需的是東方精神文明的復活」觀進行批評和嘲諷：「在太戈爾未來之前，厚有四百餘頁的《小說月報》的歡迎號，充滿了動人的綺語，誘惑的麗詞，真叫我們這些『謀衣食之不暇』的十分惴惴地；在他走上上海灘的第一步，便明白宣言他此次之來，『大旨在提倡東洋思想』更叫我們坐立不安！萬幸，他留華約四十餘日中，各處公私講演雖不下四五十（？）次，而他給與中國人的印象只是一位『後時的思想家』，他給與中國人的影響只是淡淡的，微微的，並不如『鶴唳長空』，不過『燕子掠水』而已，本來，精神不能裹腹被身，這是事實呀！」——跟沒有名氣的愛羅先珂相比，這位大文豪在《覺悟》上的遭遇實在令人尷尬。而且從文學角度來看，在某種程度上，正是為了反對泰戈爾的「靡靡之音」，才催生了《覺悟》革命文學的萌芽。有關這革命文學的這部分內容，留待後面探討。

　　由以上所述《覺悟》對外國文藝理論和優秀文藝作品的譯介、《覺悟》上的新文學創作、《覺悟》為新文學所做的廣告宣傳以及《覺悟》對新文學史上一些重大文學事件的參與等內容不難看出，《民國日報・覺悟》在 1920 年代中國新文學建設過程中起了極為重要的作用，並且取得了相當可觀的成績。然而有意思的是，在文學上有所作為卻並不太符合《覺悟》編者的意願，在編者看來「救國」和「喚醒民眾」才是那個時代所亟需做的，文學革命只是新文化運動的一環而非最重要的任務，況且新文學作者們雖有創作的熱情但投稿的作品中佳者甚少，因此編者為每天花費大量時間挑選新文學作品而感到遺憾：「本刊近來接到的稿件，大部分是些文藝作品，而尤以新詩為最多。

〔註20〕　參見鄭大華：《「五四」時期的思想文化鬥爭——以泰戈爾訪華為中心》，2004年 6 月 8 日《光明日報》「史學版」。

在本刊原非文藝刊物，而作品又大半尚未成熟；因而編者之時間，卻是大半白費在閱選較好的文藝作品上面。在編者固渴望創作的文藝作品，而同時卻覺得有些厭煩這些濫造的文藝作品。編者固不反對作者底嘗試，卻是反對輕易嘗試。總之，編者希望愛好文藝者要把創作文藝看得鄭重一些；並且每篇作品經再三考慮過而自認當無可指謫者，才望賜寄本刊。切勿憑一時高興，即從事創作；墨水未乾，即付郵筒；不但苦了編者，即在諸位創作文藝上也毫無意義。」〔註 21〕儘管此時邵力子已經不再負責《覺悟》的編務，而由沈澤民接編，但這一廣告卻的確表明了《覺悟》一貫的態度。由此看來，《覺悟》雖然對新文學建設起了巨大的推動作用，並且成績斐然，但實際上卻是「意外」收穫，正是「無心插柳柳成蔭」。

第二節　星星之火待燎原
——《覺悟》與革命文學之濫觴

　　1920 年代，新文學經歷了從文學革命到革命文學的變革。而革命文學通常又分為前後兩個階段，後期革命文學主要由太陽社和後期創造社推動展開已無疑議，但關於前期革命文學究竟源於何時，從「發生學」上來說卻始終是一筆糊塗賬。〔註 22〕「現代文學界從構造左翼文學歷史的思想出發，把鄧中夏、蕭楚女、沈澤民等早期共產黨人視為革命文學的倡導者，甚至以社會主義青年團刊物《先驅》的『革命文學』欄目、社會主義青年團第一次全國代表大會提出要使文藝無產階級化的決議，來證明這種文學史想像的合法性。這種文學史敘述，呈現出將共產黨與革命文學、政治與文學聯繫起來的『當代意識』，但卻遮蔽了初期革命文學發生的真實歷史面貌。」〔註 23〕正是

〔註 21〕《我們的廣告》，載 1925 年 5 月 20 日《覺悟》「雜感」欄。
〔註 22〕部分臺灣學者更是籠統地將「革命文學」之發生認定在 1926 年前後，如王爾敏《中國近代知識普及運動與通俗文學之興起》中說：「新文學運動之一個中心信念，是將文學超然存在，反對『文以載道』之觀點。而在民國十五年前後，開始出現『革命文學』一詞，於是文學將負擔表達某種主義之宣傳功用。質言之，即當時所謂社會主義，實即共產主義。文學須為此種思想服務，供其宣傳，始被視之為革命文學。重要理論家為郭沫若與成仿吾。」參見《中國近代史論集 22：新文化運動》（中華文化復興運動推行委員會編），臺北：臺灣商務印書館 1986 年 6 月初版，第 66 頁。
〔註 23〕王燁：《文學研究會與初期革命文學的倡導》，原載《廈門大學學報》（哲學社會科學版），2006 年第 3 期，轉引自《新華文摘》2006 年第 19 期。

基於此，王燁先生才在文章中重申田仲濟先生的觀點，認爲革命文學其實最早源於文學研究會的提倡。從 1921 年 7 月費覺天寫信給鄭振鐸呼喚「革命的文學家」出現，鄭振鐸熱烈回應並在《時事新報・文學旬刊》上發表《文學與革命》開始，就已經在提倡革命文學了。之後獲得鄭振鐸支持的費覺天在《評論之評論》上開闢「革命的文學討論」專欄，正式大張旗鼓地倡導革命文學。至於《時事新報》、《晨報》、《民國日報》等刊物上對革命文學的倡導則正是文學研究會的倡導實踐，而《中國青年》上的倡導也是受文學研究會的影響而展開的。這種說法有一定的事實依據，但瑕疵也顯而易見——儘管作者也認識到了這一點並盡可能自圓其說：「不能否認文學研究會龐雜的『中心』性質，鄭振鐸、瞿世英、沈澤民、茅盾、瞿秋白、李之長等人的革命文學倡導，無法嚴格視爲文學研究會團體的行爲；也不能否認沈澤民、瞿秋白、茅盾等人又是共產黨員，其雙重身份難以具體進行群體歸屬。但是，以鄭振鐸、瞿秋白這對北京求學時代的好友爲中心，瞿世英、茅盾、沈澤民等的響應爲側翼，其革命文學倡導卻憑藉文學研究會的影響力而發揮社會影響，早期共產黨人、創造社與進步的文學青年都開始提倡革命文學……」〔註 24〕當然文學研究會「爲人生」的追求所蘊含的「工具論」傾向跟革命文學倡導的內在理路有著邏輯上的一致性，並且有若干文學研究會的成員也參與過革命文學的倡導。但強調沈澤民等人的文學研究會成員身份和強調他們的共產黨員身份本質上並沒有什麼區別，只是看問題的視角略有不同而已，僅僅因此就從「發生學」上確認革命文學是由文學研究會發起並倡導的還缺乏足夠的論據。目前所見最早亮出「革命文學」旗號的是《先驅》雜誌，1922 年 2 月 15 日《先驅》第 3 期上發佈一則預告：「本刊出版以來蒙社會歡迎不勝感謝，但稿件太多區區一張容不下來，擬從下期（第四期）改成小本子，內容務求擴充並增『革命文藝』一欄，以副愛閱諸君厚望，特此預告。」但第 4 期《先驅》並沒有如期出現「革命文藝」專欄。該期有「詩」、「言論」、「討論」、「批評」、「雜感」、「通信」等欄目，作者則有季陶、代英、貿易、光亮、存統等。當然，對革命文學進行溯源並非本書的主要任務，這裡想要做的只是對《覺悟》上有關革命文學倡導的內容做一個歷史性的考察。

前文曾經論及，《覺悟》上革命文學倡導的出現跟反對泰戈爾「靡靡之音」

〔註24〕 王燁：《文學研究會與初期革命文學的倡導》，原載《廈門大學學報》（哲學社會科學版），2006 年第 3 期，轉引自《新華文摘》2006 年第 19 期。

有著若干關聯。1924 年泰戈爾訪華在中國文化界引起巨大反響，知識界對此表現出不同的態度，而共產黨人對於泰戈爾輕物質建設而重精神和玄想的觀念是持批判態度的。「當時，泰戈爾的訪華現象，引起中國共產黨的注意，黨中央認爲需要在報刊上表明中共的態度。陳獨秀親自操刀，爲《中國青年》組織發表批評泰戈爾的文章。作爲中國共產黨內文學專門家，沈雁冰、沈澤民兄弟倆率先響應黨中央的要求」，〔註25〕撰寫文章對泰戈爾的文化觀念進行批評。沈雁冰寫了《對於泰戈爾的希望》（載 1924 年 4 月 24 日《覺悟》）、《泰戈爾與東方文化》（載 1924 年 5 月 16 日《覺悟》），而在 1924 年 4 月 18 日出版的《中國青年》第 27 期「泰戈爾特號」上，除刊出了「實庵」的《泰戈爾與東方文化》、「秋白」的《過去的人》、「亦湘」的《泰戈爾來華後的中國青年》外，也發表了「澤民」的《泰戈爾與中國青年》。沈澤民在這篇文章中對泰戈爾的思想進行集中批判，尤其是對於泰戈爾保存印度文明的主張，認爲簡直「與中國現在的一般國粹派毫無二致。這種思想若是傳佈開來，適足以助長近日中國守舊派的氣焰，而是中國青年思想上的大敵！」該文雖然肯定泰戈爾爲反對殖民政府捨棄英皇所賜爵位的革命精神，但是主張「對於他的思想，我們決不可含糊接受，因爲他對於中國青年思想的前途，是有害無益的。」「亦湘」則在文章中直接將反對泰戈爾跟提倡革命文學聯繫在一起：「……我們中國現在的情勢，完全處於被帝國主義包圍及支配的下面，我們在這個時期，非積極地反抗，就只有甘心的屈服。所以我們所需要的文學是革命的文學，所需要的思想是聯合被壓迫民族，共起反抗國際帝國主義而獨立的思想，決用不著太戈爾那種懦怯地逃藏在靈的世界中去享樂的文學和思想，不但我們中國用不著，即全世界的被壓迫民族，都用不著。」

　　或許是受「亦湘」文章的啓發，在這一期《中國青年》出版後的第 10 天，即 1924 年 4 月 28 日，沈澤民又在《覺悟》上發表《我們需要怎樣的文藝？——對小說月報西諦君的話的感想》一文，也開始呼喚革命文學。針對《小說月報》第 15 卷第 2 期卷頭語中所說的「任他是『惡之花』也好，『善之花』也好，只要他所表現的情緒是眞摯的，懇切的，他的表現的技術又是精密的，美麗的，那麼他便是一篇好的文藝作品了」這種強調作品藝術性的觀點，沈澤民指出「藝術是將來的東西，在現在這種剝削奴隸的時代，並沒有藝術」，進而呼喚「革命的文學」的出現。這種呼喚表面看來只是對鄭振鐸所撰《小

〔註25〕鍾桂松：《沈澤民傳》，北京：中央文獻出版社 2003 年 12 月第 1 版，第 78 頁。

說月報》卷首語的回應，但字裏行間仍然貫穿著對泰戈爾鼓吹中國目前「並不急需物質的進步，而最急需的是東方精神文明的復活」觀念的批判。他說文學本身是服從於生活背景的，而「物質的條件把中國全體民眾底生活陷於這樣的境地了，把我們底思想及生活的意向投入這樣的軌道了，所以我們對文學的要求是：怎樣可以發揮我們民眾幾十年來所蘊蓄的反抗的意識，怎樣可以表現出近日方在一代民眾心理中膨脹著的洶湧的潛流：換一句話說，我們要一聲大喊，喊出全中國四百兆人人人心中的痛苦和希望；再換一句話說，我們需要革命的文學！」他並且對「革命的文學」進行了闡述：「所謂革命的文學，並非是充滿著手槍和炸彈這一類名辭，並非像小說月報所揭示爲標語的血與淚，並非像創造社諸先生所時常吐露的怨憤；也並非說幾句肉麻的話以爲是對道德觀念的反抗，就算革命；也並非故意矜持，裝出老前輩的派頭，把文學弄成枯燥無味的東西。」對於革命文學的作者，沈澤民也提出了具體的要求，他說「假如要具體一點，我可以說作者須要自己是一個青年，並且是站在青年隊伍中間的；不但如此，且須是站在民眾底隊伍中間的；他底人格必須是健全的……我們需要這中間有一支主力軍出來，這一支是文壇上的革命軍，要他領了中國的民眾向實際生活的革命進行！」論述雖然還較爲簡略，但從中已經可以看到沈澤民對革命文學的基本觀點了：革命文學並不是簡單地在作品中喊幾句革命口號或點綴幾個跟革命相關的名詞，他要求作者在做「文壇上的革命軍」的同時，還要切實深入到民眾中去，領導民眾「向實際生活的革命進行」，從具體的革命實踐中發現創作的源泉。這種從文學創作源於生活出發，強調革命文學家必須要有現實的革命生活實踐的革命文學觀，其實跟魯迅在 1927 年 10 月 21 日《民眾旬刊》第 5 期上發表的《革命文學》中所表達的觀念是一致的，魯迅說「我以爲根本問題是在作者可是一個『革命人』，倘是的，則無論寫的是什麼事件，用的是什麼材料，即都是『革命文學』。從噴泉裏出來的是水，從血管裏出來的是血……」當然魯迅的表達顯得更簡潔有力、更一針見血。而沈澤民在後來也進一步明確並深化了自己的這一觀點。

　　《覺悟》上由沈澤民開始的革命文學提倡同反對泰戈爾的文學、思想之間的關聯也被隨後一個正式豎起革命文學大旗並加以鼓吹的文學社團看得很清楚。這就是中國現代文學史上出現的第一個革命文學社團，1924 年 5 月由杭州之江大學學生許金元、蔣鑒等人發起組織的悟悟社。許金元（1906～1927）

又名肖羊，8 歲喪父，民國 12 年（1923）在蘇州萃英中學畢業後，考入杭州
之江大學。不久，由惲代英、侯紹裘介紹，加入國民黨和社會主義青年團。
他用「警予」等筆名在上海《民國日報》由邵力子主編的《覺悟》副刊及一
些學生雜誌上發表很多文章，針砭時弊，提倡革命文學，在社會上引起很大
反響。鑒於學校環境壓抑，13 年夏，他毅然離校回到蘇州，在博文中學任教。
同時，他協助侯紹裘在蘇州開展籌備國民黨市黨部的工作，成立了一個區分
部。他還聯絡一批青年成立悟悟社蘇州支部，編輯出版《悟悟》雜誌，宣傳
革命文學。〔註26〕1924 年 6 月 2 日，許金元在《覺悟》上發表《革命文學運
動》，正式提倡革命文學，而他所呼籲一起努力的就是「愛好文學和反對泰戈
爾的諸君」，至於稍後發表的《為悟悟社徵求同志》中則更加明確：

> 伊、雁冰、誦虞、洪熙、澤民、楊幼炯、亦湘（名次亂排）和
> 反對泰戈爾的靡靡之音的文學而認識革命文學底需要的諸君：
> 諸位中有許多先生們，在本刊上和《中國青年》上底大作，我
> 已很佩服地讀過了。我願、我極願諸君肯和我們（悟悟社）合作這
> 件偉烈的工作。……
> 同志們，「靡靡之音」的文學底勢力，現在是何等地雄厚！我們
> 的責任是何等地重大呀！我們與其分工，何如合作，我們還須盡力
> 地鼓吹！鼓吹！鼓吹！！！鼓吹個「全國風從」。〔註27〕

跟沈澤民一樣，提倡革命文學的悟悟社並不否認「非革命文學」的藝術價值，
甚至連他們所反對的泰戈爾式「靡靡之音」的文學其藝術價值也給予肯定，
他們只是強調那些沉湎於「為藝術而藝術」、漠視現實苦難的文學作品並不是
時代所需要的。既然泰戈爾式的「靡靡之音」不合中國的需要，應當加以反
對，那麼什麼樣的文學才是中國急需的呢？於是他們找到了革命文學，並加
以鼓吹提倡。當然，這一選擇背後所蘊藏的是一種從現實政治需要出發對文
學進行考量的實用主義文學思想：

> 我並不反對「靡靡之音」文學底本身存在價值。因為靡靡文學
> 和革命文學是同樣地包括在文學門類之內，而占著水平線的地位
> 的。但是在今天中國的環境之下，前者於國家是含有危險性的，是

〔註26〕蘇州地方志編纂委員會編：《蘇州市志》（第一卷），南京：江蘇人民出版社 1995
　　　年版，第 786 頁。

〔註27〕許金元：《為悟悟社徵求同志》，載 1924 年 7 月 1 日《覺悟》「通信」欄。

所不需要的；後者是能挽救危險而鼓舞民族性的，是所急需要的。
所以，我們應該竭力提倡後者。

現在，國內到處都彌漫著靡靡文學的氣焰。我們應該起來提倡、
宣傳，作「革命文學運動」。

有許多人識得泰戈爾派的文學，不合於現代中國的需要，而起
來反對。但是，你們只是消極地反對這派的文學，就算了嗎？你們
何不更進一步，積極地來提倡適應於現代中國底需要的革命文學？
〔註28〕

悟悟社雖然從反對泰戈爾「靡靡之音」出發呼喚並致力於創作時代所「急需
的」革命文學，但他們對革命文學的認識卻沒有沈澤民那樣清晰而又充滿理
性的思考。在他們的創社宣言中談到了對文學以及革命文學的理解：

我們深信文學是可以指導人生的；我們底目的是要在這「伊和
他」、「唉和喲」的「靡靡之音」底下提倡「革命文學」Revolutionary
Literature，鼓舞國民性。

……

「革命文學」是什麼樣的文學？

「革命文學」是奮鬥性的文學；

「革命文學」是犧牲性的文學；

「革命文學」是互助性的文學；

「革命文學」是合作性的文學；

我們提倡「革命文學」就是秉著這四條原則的精神。灌輸在我
們文學的作品裏面，來做指導人生的工作。〔註29〕

由此可以看出，儘管悟悟社認同文學研究會的理念，認為文學可以指導人生，
並且從這種工具論入手試圖建構自己的革命文學理念，甚至還提出了「奮
鬥」、「犧牲」、「互助」、「合作」等關鍵詞來描繪他們心目中革命文學的特質，
然而不得不指出，這樣的描繪仍然是空洞和缺乏具體內涵的。也就是說他們
雖然受時代情緒的感染，本能地從文學的工具論出發希望建設一種有益於民
族國家進步的文學（革命文學），但實際上卻是呼喚的熱情多於理性的思考，
在有關革命文學理論的建設上是非常不成熟的。因而雖然蔣鑒又在 1924 年 6

<hr>

〔註28〕 許金元：《革命文學運動》，載 1924 年 6 月 2 日《覺悟》「通信」欄。

〔註29〕 《悟悟社的宣言》，載 1924 年 6 月 2 日《覺悟》「來件」欄。

月 18 日的《覺悟》上再次發表《請知識階級提倡革命文學》、許金元也於同年 7 月 1 日在《覺悟》上發表《爲悟悟社徵求同志》並直接向沈雁冰、沈澤民、章洪熙、亦湘等人發出呼籲，希望他們加盟悟悟社，一起鼓吹提倡革命文學，但卻應者寥寥。除去《新浙江》、《小說月報》等一些刊物對這個新生的革命文學社團給予介紹宣傳外，他們的呼籲並沒有得到多少回響。也許是過於寂寞了，他們開始跟當時報刊上發表的一些談論革命文學的文章進行商榷，以期在這種商榷中獲得更多的關注。當然，在商榷的過程中也使得自己對於革命文學的理解有了進一步的細化和深入。

悟悟社的主要人物之一許金元在 1924 年 7 月 12 日《覺悟》上發表《爲革命文學再說幾句話》一文，跟「秉承」發表在《文學》第 129 期上一篇題爲《革命文學》的雜感進行商榷。「秉承」在這篇雜感中認爲革命文學的關鍵就在於作者應當是一個革命者，否則只是喊喊口號、虛張聲勢是創作不出眞正的革命文學的。這其實跟沈澤民以及後來魯迅對革命文學的理解相一致。但許金元卻明確反對這種革命文學作家應是革命者的主張，認爲「我們在文學的範圍之內，應該談文學的問題（指出一種合於現在國家需要的文學），非文學的問題是談不到的。『革命者』是人，是不在文學範圍之內的。」許金元並且從情感才是「文學底原動力」的理論出發，對「秉承」的觀點予以駁斥：「他（指秉承──筆者注）說『眞的革命者』不論『特意』或『乘興』，也『不論以什麼東西爲題材』，做起文來，感人的力量由內發射，『一定感人極深』和『撼搖一時代的人心』。其實文學底運動力既是情感，我們只要能有革命的情感，自然也能產出動人的革命文學作品⋯⋯」這種「革命的情感」說，雖然從邏輯上也說得過去，但實際上卻只是一種口舌之辯，因爲很難想像一個非革命者卻有著「革命的情感」。事實上如果一個人具有「革命的情感」，那麼即便他不會去參加實際的革命鬥爭，但至少從思想上也必然認同革命的理念，而這樣的人就可以稱爲革命者。在革命的旗幟下，思想文化領域的努力同現實的政治鬥爭同樣重要。也許正因如此，毛澤東才會在送給丁玲的一首詞中寫道「纖筆一枝誰與似，三千毛瑟精兵。」

或許是有感於悟悟社提倡革命文學的空泛，1924 年 7 月 15 日《覺悟》上發表楊幼炯的《革命的文學建設──與悟悟社諸君一個商榷》一文，文中首先對悟悟社提倡革命文學的努力給予熱情肯定，但也對悟悟社徒然提倡標榜卻不重革命文學的建設表示不滿。他寫道：「在『灰色的霧』正彌漫在中國文

藝界的時候,很難得悟悟社諸君振臂一呼,使沉醉在迷惑之網裏的青年們,得以覺醒……我們對於悟悟社所標榜的革命文學,認為是現在社會所極需要的文學!」然而「革命文學而近日既如此重要,可是我們若是徒徒標榜,而無具體的建設,那還是於社會無絲毫影響。所以我對於悟悟社諸君,不能不進一步希望……我們欲使民眾早日覺悟,社會改造的理想早日實現,當有一種文學的具體建設。不然,文壇上盡有革命的傾向,也等於無的放矢了。」然而儘管楊幼炯指出了革命文學建設的必要性,但在討論如何進行革命文學建設時,他卻找到了自然主義作為革命文學建設所依循的藝術法則。他說,「今日的文學家,當從事客觀的描寫社會的醜惡和病狀,促大家反省,使他們興奮起來。因此,我們現在應該拿自然主義作革命文學的建設……應以冷靜的理智,求自然的真;以客觀的事實為本位,滲溶作者的理想於事實之中,拋棄空想的精神界。而注重物質方面,作心理與生理上的描寫,留意觀察自然而加以解剖,盡情描寫黑暗的現實,激起民眾改造的決心,而為文學界開闢一新境界……」儘管楊幼炯試圖討論的是革命文學建設,但在討論的過程中卻把革命文學的外延無限擴大化了。在他看來「描寫社會的醜惡和病狀,促大家反省」就是急需的革命文學。但其實他所提倡的只是以現實主義或批判現實主義來取代浪漫主義的文學傾向,而完全剝離了悟悟社成員所堅守的「革命」文學內核,因而也跟悟悟社的提倡相去甚遠。並且從理論上來說將革命文學寫作局限於寫實也是有缺陷的,革命文學並不拒絕浪漫主義,恰恰相反,一些後來較為成功的革命文學作品其中大都充滿浪漫的革命想像,而且現實的革命鬥爭也需要這種浪漫的想像以吸引更多的人參與進來。

不過楊幼炯的「商榷」畢竟是對於悟悟社倡導的一種正面響應,而且儘管他的討論實際上遠離了「革命文學」的內核,但其討論問題的態度卻是誠懇而認真的,因而悟悟社成員蔣鑒在對楊幼炯的答覆中,首先就對楊對悟悟社的關注和支持表示感謝:「……我們豎起了革命的文學之旗,揮舞吶喊,努力地向前跑著;卻惹起了幾個躺臥在偶然找得的綠蔭上,唱著月朗風清,鳥語花香的溫婉動聽的歌兒的優游者底厭煩和譏笑!難得楊先生出來,和我們討論,給我們不少的助益……」當然也對楊的論點進行了辨析,不過由於心存感激在前,蔣鑒的討論也表現得相當溫和。他說:「楊先生主張拿自然主義作革命文學的建設。在相當的範圍裏,我們覺得對於現在的文藝界,確是一服清涼散;而在我們革命文學裏,總還覺得未能十分妥合。」接著他從「為

人生而藝術」和「文藝上的科學化」出發論述了自然主義同革命文學倡導的統一性，但也指出了二者的不同之處，那就是「革命文學兼重主觀和客觀的而自然主義則極力避免主觀而純採客觀的態度」，並且「革命文學是兼重感情和感覺的，而自然主義則純爲感覺而絕少感情」（著重號爲原文所有）。在文章的最後蔣鑒寫道：「我以個人的名義，謹答我們最感激的楊先生，還望楊先生不吝賜教，予以匡正。更希望社會上的先覺來指導和幫助我們，尤盼望有志於文學的青年們來和我們攜手前進！」〔註30〕——再一次發出了徵求同志和支持者的呼籲。

或許是有感於楊幼炯所批評的只標榜卻沒有建設，悟悟社後來也慢慢開始著手從事革命文學的建設。他們編輯出版了《悟悟》月刊作爲提倡並建設革命文學的園地。1924 年 12 月 30 日《民國日報·杭育》的「新書報介紹」欄裏刊登了一則《〈悟悟〉創刊號出版》的消息，內中說「悟悟社是個文藝的團體，但該社是不同一般的普通的團體。他們是別豎旗幟的。他們要在『靡靡之音』盛響著的時候，提倡革命文學，鼓舞國民性，引導民眾趨於革命的途上去！《悟悟》就是他們辛苦經營的結晶，現在創刊號已經出版。書由上海書店總髮行，本外埠各大書店，均有代售。……」後來他們也曾試圖編輯一本《革命新詩歌選》，作爲建設革命文學的一種努力。1925 年 2 月 17 日，《覺悟》上刊出許金元的一則《徵求革命新詩歌》的啓事，內中說：「我現受我們『悟悟社』之託，在著手編一本《革命新詩歌選》，諸君若肯費心在五四以來曾見過的報章雜誌中，代爲搜集些資料寄來，我是非常歡迎而感激的。並且待書出了後，可以酌量地予以相當的酬答，如該書或《悟悟月刊》等等……」可惜的是無論出版《悟悟》月刊，還是編輯《革命新詩歌選》的嘗試都沒有在社會上激起什麼反響。

作爲中國現代文學史上第一個標舉革命文學旗幟的新文學社團，悟悟社的處境是非常孤獨而寂寞的，正如魯迅所說的新文化運動初期的《新青年》，「不特沒有人來贊同，並且也還沒有人來反對」〔註31〕——蔣鑒所說的遭到「優游者底厭煩和譏笑」若確實存在的話恐怕也只是私下裏的，並沒有在報

〔註30〕蔣鑒：《革命文學的商榷——答楊幼炯先生》，載 1924 年 7 月 30 日《覺悟》「言論」欄。

〔註31〕魯迅：《吶喊·自序》，見《魯迅全集》（卷一），北京：人民文學出版社 2005 年 11 月第 1 版，第 441 頁。

刊上公開發表過，否則悟悟社早會抖擻精神、奮起反擊了。無怪許金元在《爲悟悟社徵求同志》中悲觀失落地感歎：「不幸得很，以提倡革命文學爲宗旨的悟悟社，竟只引得極少數人底同情。不知諸君對於悟悟社，可有什麼不瞭解的地方不？如有，蔣鑒君和我，都極願『竭誠答覆』。倘蒙『下問』。」〔註32〕態度如此謙遜的呼喚卻也並沒有引來「同志」的加盟，連先於他們倡導革命文學的沈澤民、亦湘等人也都無動於衷，這自然不免讓人失望。在創辦《悟悟》月刊、編輯《革命新詩歌選》的努力也並沒有引來更多的關注後，悟悟社的諸君終於心灰意冷，而悟悟社也隨之無疾而終了。它的命運跟 1920 年代匆匆出現又匆匆消失的其它許多新文學社團一樣，點綴了中國現代文學發展的燦爛星空，然而在眾多的小星中它又相對明亮耀眼一些，因爲作爲一個新文學社團，畢竟是它第一次正式豎立起了革命文學的大旗，並進行了不遺餘力地吶喊。

儘管沈澤民等人對於悟悟社的呼喚加盟沒有做出回應，但是並沒有停止革命文學的提倡。1924 年 11 月 6 日，沈澤民在《覺悟》上發表《文學與革命的文學》一文，他從文學是生活的反映出發，再次闡述革命文學家必須是革命者的觀點，並且強調了從事實際革命工作對於創造革命文學的必要性：「詩人若不是一個革命家，他決不能憑空創造出革命的文學來。詩人若單是一個有革命思想的人，他亦不能創造革命的文學。因爲無論我們怎樣誇稱天才的創造力，文學始終只是生活的反映。革命的文學家若不曾親身參加過工人罷工的運動，若不曾親自嘗過牢獄的滋味，親自受過官廳的迫逐，不曾和滿身污泥的工人或農人同睡過一間小屋子，同做過吃力的工作，同受過雇主和工頭的鞭打斥罵，他決不能瞭解無產階級的每一種潛在的情緒，絕不配創造革命的文學。」——悟悟社強調情感是「文學底原動力」認爲只要有革命的情感就能創造出革命文學作品，而沈澤民則認爲實際生活經驗才是文學創作的源泉，從而強調沒有革命的實踐「絕不配創造革命的文學」，雙方對革命文學的理解相差懸殊，或許這就是沈澤民最終沒有加盟悟悟社而另組春雷社繼續提倡革命文學的根本原因。當然，悟悟社的呼籲得不到支持和響應也跟其成員都只是在校學生，人微言輕，不具備號召力有一定的關係。

從 1924 年 11 月 15 日開始，《覺悟》上連續刊登廣告《春雷文學社小啓事》：「我們幾個人——光赤、秋心、澤民……組織了這個文學社，宗旨是想

〔註32〕許金元：《爲悟悟社徵求同志》，載 1924 年 7 月 1 日《覺悟》「通信」欄。

盡一點力量，挽現代中國文學界『靡靡之音』的潮流，預備每星期日在《覺悟》上出文學專號。請讀者注意。」由春雷文學社編輯的《覺悟‧文學專號》第一期於 1924 年 11 月 16 日正式亮相，然而到 11 月 23 日出至第二期就停刊了。《覺悟‧文學專號》首期發表蔣光赤的《我們是些無產者》（代文學專號宣言）、《現代中國的文學界》，王秋心的《和平女神頌》，以及王環心的《愛情與麵包》四篇作品。《我們是些無產者》雖然標明「代文學專號宣言」，但其實只是一首詩，跟反對「靡靡之音」倡導革命文學的宗旨並沒有什麼關聯。詩後注明寫於「十月革命節後一日」，因此不難理解詩中所描繪的階級對立和所鼓吹的階級鬥爭。在詩的最後一節中寫道：「朋友們啊！／我們是些無產者；／我們知道無產者的命運是悲哀的，／所以我們詛咒有產者野蠻而惡劣。／我們要聯合全世界命運悲哀的人們，／從那命運幸福的人們之寶庫裏，／奪取我們所應有的一切！」相對而言，倒是《現代中國的文學界》一文毫無保留地表達了對文學界現狀的不滿和對「靡靡之音」文學的批判：

> ……說到這裡，我不得不說現代中國的文學界，除一部分外，好生墮落！我不得不驚異現代多數的新詩人，新文學家之無出息！
>
> 所謂「靡靡之音」的文學潮流，現在漫溢全國。我們說好些，「靡靡之音」是文學界中的頹象；我們說壞些，「靡靡之音」簡直是亡國的徵象！……帝國主義如惡魔一般在那裡張著一張血口，睜著兩隻紅眼，舞著四隻利爪，要來吃我們的肉，吃我們的心肝，吃我們的靈魂……這是我們現在的生活！這是我們現在的命運！倘若我們不是弱者啊，我們最低的限度要喊一聲「反抗！」〔註33〕

春雷文學社比悟悟社更顯短命，他們編輯出版的《覺悟‧文學專號》僅僅出了兩期就流產了。儘管蔣光赤《現代中國的文學界》這篇文章已經展開了對「靡靡之音」文學的批判並喊出了「反抗」的口號，而且《文學專號》上也刊登了幾篇代表革命文學建設的詩歌、戲劇等作品，但畢竟還沒有來得及正式亮出「革命文學」的旗幟，他們所編的刊物就流產了，這是不免令人遺憾的。不過雖然《覺悟‧文學專號》停止出版，但是蔣光赤等人卻並沒有停止鼓吹革命文學。1925 年 1 月 1 日，蔣光赤在《覺悟》上發表《現代中國社會與革命文學》，這篇文章跟沈澤民的《文學與革命的文學》一樣，是早期革命文學思潮中的重要文獻。早期革命文學倡導者們從文學反映社會生活出發，

〔註33〕 蔣光赤：《現代中國的文學界》，載 1924 年 11 月 23 日《覺悟‧文學專號》。

往往偏重強調寫實主義——如楊幼炯主張以自然主義來建設革命文學，但蔣光赤卻在這篇文章中指出了作者「人生觀」的重要性，並且認為假如作者的「人生觀」有問題的話，單有寫實主義並不見得會對社會有益。他寫道：「自從文學革命以來，所謂寫實主義一名詞。漫溢於談文學者的口裏。我們以為文學是社會生活的反映，當然不反對寫實主義，並且以為寫實主義可以救中國文學內容空虛的毛病。不過我們莫要以為凡是寫實的都是好文學，都是為我們所需要的文學……」什麼樣的文學雖然寫實但卻非我們所需要，並且也沒有價值呢？那就是「市儈派」的作品。他將葉紹鈞、俞平伯、冰心等人的作品統統視為「市儈派」的寫實之作，其特徵是「滿意於現在的生活」，「天天說什麼花呀，月呀，愛呀……」而郁達夫的作品雖然頹廢，但已經揭示出對社會制度的不滿，總比安於現狀的「市儈派」好一些。在蔣光赤看來唯一值得稱道的是郭沫若：「倘若現在我們找不出別一個偉大的，反抗的，革命的文學來，那我們就不得不說郭沫若是現在中國惟一的詩人了。」而對於革命文學他也給出了自己的看法：「誰個能夠將現在社會的缺點，罪惡，黑暗……痛痛快快地寫將出來，誰個能夠高喊著人們來向這缺點，罪惡，黑暗……奮鬥，則他就是革命的文學家，他的作品就是革命的文學……近視眼不能做革命的文學家，無革命性的不能做革命的文學家，安於現在生活的不能做革命的文學家，市儈不能做革命的文學家。倘若厭棄現社會，而又對於將來社會無希望的，也不能做革命的文學家。」由此看來，蔣光赤認為革命文學至少應當具備兩個要素，一是批判性，就是要對社會現狀感到不滿，並展開批判；二是反抗性，光有不滿還不行，必須要起而反抗。把社會的醜惡與黑暗通過作品揭示出來，並呼籲人們來打倒黑暗，改變現狀。而且革命文學創作同現實的革命鬥爭也是緊密相聯的，革命文學對革命實踐應起到鼓舞「動員」的作用。而對將來社會無望不能做革命的文學家一條，也注定了蔣所提倡的革命文學是以正面鼓舞為主，夏瑜的墳頭必須要有花環以告訴人們革命有望、前途光明。

當然，蔣光赤倡導革命文學真正為社會所關注是其在 1928 年 1 月跟孟超、錢杏邨、楊屯人等組成太陽社之後。而革命文學真正成為一股思潮、也是在太陽社和後期創造社開始提倡革命文學的時期。學術界有關後期革命文學的研究已經較為充分，並且這些內容也溢出了本書的討論範圍，因此有關後期革命文學的內容這裡不再展開。令人感興趣的是，僅以對《覺悟》的考

察，在 1928 年之前就有那麼多倡導革命文學的努力，並且出現了悟悟社和春雷文學社這兩個革命文學社團專門來鼓吹並倡導革命文學，可是為什麼革命文學的星星之火被點燃後在那麼長的時間內卻始終難成燎原之勢呢？在我看來，至少有如下幾點原因：其一，儘管從 1921 年 7 月費覺天給鄭振鐸寫信開始就陸續有革命文學的討論與實踐，但早期革命文學倡導相對最集中也最熱烈的時期卻是在兩個革命文學社團悟悟社和春雷文學社成立之後。而悟悟社跟春雷文學社共有的出發點是倡導革命文學以反對並取代泰戈爾式「靡靡之音」的文學——從反對泰戈爾「靡靡之音」到反對所有「靡靡之音」的文學。但在反對泰戈爾以及所謂「靡靡之音」文學的問題上，正如鄭大華先生在《「五四」時期的思想文化鬥爭——以泰戈爾訪華為中心》一文中所分析的，當時知識界的態度並非鐵板一塊。相反，只有陳獨秀、瞿秋白等共產黨人表示反對，而「玄學派」和胡適、周作人等自由主義知識分子則或者熱情支持或者並不反對。因此，悟悟社和春雷文學社由反對泰戈爾出發的革命文學倡導就顯得較為孤立，缺乏來自其他知識分子群體的響應和支持。特別是春雷文學社將反對泰戈爾式的「靡靡之音」進而擴大為反對所有「靡靡之音」的文學後，打擊面過大，凡非革命文學即被視為「靡靡之音」，因此葉紹鈞、俞平伯、冰心、甚至包括魯迅這些五四新文學的骨幹人物的創作都被斥為「不再需要」的「靡靡之音」，在當時的文化語境中這種做法只能使倡導革命文學的聲音更加孤立。其二，革命文學濫觴其最終的根源跟馬克思主義階級鬥爭思想在中國的傳播有著不可分割的關聯，馬克思主義階級鬥爭學說為革命文學發生提供了理論基礎，而時局動盪則從另一方面直接影響著革命文學賴以維繫的群眾基礎。李澤厚先生以「啟蒙與救亡的雙重變奏」來概括中國現代思想史的發展軌迹，由這種理論建構出發進行考察，1915 年《青年雜誌》創刊，旨在文化革新和對民眾進行思想啟蒙的新文化運動隨之展開，期間數度被政治救亡的熱情所掩蓋。如果說 1919 年的五四運動是新文化運動發生以來第一次大規模政治救亡運動的話，那麼在此之後救亡的熱情則隨著五四的遠去而慢慢趨於平淡——儘管並沒有完全消失，但輿論重心卻發生了轉移，這從《民國日報》附刊《大家討賊救國》副刊的出現與消失可以看出。此後直到 1925 年五卅運動爆發政治救亡再度成為焦點，這期間經歷了一個相對平穩的「間歇期」，悟悟社、春雷文學社對革命文學的提倡恰好處在政治救亡熱情相對平和的時期，因此缺乏必要的群眾基礎，難以得到來自公眾的響應。而五卅運動

之後，接著又有北伐、抗戰⋯⋯民族危機始終像幽靈一樣糾纏著國人，民眾的革命熱情也被一次次的重大事件刺激著長久處於一種亢奮狀態。或許後來太陽社與後期創造社對革命文學的倡導獲得成功跟這個有一定的關係。不過儘管由悟悟社、春雷文學社點燃的這把革命文學的星星之火並沒有形成燎原之勢，然而從「文學場」的視角來看，《覺悟》作為早期革命文學倡導的重要平臺，其對革命文學思潮之形成和發展所做出的促進作用還是應當肯定的。

結語：《覺悟》轉向與新文化使命的終結

　　1920 年代中期，《覺悟》結束了邵力子主筆政長達五年多的平穩時期，短時間內主編幾易其人，編輯風格失去了一貫性。而且由於此時《民國日報》作為國民黨喉舌的身份也空前強化，這也影響到了作為《民國日報》副刊的《覺悟》。《覺悟》作為新文化公共空間的特徵漸漸模糊，並逐步跟報紙的正張一起成為在派系鬥爭中得勢的國民黨右派的傳聲筒、成為專制政黨「自己的園地」。《覺悟》的這種「淪落」引起廣大讀者的不滿，也是合訂本被迫取消，接著版面也一再被壓縮，眼看難以為繼。面對此情此景，《覺悟》同人也深有感觸。所以陳德徵在接編《覺悟》後曾主持「改革」，力圖復興，他發表聲明、改革版面，恢復出版合訂本，組建覺悟社……這一系列努力曾使《覺悟》短時間內有所恢復，但隨著陳德徵本人大權在握，他對政治的興趣已經遠遠大於對文化的興趣。在他的手中，《覺悟》最終完全蛻變為正張的附庸，成為專制政黨的宣傳工具，而其新文化使命也正式終結。

第一節　編輯更迭與《覺悟》的「轉向」

　　關於《覺悟》何時結束了其作為五四新文化運動「四大副刊」之一的「進步」使命，並且逐漸轉向「反動」，研究界似乎有著較為一致的看法，那就是五卅運動之後。似乎五卅運動可以作為《覺悟》轉向的分水嶺。例如《五四時期期刊介紹》中說：「五卅運動以後，國民黨內新右派擡頭，『覺悟』也受到了影響。『覺悟』上雖然發表了一些反對帝國主義的文章，但共產黨人的文章一篇都

沒有，未能形成一個聲勢浩大的宣傳鬥爭。七月開始，登載了戴季陶的『孫文主義的哲學基礎』，十二月，出現了周佛海等人的反共文章，從此以後，『覺悟』就不再起進步的作用了。」〔註1〕而許多研究邵力子的學者則側重強調邵力子離滬對《覺悟》轉向的影響：「《覺悟》副刊自一九二五年五月邵力子離滬後就發生了很大的變化。共產黨的革命文章不見了；介紹馬克思列寧主義的文章不見了……革命副刊很快就墮落成為國民黨右派背叛孫中山遺教，策劃分裂革命，製造反革命輿論的可恥工具了。」〔註2〕儘管這樣一些論述仍不可避免地帶有意識形態色彩，但《覺悟》的「轉向」卻是客觀的事實。

談及《覺悟》，一般人都知道其主編為邵力子，或者還有「助編」陳望道，關於陳望道之「助編」《覺悟》前文已有討論，此不贅言。而邵力子何時不再擔任《覺悟》主編，之後《覺悟》主編又經歷了哪些變更從現有的研究成果來說卻始終含糊不清。由於從《覺悟》本身及相關當事者的傳記、回憶錄等資料中難以獲得可靠的資料，本書同樣難以對邵力子的離職時間以及後面繼任者的負責時間給出一個詳細的時間表，但從目前掌握的資料來看，可以肯定的是，在邵力子之後，施存統、沈澤民、葉楚傖、許紹棣、毛飛、陳德徵等人都曾負責過《覺悟》的編輯工作。

邵力子的夫人傅學文在回顧邵力子生平時寫道：「從五四運動到五卅運動，力子大力支持青年運動和工人運動，竭盡全力辦好《民國日報》及其副刊《覺悟》……」〔註3〕似乎從中可以歸納出，從《覺悟》創刊直到1925年五卅運動後邵力子遭到通緝、不得不離開上海為止，邵一直是《覺悟》的主編。這種說法比較含混，但採用者也最多。當然也有學者提出了不同意見，比如王燁先生在其《文學研究會與初期革命文學的倡導》一文中就有「1924年11月，沈澤民接編《民國日報‧覺悟》後，就有意推動革命文學運動……」

〔註1〕《覺悟──上海民國日報副刊》，見中共中央馬克思、恩格斯、列寧、斯大林著作編譯局研究室編：《五四時期期刊介紹》（第一集 上冊），北京：生活‧讀書‧新知三聯書店1978年11月版，第220頁。

〔註2〕陳德和：《邵力子主編〈覺悟〉》，見《和平老人邵力子》（中國人民政治協商會議全國委員會文史資料研究委員會辦公室編），北京：文史資料出版社1985年10月第1版，第67頁。

〔註3〕傅學文：《水流雲在》，見《和平老人邵力子》（中國人民政治協商會議全國委員會文史資料研究委員會辦公室編），北京：文史資料出版社1985年10月第1版，第15頁。

的表述，但卻難以找到明確的證據支持。〔註4〕1925 年 7 月 11 日《覺悟》上刊出了葉楚傖的一則「小通信」，內中寫道，「白棣先生：來信和《致青年男女》的譯稿第一段，都到了。我是個暫時的《覺悟》編輯人，事多於虱，質鈍如牛，敬佩指導，容當勉力。力子澤民都因事他往了，請你告訴我住址，許我通信。」從中可見此時的《覺悟》主編是葉楚傖，而在葉之前沈澤民也負責過《覺悟》的編務，至於沈澤民接編的具體時間則無法確定。

據《上海英烈傳》記述：「1923 年 11 月，澤民由南京調回上海，擔任上海大學社會學系教授……他在上海大學期間，還負責編輯《民國日報》的《覺悟》副刊……」〔註5〕而張立國所撰《沈澤民生平及著譯繫年》「1924 年（民國十三年）二十五歲」條目下，也有如下記載：「這年除代編上海《民國日報》副刊《覺悟》，從事革命文學宣傳等文學活動外，主要精力傾注於革命活動上……11 月，同蔣光赤等成立『春蕾文學社』，並在上海《民國日報》副刊《覺悟》上闢「春蕾文學專號。」〔註6〕同時，在「1925 年（民國十四年）二十六歲」條目下，也有「上半年，除仍為《民國日報》副刊編輯《覺悟》，在上海大學、平民女校擔任義務教員外，投身於實際的革命工作時間較多……12 月初抵達莫斯科，與先行到達的張琴秋等相聚。」〔註7〕由上述記載可見，從 1923 年 11 月，沈澤民任上海大學社會學教授開始，他就「負責編輯」《覺悟》了。但這顯然也只是一家之言。

事實上儘管邵力子是在五卅之後遭通緝才不得不東躲西藏，無法負責《覺悟》具體編務，並且於 1925 年 5 月接受蔣介石只邀「受命為黃埔軍校秘書處長」，〔註8〕但大概從 1924 年 11 月起，邵力子對《覺悟》的編務就過問甚少

〔註4〕 王燁：《文學研究會與初期革命文學的倡導》，原載《廈門大學學報》（哲學社會科學版），2006 年第 3 期，轉引自《新華文摘》2006 年第 19 期。筆者曾就這一表述向王先生求證，王先生回信說他的這一結論主要是通過「茅盾回憶錄、邵力子傳、沈澤民傳及蔣光慈傳、瞿秋白傳、上海大學史料、張聞天傳等研究成果推測出來的。這些著作的研究者關於這個時間有矛盾、說法不一，需要認真考證。」見 2008 年 9 月 12 日王先生覆筆者的信。

〔註5〕 張義漁主編：《上海英烈傳（第 7 卷）》，上海：上海翻譯出版公司 1991 年版，第 138～139 頁。

〔註6〕 參見張立國：《茅盾與中國現代文學》，北京：臺海出版社 2002 年版，第 135 頁。

〔註7〕 參見張立國：《茅盾與中國現代文學》，北京：臺海出版社 2002 年版，第 137～138 頁。

〔註8〕 朱順佐：《邵力子傳》，杭州：浙江大學出版社 1988 年版，第 386 頁。

了。這從他不再在《覺悟》上發表文章可以看出。1924 年 11 月份，除了在 11 日的《覺悟》上發表邵力子的一篇《力子啓事》外〔註9〕，邵力子就沒再發表任何文字，此後邵力子的名字也再沒在《覺悟》上出現過。這一現象可以部分地支持王燁先生所得出的沈澤民於 1924 年 11 月「接編」《覺悟》的結論，然而證據仍然不夠充分。

因爲，即便在 1924 年 11 月之前，《覺悟》也並非全然邵力子一人負責，陳望道、劉大白、沈玄廬、施存統、沈澤民等人都曾協助編輯，不過邵力子是主編，其他人則偶而協助。有迹象表明，在 1924 年底到 1925 年初，施存統可能承擔了較多的《覺悟》編輯工作。施存統自「1923 年後，先後擔任中共上海地方兼區委國民運動委員會委員、上海地方兼區委員、委員長（未到職）、團第二屆中央委員會委員等職。後離開團中央到上海大學任教，併兼任《民國日報》副刊《覺悟》編輯……」〔註10〕1925 年 1 月 1 日，新年的第一期，作爲主編的邵力子本應像往年一樣在《覺悟》上發表新年感言，然而他卻沒有露面，倒是施存統在第一版的顯著位置發表了《新年的第一件工作——努力促成國民會議》。而 1925 年 2 月 17 日《覺悟》上也發表了一則施存統以編輯身份寫給一位作者的短信，「祝修德先生：來信沒有寫明通信地址，使我無從覆信。請你於本星期三晚七時來館一談，因有許多話須當面說明也。存統。二月十六日。」

考察邵力子之外《覺悟》的其他編輯可以發現，這些人毫無例外都是邵力子的朋友、同事或是學生。陳望道、劉大白、沈玄廬是老朋友，三人曾一同參加沈玄廬參與發起創辦的《星期評論》社，在當時的進步青年與知識分子中有很大影響。後來陳望道、劉大白又都是邵力子在復旦大學的同事，同時陳望道與邵力子在上海大學也有同事之誼。邵力子於 1922 年 10 月出任上海大學副校長及校「評議會」（後改爲「行政委員會」）委員，後又擔任上海大學代校長，陳望道則從 1923 年至 1927 年「一直擔任上海大學的中國文學系主任，『五卅』

〔註9〕 「啓事」中説「前日接本埠某大學寄來一封掛號信，囑轉交陳君實庵，經探詢並託友代問，均未知陳君所在。而原信又被友遺失，無從退回，特此登報聲明，並致歉忱。」

〔註10〕 參見中共浙江省委黨史資料征集研究委員會、中共杭州市委黨史資料征集研究委員會編：《浙江一師風潮》，杭州：浙江大學出版社 1990 年 6 月第 1 版，第 465 頁。

慘案周又堅韌代理校務主任，主持行政和教學工作」〔註11〕。而施存統、沈澤民也都曾在上海大學任教，沈的任職狀況已如上所述，施存統則是 1923 年秋到上海大學任教的，「次年（1924 年 10 月——筆者按）繼瞿秋白之後擔任社會學系主任，為社會學系學生講授《社會思想史》、《社會運動史》《社會問題》等課程……1926 年下半年，施存統因遭軍閥政府的通緝而離開上海大學。」〔註12〕事務繁忙的邵力子有時實在無暇處理《覺悟》編務，因而請朋友、同事協助幫忙再正常不過了，但此時邵力子仍是《覺悟》的主要負責人。

如果說上述諸君算是邵力子的同輩的話（沈澤民、施存統儘管年齡上屬於晚輩，但有同事之誼，也可算作同輩），那麼在葉楚傖之後編輯《覺悟》的許紹棣、毛飛、陳德徵等人則算學生輩或晚輩了。許紹棣畢業於復旦大學商科，毛飛畢業於復旦大學政治經濟學系，兩人都是邵力子在復旦的學生，也都是《覺悟》培養起來的「新青年」，曾在《覺悟》上發表過大量作品。而陳德徵雖然畢業於之江大學化學系，與復旦或上海大學並無淵源，但也是一名《覺悟》培養起來的「新青年」，也算是「自己人」了。在邵力子之後，《覺悟》的編輯人選，當然首先要考慮「自己人」。

直到 1924 年 11 月後，邵力子才不再負責具體事務，日常編輯工作由施存統等人處理。因為此時的邵力子同時擔任國民黨上海執行部工人農民部的秘書（部長于右任不常到部，實際由他兼理部務）、上海大學副校長（代理校長）、復旦大學國文部主任、《民國日報》經理和《覺悟》的主編等多項職務，工作異常繁忙，而且因上海大學共產黨的活動引起租界當局注意，於是當局於 1924 年 12 月派巡捕搜查上大收繳宣傳共產主義的書籍並拘傳邵力子，此後巡捕房三次分別以不同罪名控告邵力子，力圖將他逐出租界。從 1924 年 12 月 17 日第一次庭訊開始〔註13〕，到 1925 年 2 月 13 日才獲判決，判決「將抄獲各書一併銷毀，被告交一千元保，擔任嗣後上海大學不得有共產計劃及宣傳共產主義學說。」〔註14〕在此期間邵力子工作繁忙又官司纏身，《覺悟》的編務主要由其他編輯負責也在情理之中。

〔註11〕 張元隆：《上海大學與現代名人》，上海：上海大學出版社 2011 年版，第 34 頁。

〔註12〕 張元隆：《上海大學與現代名人》，上海：上海大學出版社 2011 年版，第 65～70 頁。

〔註13〕 此處時間參閱朱順佐：《邵力子》，石家莊：花山文藝出版社 1997 年 3 月第 1 版，第 154 頁。

〔註14〕 《邵力子控案已判決》，載 1925 年 2 月 14 日《民國日報》第 11 版。

如上所言，儘管從葉楚傖的信中可以肯定邵力子之後沈澤民曾主編過《覺悟》，但卻無法確認沈澤民接編的具體時間。而葉楚傖主編《覺悟》大概也就是 1925 年 7、8 兩個月。因爲葉之後的《覺悟》主編許紹棣曾在一篇《編輯餘瀋》中提及自己接編《覺悟》的時間。一位姓陳的作者向《覺悟》編者抗議，質問爲什麼他的同學跟編輯先生相識所以其作品就可以登出，自己和其他人的就不行，批評這種暗箱操作的行爲。於是許紹棣回應道：「……從九月份開始直到現在止，以前的不干我事，我沒有一個是認識的。陳君的話又不知何所據。」〔註15〕許紹棣赴粵之後，毛飛也曾短期負責過《覺悟》的編務。而隨著 1926 年 5 月毛飛也離滬赴粵，《覺悟》的編輯權又落到了陳德徵手裏。1926 年 5 月 13 日《覺悟》上刊出了一則《毛飛啓事》，「我因要事赴粵，覺悟欄編輯事務，已商請陳德徵先生兼任……」於是此後《覺悟》又進入了陳德徵時代。短時間內《覺悟》編者更換如此之頻繁，而《覺悟》也在這編者的更迭之間悄悄地開始「轉向」。

先是隨著邵力子對《覺悟》編務的過問越來越少，《覺悟》上的一些常設欄目如「通信」等逐漸萎縮——「通信」恰恰是《覺悟》作爲新文化公共空間的重要標誌之一，而原本每期都有的「隨感錄」（後來叫「雜感」）也幾近匿迹。1925 年 8 月 1 日，停刊了 7 年多的《民國閒話》復活，這無疑是《民國日報》副刊功能轉向的一個信號。在 1919 年 6 月 11 日原有的《民國小說‧閒話合刊》被《救國餘聞》所取代，副刊的娛樂消閒功能讓位於政治救亡，緊接著 1919 年 6 月 16 日《覺悟》創刊並致力於新文化運動之後，這類「閒話」就再也沒在《民國日報》副刊上出現過。此時突然出現自然有些突兀，所以在《民國閒話》重新出版的時候，特意有一段告白：

在此時候，閒從哪裏來，話從何處說起？

在水滸傳裏，鴛鴦樓上刀光血影中，閒閒著一勾月色，閒話之間，就是這個閒字。

在左傳裏，鄢陵晉楚大戰中，閒閒送一杯酒到陣前，閒話之間，又就是這個閒字。

〔註15〕 《編輯餘瀋》，載 1925 年 10 月 24 日《覺悟》。本篇《編輯餘瀋》雖然署名「記者」，但在此前 1925 年 10 月 20 日《覺悟》上卻有許紹棣以編輯身份寫給曹聚仁的信，「聚仁兄：《綁票式戀愛之破裂》已收到，明日發表，續稿盼即日寄下。（紹棣）」由此可知此時《覺悟》的主編是許紹棣。

如此閒法，比偷閒、幫閒等的閒，總該有些意思吧。〔註16〕
不論話說得有多巧妙，「閒」字畢竟是「閒」字。當然這也許意味著《民國日報》副刊的功能定位從純粹的文化啓蒙和政治救亡向娛樂消閒回歸，然而這也正式宣告了作爲《民國日報》副刊的《覺悟》其推動新文化運動的功能也將逐步淡化。

與此同時，《民國日報》由於其主筆葉楚傖參與1925年11月23日召開的西山會議，成爲「西山會議派」的一員，也開始全力宣傳西山會議的反共「決議」，已經不再是1920年1月1日吳敬恒在《民國日報與世界的進化》中所宣稱的「世界黨人所開的古董鋪子」，而逐漸眞正成爲黨同伐異、進行輿論鬥爭的工具——政黨的「機關報」了。1925年11月20日《民國日報》刊登西山會議的通電，接著又發表《告國民黨全體同志》（11月27日）、《再告國民黨全體同志》（11月30日），大肆攻擊共產黨和廣州的國民黨中央。1925年12月5日《民國日報》發表《國民黨爲什麼取消共產派的黨籍》內中聲言「（一）共產派的黨員如果要忠於共產黨，便非做國民黨底叛徒不可；（二）非共產派的黨員如果要忠於國民黨，亦非做共產黨底仇敵不可」，因此「國民黨中央執行委員會取消共產派在國民黨的黨籍，是極正當的。」12月7日，又發表《誰是反革命？》自命爲「眞正的三民主義信徒」並且針對共產黨和部分國民黨認爲西山會議爲「非法」，是「反革命」行爲的批評進行反擊：「多數的中央執行委員開會，如果指爲不合法，難道倒是在廣州的少數的中央執行委員底反對是合法嗎？至於指爲右派陰謀，指爲反動反革命，……尤其不符事實。」同時也繼續貫徹西山會議反共的「精神」，把矛頭主要對準共產黨：「……休矣共產黨，回復你們底本來面目，做個光明磊落的政黨吧！你們在本黨以外，指三民主義的信徒爲反革命，或許還有你們底意義；如果在本黨以內，指眞正三民主義的信徒爲反革命，那你們就無異認本黨總理孫先生爲反革命，咱們只能認你們爲反國民革命的反革命。」「12月13日，西山會議通告接管國民黨上海執行部，並將『中央委員會』移至上海，環龍路44號上海執行部遂成爲西山會議派的『中央黨部』，至此《民國日報》完全成爲國民黨右派的宣傳工具。」〔註17〕有意思的是儘管《民國日報》此時已盡力試圖做好「機關報」的角色，但國民

〔註16〕載1925年8月1日《民國閒話》「小言」欄。
〔註17〕田子渝：《在臺北發現的大革命時期毛澤東的兩份史料》，引自《新華文摘》2004年第1期。

黨內的高層人士對於這種「努力」卻並不滿意，於 1928 年 2 月 1 日另創《中央日報》來作為國民黨的機關報。而 1928 年後曾任以蔣介石為首的總司令部政務委員會教育處處長的羅家倫在跟胡適的談話中也明確表示對《民國日報》的「黨報」身份並不認可。當然胡適也對羅的這種看法不以為然，以為羅這麼說是有點流於意氣之爭，於是在給羅家倫的信中他寫道：「志希兄：這幾次的暢談，使我很感覺愉快。稍有餘感的只是意氣稍盛，稍欠臨事而懼的態度。勇氣不可沒有，而客氣卻不可有。如那回我偶舉《民國日報》的社論來證國民黨近日尚沒有公認的中心思想，你便說《民國日報》不是黨報。此是以辯勝為貴，非虛心論事的態度。你說是嗎？」〔註18〕

　　無論如何，由於此時執掌《覺悟》編輯權的許紹棣信奉「覺悟是民國日報的一部分，並不是獨立的刊物」〔註19〕因此《覺悟》上也很快出現了回應報紙正張、宣傳西山會議派反共主張的文字。1925 年 12 月 9 日，《覺悟》發表署名「如」的《服從團體的決議》，文中認為根據國民黨的紀律，「黨內的議決案，在議決後黨員都須一概遵行」。因此在再次申明西山會議合法性的前提下，要求黨員遵行西山會議的決議：「中國國民黨的最高機關在於中央執行委員會，所以這次中央執行委員會所議決的案件，我們全體黨員只有遵行的。不然，就是違背黨的紀律。」此後，《覺悟》連續發表類似文章配合報紙的正張進行反共宣傳。例如 1925 年 12 月 10 日發表「樵子」的《不守紀律即為違背黨義》、1925 年 12 月 15 日發表「大勇」的《告新加入 CP 的國民黨員》、1926 年 1 月 7 日發表葛建時的《忠告我們的好朋友──共產黨》、1926 年 1 月 9 日發表蕭淑宇的《「陳獨秀黨」的專門戰略》、1926 年 1 月 14 日發表「恨彌」的《誰的不幸？》……等等。本來自邵力子去職後就日漸衰落的《覺悟》此時又同正張一起充當了西山會議派的宣傳喉舌，其作為新文化運動重要推動力量的功能已經消失殆盡，從而也招致廣大讀者的強烈不滿。

　　其實不僅是《覺悟》，就是充當西山會議派喉舌之後的《民國日報》也面臨著創辦以來最大的信任危機。在此情勢下，1926 年 1 月 1 日《民國日報》發表《本報的重要聲明》試圖補救並重新獲取讀者的信任，聲明一開始便談到了《民國日報》面臨的危機：

〔註18〕 胡適：《胡適全集》（第 23 卷），合肥：安徽教育出版社 2003 年 9 月第 1 版，第 630 頁。
〔註19〕 參見 1926 年 2 月 25 日《覺悟》「通信」欄。

本報成立，於今十年，講的是什麼話，都在讀報人眼裏，過量的獎譽，無端的污蔑，都不敢當，民國日報澈終澈始只是這樣的一個民國日報，壓迫是受慣了，困苦是遍嘗了，在別人所不能忍受的，民國日報只當作家常便飯，自由風味。

在這兩個月內，因為黨中起了風波，民國日報便在這風波中受了很大的影響。

同時，為挽救當前面臨的困境，「民國日報在不欲深辯之中，有幾點要向讀者聲明」：

一、民國日報經此次風波以後，依舊以全力來主張反對帝國主義、打倒軍閥。

二、民國日報經此次風波以後，依舊願以極顯明的態度，攻擊官僚政客惡棍土豪。民國日報經此風波以後，依舊以孫先生的一切主張為主張。

三、民國日報對一切危害國民政府的蠹賊和如陳炯明魏邦平楊劉等，依舊不能放鬆一筆。

四、民國日報對孫先生所遺留下的國民政府，非但絕無怨尤，並且願鼓吹督促其進步。

五、民國日報卻是反對共產分子在國民黨中種種陰謀，但對整個的共產主義，依舊承認其為革命路上的一個隊伍。

......

由此看來，《民國日報》此次面臨的危機絕非「家常便飯」那麼輕鬆，因為不僅普通讀者對其充當西山會議派的喉舌感到失望，就是國民黨內（尤其是廣州的國民黨中央）也有相當一部分人對這份國民黨的機關報持尖銳的批評態度。正因如此，1926 年 2 月 16 日《民國日報》上又刊出《再述本報之旨趣》再次試圖挽回影響，「本報最近之主旨，已於十五年元旦增刊中略述之矣，但猶慮意猶未盡，故再舉以上二端，冀國人詳查焉。」然而十年累積的聲譽毀壞起來容易，但當損壞後再來修補卻絕非易事。

此時的《覺悟》也再不是新文化運動中萬人爭閱、奉為人生導師的時候了，讀者量和來稿量都劇減，「覺悟左角附有教育新聞，後幅又是民國閒話，所以不但篇幅要減少了一半，並且另印單張的問題亦發生了困難」。〔註20〕而

〔註20〕許紹棣致胡寄南的信，見 1926 年 2 月 8 日《覺悟》。

從 1920 年 7 月開始逐月發行的《覺悟》合訂本也於這時終止。1926 年 2 月 18 日《覺悟》刊出一則「本刊特別啓事」，內中說：「本刊現與民國閒話合印一小張，以後月底不裝訂成本、凡以前預定覺悟彙刊者，以後均逐日改寄覺悟單張（即覺悟與閒話合刊之小張）又本月十八號以後之覺悟，現已一律分別補寄，請各定戶查收是盼。」——篇幅劇減，甚至跟宗旨和追求迥異的《民國閒話》合出一小張，說明此時的《覺悟》已經到了難以爲繼的邊緣。

而在西山會議後，廣州的國民黨中央也給西山會議派施加了相當的壓力。1926 年 1 月召開的國民黨第二次全國代表大會通過了彈劾西山會議派的決議，決定開除鄒魯、謝持的黨籍。同時對於葉楚傖負責的上海《民國日報》，廣州國民黨中央也通電各級黨部下令查辦，「給葉楚傖以警告處分，並停止他《民國日報》總編輯職務」。〔註 21〕這對《民國日報》以及葉楚傖本人帶來的衝擊是可以想見的。於是葉楚傖經過一番鬥爭後開始向廣州的國民黨中央靠攏。先是 1926 年 3 月 16 日葉在《民國日報》刊登《葉楚傖啓事》，聲稱「依孫中山先生喪事籌備處議決案（在滬之喪事籌備常務委員應專力葬務，不得兼營黨務）在未解除喪事籌備委員會常務委員職權以前，一切黨務概不與聞。」這就撇清了跟西山會議派的關係，跳出了派系鬥爭的漩渦。稍後的 3 月 30 日，葉楚傖又發表《致本報同人書》，內中大贊廣州國民政府與蔣介石「賢明艱苦」，尤其對蔣本人更是多有讚頌阿諛之詞：「介石忠貞毅勇，爲國民黨同人共信，盡蜚語日集於其身，而其身之皎皎自在。吾嘗謂必如介石之忠貞，而後能責任之攜貳，必如介石之毅勇，而後能課人以努力，尤其必如有介石之信行，而後能使人知其一言一動皆出於至誠……」在葉楚傖向廣州靠攏的過程中，《覺悟》的兩位主編許紹棣和毛飛也相繼離開上海奔赴廣州。1926 年 5 月 15 日起，陳德徵正式接編《覺悟》。於是，《覺悟》進入「陳德徵時代」。

第二節　陳德徵與《覺悟》

同許紹棣、毛飛一樣，陳德徵也是《覺悟》培養出來的「新青年」之一，他見證了《覺悟》的輝煌和沒落。因此當他執掌《覺悟》編輯權之後，面對

〔註 21〕鄭春燕：《葉楚傖》，參見中國社會科學院近代史研究所嚴如平、宗志文主編：《中華民國史料從稿：民國人物傳》（第九卷），北京：中華書局 1997 年 3 月第 1 版，第 74～75 頁。

《覺悟》日漸淪落和喪失讀者信任的現狀，陳德徵不無憂慮，他決心加以改革，力圖復興往日的輝煌，爲此他也做了種種努力。

陳德徵（1899～1951），字待秋，浙江浦江縣人。關於陳的坊間傳言頗多，具體資料則較少，甚至其生卒年月也是一筆糊塗賬，而其子女也從未就相關傳記資料中的錯訛之處給予修正。2005 年，劉國銘先生主編的《中國國民黨百年人物全書》出版，該書上冊第 1426 頁有陳德徵的條目，記載陳德徵生於1893 年（清光緒十九年），卒年則不詳。張功臣所著《民國報人》中也有《只是當時已惘然——〈民國日報〉總主筆陳德徵淪落史》一篇，內中也說陳生於 1893 年。而 2011 年出版的張解民、江東方編著的《浦江百年人物》中，則說陳德徵生於 1899 年，卒於 1951 年，並且具體指出陳是生於 1899 年 1 月 5日（清光緒二十四年十一月二十四日）。在陳德徵所著《人權論及其他·自序》中有這麼一句話：「過了三十年漂泊顛倒的生活，嘗夠了甜酸苦辣的況味……」〔註22〕文末署明：「陳德徵民國十九年二月二十六日序於上海特別市黨部宣傳部」。民國十九年時，陳自稱「過了三十年漂泊顛倒的生活」，看來 1899 年之說較爲可靠。而其卒年則有據可查，1951 年 10 月 6 日，成舍我在《自由人》發表一篇短訊《因不堪殘酷虐待，陳德徵在滬瘐斃》，內中聲言：「前上海《民國日報》總編輯，國民黨上海市特別黨部宣傳部長陳德徵，抗戰前，以某案免職。十餘年來，即未再作任何政治活動。抗戰勝利，由渝回滬，亦息影家居，不問外事。中共到滬，陳自以絕無問題，不思他去，不料數月以前忽被拘捕。昨據此間陳之友人，傳出消息，爲陳因不勝共黨酷虐待遇，晨近已瘐斃獄中。」〔註23〕

現今陳德徵之所以一再被人提起，主要是因爲當年作爲上海特別市代表的他曾於 1929 年召開的國民黨第三次全國代表大會上提出一項《嚴厲處置反革命份子案》的議案，從而引起胡適與新月派諸君的激烈反對，並且發起了著名的「人權運動」。當然陳也針鋒相對，不僅親自上陣與胡適論戰，而且還組織編寫了上面所述的《人權論及其他》。當然，還有一個有關陳的「傳說」流傳甚廣，那就是他主持《民國日報》時發起選舉「中國偉人」，結果陳得第一，蔣介石第二，由此開罪蔣介石並被罷黜。而隨著一些學者的深入考辨，

〔註22〕陳德徵：《人權論及其他·自序》，上海：大東書局 1930 年出版。
〔註23〕參見《成舍我先生文集——港臺篇 1951～1991》，臺北：世新大學舍我紀念館暨新聞史研究中心 2007 年版，第 92 頁。

此說乃以訛傳訛之臆造，此不贅言──其中 2012 年南京師範大學楊程的碩士學位論文《黨意還是民意──上海〈民國日報〉上的民意測驗（1928～1932）》以及楊的導師齊春風先生發表在 2012 年第 6 期《歷史研究》上的《陳德徵失勢緣由考》最為詳盡，也最有說服力。但除此之外，陳其實還頗有值得言說之處。比如他其實是五四新文化運動培養起來的「新青年」，早年曾發起組織彌灑社，在《民國日報‧覺悟》上發表過許多新文學作品，後來又做了《覺悟》的主編，並且為改變《覺悟》淪落的窘境，實現復興做出過許多努力……等等。前文曾述及，1926 年 5 月 13 日，《民國日報‧覺悟》上發表《毛飛啟事》，聲言聲言編輯工作已交由陳德徵負責。而陳本人後來也曾在《人生底開端‧德徵自敘》中說：「三年前，著者在上海大學中學部，謬充主任的職務，同時也擔任人生哲學和公民科的講席……前年夏，受蘇州樂益女中之聘，又謬充了校務主任，其時出版了一種校刊，名叫《樂益》的，主編的又輪到我……今年五月底，主編上海民國日報附刊《覺悟》，因感材料之缺乏，又復舊事重提，把它逐日地刊登在《覺悟》上……」〔註 24〕這也可以跟毛飛啟事相互印證。

接編《覺悟》的第一天，《覺悟》上就刊出一則啟事，內中說：「本刊為便利閱者裝訂起見，特於五月十五日起，改印兩頁式。又本刊內容，自即日起，亦略有改進：除宣傳或研究三民主義之稿，盡量披露，凡關於社會問題之討論，學術之研究，國際狀態之評述諸佳作，亦當提前披露。希望愛護本刊諸君，源源賜稿，為幸！」〔註 25〕不僅《覺悟》的版式與內容有所改進，在欄目設計上，陳也開始恢復邵力子主編時期《覺悟》的格局，「通信」、「雜感」、「文藝」、「論壇」等主要欄目都得以恢復。尤其是「通信」欄，邵力子主編《覺悟》時期曾不斷借「通信」欄組織對社會熱點問題的討論，對於青年在新文化運動中所遇到的現實問題，邵力子也有問必答，幫助青年出謀劃策，因此深得覺悟青年的喜愛。此時陳德徵也試圖充當「青年導師」，倣仿當初的邵力子為青年指點迷津、解疑答惑。1926 年 5 月 17 日，《覺悟》「通信」欄刊出了一位名叫張次人的讀者的來信，在洋行工作的張次人注意到外國人廉價收購中國的牛骨，用機器壓成粉之後再高價賣給中國人肥田，從中賺取大量的利潤。因此張次人希望借《覺悟》提醒國人注意這一利權外溢的現象。

〔註 24〕陳德徵：《人生底開端‧德徵自序》，上海：民智書局 1926 年版。
〔註 25〕《本刊啟事》，載 1926 年 5 月 15 日《覺悟》。

陳德徵在回信中肯定張次人所注意到的現象「確是中國底極大損失。然而這種損失，實在不止牛骨一項，可惜沒人像張先生一樣報告給大眾知道罷了。我覺得中國人要努力收回外溢的利權，第一步，這種損失的調查統計，倒是不可少的。很希望各業的朋友們，都會加以注意！」〔註26〕1926年5月18日《覺悟》「通信」欄又刊出河南中州大學學生桂善寫給《覺悟》編者的信，信中表達了對在直系軍閥的控制之下，中州大學的五四紀念及五九國恥紀念活動都死氣沉沉的不滿。陳德徵同樣給予回應，他說：「在反動勢力之下，什麼善勢力，都會銷滅，如果沒有少數人作中流砥柱的話。自國民軍退出河南底民眾運動，已經消沉了；然而我們總希望河南底大學生，會個個挺起腰背，作河南一省暗中活動的主幹。不料大學生，也會怕事如此真令人失望。不過我一邊仍然癡想桂君底話，不盡真確；（雖然有好多地方的高級學生，已使我看了痛心）。一面尤希望中州大學底學生諸君，以『有則改之，無則加勉』的態度，努力在黑暗的河南省裏，造出一些光明來！」1926年6月6日《覺悟》「通信」欄刊出了《怎樣對付壓迫的婚姻》，面對讀者在信中描述的婚姻困境，陳德徵也盡心解答並出謀劃策……自從主編《覺悟》後，幾乎每期《覺悟》都有陳德徵回應讀者並與讀者進行交流的文字。這些點評或者建議有的也許並不怎樣高明，但這種「有問必復」的認真負責的態度卻是值得稱讚的。另外，對有讀者批評近期《覺悟》錯別字太多的意見，陳德徵也虛心接受並表示會加以改進，以「使本刊及本報上，對於這種弊端，慢慢地由稀少而至於消滅；同時，我們更盼望愛護本刊的讀者，能不時地給我們以熱誠的督責！」〔註27〕陳德徵這種謙遜而又認真的態度使得《覺悟》有所起色，他的努力也逐漸贏得了讀者的認可。

1926年6月14日，《覺悟》上發表一位署名「鳳逸非」的讀者來信，內中對陳德徵試圖復興《覺悟》的努力表示讚賞，「德徵先生：自從先生接編覺悟以後，該報氣象為之一新……」同時也從一個讀者的角度談了自己對《覺悟》的一點希望，那就是「希望覺悟報上今後多載點關於學評一類的文字」以「指導這些不良的學生！」對這樣的熱心讀者的獎譽和建議陳德徵當然積極回應，他說：「『對學生多加以指導』，這句話，在鳳君寄來此信以前早就有

〔註26〕張次人的來信及陳德徵的覆信均參見《一小部利權外溢的報告》，載1926年5月17日《覺悟》。
〔註27〕《對於本刊的督責》，載1926年5月22日《覺悟》「通信」欄。

人這樣督促本刊了，本刊也頗想在這種地方，多用點工夫，無如百忙的我，除每日整理來稿以外，真沒有時間再寫文章了。此後我們自當格外努力和學生諸君多多商榷一切生活上的問題，同時我們也希望愛護本刊諸君，多投些這一類的稿件……」〔註 28〕在向邵力子時代的《覺悟》編輯方式回歸，積極恢復新文化運動中《覺悟》「指導青年學生」職能，以重新獲得讀者信任的同時，在陳德徵的努力下《覺悟》也恢復了一度曾經中斷出版的合訂本。從 1926 年 7 月份開始，中斷了 5 個月的《覺悟》合訂本又重新出版發行。〔註 29〕

　　在陳德徵復興《覺悟》的計劃稍見成效時，《民國日報》同人也正式開會研究如何重現《覺悟》昔日的光焰。1926 年 8 月 1 日，《覺悟》上刊出了陳德徵的《本刊今後的旨趣》一文，內中介紹了《民國日報》同人的決議和整頓《覺悟》的努力方向：

　　　　有七八年歷史的覺悟，到今天還能把它一點小生命維持著，這這實在是不能不歸功於愛護本刊的各位作家和一般讀者。然而這二年來，因環境關係，覺悟底光焰，似乎暗淡了許多：「覺悟退步了」的聲浪，充滿著我們底耳鼓；尤其是今年，這種聲浪，更加增高了。本報同人大家都負責著抱著抱歉的心意，於是乎有整頓本刊的提議。

　　　　上月二十二日，本報同人又一個小小的集議。列席的是楚傖、樸安、際安、慎予、君匋和我。當時，本刊曾有許多討論。最有關係的決議，是下列那麼幾句話：

　　　　「覺悟是站在民眾前面的刊物，它是領導民眾的；它應該把民眾底缺乏民眾底痛苦說出來；它應該指導民眾向哪一條路走；它並且要滿足民眾對於它底要求。因此，它底範圍，應該推廣。就字義論，『覺悟』底範圍，便非常之大：個人有個人底覺悟，社會有社會底覺悟，其他如政治、法律、文學等，也有適應於時代要求的覺悟。各式各樣的覺悟和各式各樣的覺悟底方式，都可在《覺悟》刊物上表露出來。譬如，開大演說會，《覺悟》刊物，是個演說廳，在《覺悟》上做文字的，是演講員，主編《覺悟》的，是演說壇上的主席，

〔註 28〕參見《對本刊一個小小的要求》，載 1926 年 6 月 14 日《覺悟》「通信」欄。
〔註 29〕1926 年 6 月 12 日《覺悟》上附有陳德徵以記者身份寫給一位讀者的短信，「一波先生：覺悟彙訂本，曾中斷；現擬自七月份起彙訂，如逐日寄奉，連郵資三元。（記者）」

讀者是聽眾。現在大家規定了一個演說最大的方針，譬如是「領導民眾滿足民眾的要求」，那麼演講時便可任意演講，什麼題目都可以，什麼話都可以，只要演講，不違背會場規例，不有搗亂會場的蓄意，不有違反演講會主旨的演辭。演講員底話，未必盡滿人意，但聽眾便可立即起來做演講員，來糾正這演講員底話。凡在會場上的，無論主席，無論聽眾，都可以做演講員。未入演講廳的，也可自由地加入這個集會，自由地上臺演講。所以今後的本刊，應該沒有什麼約束——除非是違反時代違反會場規例和違反大會底主旨。又因演講員，不是一地方的人，不是一個階級中的人，不是年齡彷彿的人，所以對於他們演講的方言，姿勢和聲浪，都不能給他們以限制。本刊今後對於文字的體裁，有這麼一個主因，便也不能有一定的約束。」

這一個決議便把本刊今後旨趣，暢述無遺。我覺得這個決議，實在於本刊前途及讀者利益很有關係的，所以特地把它記錄出來。最後我還要報告讀者的，就是：在本報同人的集議上，暫時推定了我做演講會底主席。我此後，自當努力於做主席的職務；然而演講成績的良好與否，卻要看演講員底如何努力了。

當年《覺悟》創刊時由於倉促上陣而沒有來得及發表正式的發刊詞，但在邵力子的主持下，《覺悟》實際上仍然充當了新文化運動中的一個公共論壇，有力地配合和支持了新文化運動的進行。而現在由陳德徵署名的這篇《本刊今後的旨趣》，它從復興《覺悟》的願望出發，將《覺悟》定位為一個公眾可以自由演講的「演說廳」，無疑抓住了過去《覺悟》之所以成功的關鍵所在，同時它也以發刊詞的方式呼喚《覺悟》新生命的開始。不過有意思的是陳德徵們儘管意識到了將《覺悟》恢復成原先的公共論壇模式才是復興《覺悟》的希望所在，但是在具體操作上卻一開始便與邵力子時代的《覺悟》表現出相當大的差異。邵力子時代的《覺悟》對新文化運動不遺餘力的支持，對舊文化則是無情地撻伐。《覺悟》從誕生之日起就堅定地站在新文化陣線的標誌之一就是它在自己的徵稿啟事中第一條即規定「體裁概用白話」。唯一的一次例外，即 1919 年 7 月 13 日轉載瞿宣穎用文言文寫成的《禁止中國納妾之方法》時還特意加「記者按」說明是「破例轉載」。但此次在這篇復興《覺悟》的宣言之後，緊跟著就是胡樸安用文言文寫成的《究竟覺悟者誰耶？》，而 1926

年 8 月 3 日刊出胡樸安的《奮鬥與自然》，同樣也是滿篇之乎者也。因此，儘管陳德徵有復興《覺悟》的願望與努力，並且也從邵力子時代《覺悟》的輝煌中找到了努力的方向，但《覺悟》作為新文化公共空間的使命卻早已隨著充當西山會議派的傳聲筒而終結了，此次復興的努力並沒有使《覺悟》新文化運動「四大副刊」之一的生命得以復活。

　　1927 年 1 月 10 日，上海《民國日報》被勒令停刊，直到革命軍規復上海後才於 1927 年 3 月 22 日復刊。復刊後的《民國日報》刊出《本報復活宣言》，內中說「本報受武人之壓迫，不得已而停刊，已兩月有餘茲矣。此兩月之中，人民公意，寂寂無由表見，即未停刊之友報，亦在壓迫之中，不能為民意之代表，而暢所欲言。」並且表示復刊後的《民國日報》將繼續宣傳三民主義並伸張人民公意。〔註 30〕但由於「倉促復刊，設備未周，又值租界戒嚴，交通不便」，因此只復刊後的《民國日報》只是「每日暫出兩大張」，〔註 31〕《覺悟》則遲至 1927 年 4 月 15 日才得以復刊。〔註 32〕並且從復刊之日起就刊登廣告為「覺悟社」徵求社友。邵力子主編《覺悟》的時代雖然也有過「覺悟社」一說，如上文提到 1922 年 2 月 25 日《覺悟》上就刊載過該社社友名單，但那時的「覺悟社」不過徒有其名，社員偶而為《覺悟》撰稿並協助邵力子處理一些編輯事務。1927 年 4 月 15 日《覺悟》復刊後，陳德徵等人卻是試圖將組建「覺悟社」作為復興《覺悟》的重要一環，使其成為復興《覺悟》的核心力量。在徵求社友的啓事中說：

　　　　目的：集合同志研究學術、交換智識，在現社會狀態之下，對各方面加以深刻之批評。

　　　　社友：有對上項目的表示同情，並能發揮個人心得，供獻於社會者，均可認為社友。

　　　　報名：通信報名。

　　　　社址：愛多亞路一五一號民國日報。

　　　　附告：徵得社友十人以上，可開一談話會，商定本社一切進行辦法。

〔註30〕「頌民」：《本報復活宣言》，載 1927 年 3 月 22 日《民國日報》第 1 張第 2 版。

〔註31〕《本報擴充啓事》，載 1927 年 4 月 3 日《民國日報》第 1 張第 1 版。

〔註32〕1927 年 4 月 15 日《民國日報》刊出《本報特別啓事》：「本報自今日起日出四大張。附刊《覺悟》、《教育新聞》、《黨務消息》均已恢復，又加「前敵之前敵」一專欄，請閱者注意。

　　　發起人：管際安　　汪馥泉　　陳德徵〔註33〕

然而讓人意外的是，陳德徵一邊在徵求社友的啟事中如此嚴肅地闡明「覺悟社」的「目的」，一邊卻在復刊後的《覺悟》上對《覺悟》所從事事業的嚴肅性大加消解。他說：「覺悟不老不老，在上海的許多副刊店中，卻是一塊老牌子了。上回在軍閥底鐵拳頭之下，不能不暫時一收盤。現在我們老店新開了……現在是『革命』發跡的時代，但我們這種無聊的文人（狗屁不值的文人。何以言之？賣稿子沒人要，賣淫沒有男堂子。）還是來做我們瞎嚼文藝之類的把戲……」〔註34〕之所以說陳的話讓人「意外」，倒並不全因為這番告白對自身的調侃跟徵求社友中的認真嚴肅形成鮮明的對比。因為也就是在 4 月 15 日上海市改組委員會召開的第一次臨時會議上，陳德徵剛剛做了上海市黨部的宣傳部長。〔註35〕按說，他自己正是「『革命』發跡」者中的代表之一。難道是因為寫這篇文章時陳尚不知道自己將榮任宣傳部長，抑或陳本來就有鴻鵠之志，對僅僅得到宣傳部長的位子心存失望？

　　無論如何，借助《覺悟》過去的聲譽和陳德徵接編《覺悟》後一度煥發出的新氣象，徵求社員的舉措還是得到了較為熱烈的響應。1927 年 4 月 16 日《覺悟》上刊出一則編輯告白。內中除對宋哲夫、周楚材兩位有意加盟覺悟社表示歡迎之外，也談到了徵求覺悟社員的緣起：「我們這覺悟，才老店新開，可惜從前有許多夥計，或退隱，或事忙，不能來幫忙了；我們望老夥計仍來幫忙，並望多多有新夥計進來！就是說，我們大家歡迎賜稿！」〔註36〕隨後 4 月 19 日《覺悟》上又刊出了一批新加入的社友名單，有左干城、陳醉雲、季贊育、洪秉淵、黃隱岩、王世珍、嚴仲達、方善樞、蔣還、郭練綱、陳民一、胡烈等。此後陸續又有多人加入。1927 年 4 月 23 日下午二時，覺悟社成員第一次會議在上海特別市黨部（西門林蔭路）三樓召開。〔註37〕這次會議研究決定的復興《覺悟》的舉措在 1926 年 5 月 1 日《民國日報》上以《本報緊要啟事》的形式露布：「自今日（即 5 月 1 日——筆者按）起，本報附刊（覺悟），準照覺悟社決議，每星期刊印社會問題號二期，社會科學號二期，藝術號一期。今日為刊行社會問題號第一日，適值五一節，故特出《五一特刊》一張，

〔註33〕　《覺悟社徵求社友》，載 1927 年 4 月 15 日《民國日報》第 1 張第 1 版。
〔註34〕　《老店新開聲中的閒談》，載 1927 年 4 月 15 日《覺悟》，署名「編者」。
〔註35〕　參見《市黨部實行改選》，載 1927 年 4 月 16 日《民國日報・黨務》。
〔註36〕　《編輯室》，載 1927 年 4 月 16 日《覺悟》。
〔註37〕　參見《覺悟社啟事》，載 1927 年 4 月 22 日《民國日報》第 1 張第 2 版。

並此聲明。」然而這種改革並不成功，僅僅維持了一個月後，1927 年 6 月 1 日《覺悟》上便又刊出《本刊啓事》：「本刊因接受『覺悟社』社員之要求，自六月一日起，除於星期六發刊藝術號外，其餘各專號一律取消，仍恢復舊有編法。希覺悟社社友及愛讀本刊諸君，多賜稿件爲幸。」改革《覺悟》編法是以「覺悟社決議」的方式發佈，恢復舊有編法也是應「『覺悟社』社員之要求」，其中原委究竟如何不得而知，但可以確定的是《覺悟》復刊後的這次以組建「覺悟社」來實現《覺悟》復興的嘗試是以失敗而告終的。

其實《覺悟》復刊後再次試圖復興的努力歸於失敗也在意料之中。因爲它的主編雖然還是陳德徵，但此時的陳德徵跟剛接編《覺悟》時的陳德徵已經不可同日而語。那時的陳德徵還未脫盡「覺悟」新青年的本色，還能念及當年自己作爲新青年時《覺悟》那段指導青年學生參與新文化運動、廣受讀者信賴和愛戴的輝煌歷史，並試圖再現這種輝煌。而 1927 年 4 月 15 日《覺悟》復刊後的陳德徵已經是上海灘炙手可熱的上海特別市黨部宣傳部長了。身份和地位的變遷直接影響著他的思維方式。如果說剛接編《覺悟》時，陳德徵還對像當年的邵力子那樣充當「青年導師」表現出濃厚興趣的話，那麼復刊後大權在握、在政治上迅速走紅的陳德徵則無疑更看重自己的政治前途。復刊後的《覺悟》或許仍然可以看作是個「演說廳」，不過已經不是公眾的演說廳，而是陳所掌握的上海特別市黨部宣傳部進行政治宣傳的演說廳了──連「覺悟社」社友開會討論《覺悟》的前途與革新方向都是在上海特別市黨部宣傳部。事實也正是如此。上海「四‧一二」政變之後，在陳德徵的操縱下，不僅《民國日報》上接連闢出大幅版面刊登國民黨上海特別市黨部宣傳部所發的《清黨運動的理由》爲屠殺共產黨作辯解和宣傳，《覺悟》上也屢屢發表配合正張進行反共宣傳或研究「黨義」的文字。1927 年 7 月 1 日《民國日報》上甚至刊出一則《本報覺悟編輯部特別啓事》，內中說：「本報應上海黨務訓練所之請，特將覺悟篇幅，改植該所臨時特別區黨部成立大會特刊。隨報附送，以代覺悟，明日照常出版。特此通知。」──黨務成立大會特刊都可以隨意取代《覺悟》，至此，在復刊後的《覺悟》上已經看不到任何當初爲整頓並復興《覺悟》所發的《本刊今後的旨趣》中所描述的那種自由言說的「演說廳」的影子了。繼充當了一段時期「西山會議派」的政治傳聲筒之後，《民國日報》以及《覺悟》又一次充當了政治的傳聲筒。

此後《民國日報》及《覺悟》又一同經歷了 1932 年 2 月被迫停刊和 1945

年 10 月的復刊，並於 1947 年 1 月終刊。而此後的《覺悟》也再沒有起色，隨《民國日報》一起充當了國民黨專制統治的宣傳工具，徹底完成了從新文化公共空間到專制政黨「自己的園地」的角色轉換。《覺悟》的生命很長，但最耀眼的還是它充當新文化公共空間爲推動新文化和新文學不懈努力的那段五年多的時間。正是有了這一階段的輝煌才使得它被作爲五四新文化運動的「四大副刊」之一寫進歷史。此後的《覺悟》雖然還繼續存在，但從當初《覺悟》創辦的本意來講，它已經死了，儘管中間也曾有過短暫的起死回生的努力。

附錄：「樹人」即魯迅？——關於兩篇疑似魯迅佚文的考辨

史建國

1921 年 5 月，上海《民國日報・覺悟》發表了一篇署名「樹人」的文章。文章內容是批評胡適之《中國哲學史大綱》的。全文如下：

讀胡適底《中國哲學史大綱》

　　胡適著了一本《中國哲學史大綱卷上》，開首第一篇，就把謝無量罵了一回，説他怎樣不講「漢學」，説他著的哲學史怎樣不審定史料；又自命他自己著的哲學史是如何用西洋哲學史的形式，如何用漢學家的科學方法去審定史料。但我把他這本書仔細看過，關於史料方面，可商的地方也頗不少；現在把我所見到的一一寫在下面。

　　胡君開始講老子哲學，便把依託神仙傳僞河上公注的老子，引了許多；卻不知《老子河上公注》是一部僞書。

　　第四篇講孔子説：「太極便是一畫，兩儀便是一對」，又説：「此處所説：『太極』，並不是宋儒的『太極圖』」。這明明劉師培底話，似乎不能自誇「我講易經與前人不同」！

　　第七篇講楊朱，亦把晉人僞書作史料。

　　第八篇，斷定《墨經上下》二篇爲別墨作的，卻不曉得墨家本分「辯談」「説書」「從事」三科，第三章論辯硬把「爭彼」改作「爭佊」，卻不知「爭彼」就是「他辯」；「改字解經」「望文生義」了！

　　最可怪的是那「諸子不出王官論」的大作。

　　莊子天下篇明明説：「其在於詩書禮樂者鄒魯之士縉紳先生多能明之」，又説「古之道術，有在於是。」淮南子要略訓亦説：「有周公之遺風，而後儒者之學興……」胡君也承認「古者學在官府，非吏無所得師」，卻後邊又否認諸子出於王官之説，未免自相矛盾。

　　他若説「白馬非馬」是惠施公孫龍等所創的學説，不知呂氏春秋明明説齊稷下早有人辯「白馬非馬」了。

　　又如墨子書的「也」當作「他」，這話畢沅注墨子備城門篇早發現了，胡君卻説是高郵王氏父子所創的，未免叫畢沅受冤了！第九篇用僞竹書紀年作旁證，亦太不講史料眞僞。

這篇文章發表在 5 月 20 日《民國日報・覺悟》的「評論」欄，十餘天後的 6 月 8 日，《覺悟》「研究」欄（在本月編輯的《覺悟》目錄中又改爲「討論」欄）又發表了「樹人」的另一篇文章《是誰改制？》，同樣是批評胡適之《中國哲學史大綱》的。也照錄在這裏：

是誰改制？

　　三年之喪，是否爲古之通喪？抑還是孔丘改制？此問題爲今文家古文家爭論辯難最烈的一個大問題。近來胡適之先生獨斷爲儒家改制，（見中國哲學史大綱一百三十二頁），因引墨子非儒篇説：「儒者曰、親親有禮、尊現有等……其禮曰，喪父母三年（下略）」一語爲證。他底話是出自復辟派康有爲底議論。以後朱希祖先生在北大月刊發表他底意思，似乎近於古文家，以爲三年之喪，是「三代共之」的。我以爲二位先生底話都不足深信。胡君斷爲儒家托古改制，但安知短喪不是墨家底改制呢？我們根據群經和《論語》、《孟子》、《荀子》，亦可以斷定短喪是墨家改制，是墨家托古，恐怕胡先生也未必肯服。

　　但我們可以離開群經諸子那些古書，用人類學、考古學、社會學、歷史學的眼光去研究。我以爲朱希祖先生底話比之胡先生底話證據較多，而且較爲可信。大概三年之喪，是三代共之的，所謂堯死三載如喪考妣；商高宗三年不言是也。大概似乎因了春秋戰國的時候，人事繁變，爲時間經濟起見，只好把古代喪制革了命了。所以墨子要托古（夏禹）改爲短喪之制而非儒。儒家因爲好古，欲保

存三代古喪制，故孟子荀子皆非墨，且指爲禽獸焉。此説果信，則
康有爲胡適之等今文家的話，可以全部推翻。此事與整理國故及考
古學上很有多大關係。我所以在此發表，一來呢，希望海內研究中
國古代社會組織典章制度的人，對此事詳細研究考證一回；二則我
底話也未敢自信是必然無疑的眞理，希望大家指教。

初讀這兩篇文章，即感覺像是出自魯迅之手。其一、作者署名「樹人」而魯
迅原名周樹人，並且發表文章時也曾經署過「樹人」；其二、從文章內容所反
映出的作者對於國學的熟悉程度而言也極似魯迅；其三、從行文的風格而言，
上述兩篇文章之簡潔明瞭、一語中的也是魯迅一貫的風格；其四，文中談及
朱希祖，而朱希祖恰恰是魯迅的好友，在魯迅日記中有許多與朱交往的記錄，
並且兩人也都是章太炎的弟子，某些學術觀點相近。當年《覺悟》的主編者
是邵力子，而查 1921 年的《邵力子年表》也有如下記載：

　　一九二一年（民國十年 辛酉）四十歲

　　五月二十日　刊「樹人」的《讀胡適的〈中國哲學史大綱〉》，

此後陸續發表魯迅譯著十三篇。〔註1〕

查《民國日報・覺悟》上所發表的魯迅作品還有如下幾篇：

1921 年 6 月 29 日	《故鄉》（選），魯迅。
1921 年 10 月 3 日	《池邊》，愛羅先珂著，魯迅譯。
1921 年 10 月 25 日、27 日、28 日	《春夜的夢》，愛羅先珂著，魯迅譯。
1921 年 11 月 10、11 日	《瘋姑娘》，明那・亢德著，魯迅譯。
1921 年 12 月 11 日	《雕的心》（選），愛羅先珂著，魯迅譯。

〔註1〕晨朵:《邵力子年表》，見《和平老人邵力子》，文史資料出版社 1985 年版，
第 232～233 頁。此表後有附記:「本《年表》系一九八二年爲紀念邵力子百
歲誕辰開始編寫，承邵夫人傅學文、女邵偉眞、孫邵美成及邵力子秘書張豐
胄在上海復旦大學的親信學生、至親朱仲華等不斷提供有關史料，特此說明，
並在此致以敬意和謝意！一九八四年九月　編寫者」。見上書第 154 頁。

1922 年 1 月 1 日	《古怪的貓》，愛羅先珂著，魯迅譯。
1922 年 5 月 18、19、21、22	《桃色的雲》，愛羅先珂著，魯迅譯。
23、25、26、28、29、30 日， 6 月 1、2、4、5、6、8、9、 11、12、13、15、16、18、19、 20、22、23、25、26、27、29、30 日， 7 月 2、3、4、6 日	
1922 年 9 月 22 日	《白光》（選），魯迅。
1922 年 12 月 4 日	《時光老人》，愛羅先珂著，魯迅譯。
1922 年 12 月 5 日	《不周山》，魯迅。
1923 年 8 月 28 日	《吶喊‧自序》，魯迅。

上述 11 篇，再加上前面兩篇署名「樹人」的《讀胡適底〈中國哲學史大綱〉》和《是誰改制？》剛好 13 篇。因此，照「年表」編撰者的敘述語氣，「樹人」自然就是魯迅無疑了。然而在筆者的印象中卻從未見過這兩篇文章，查 2005 年新版的《魯迅全集》也沒收。於是這裏就有一個疑問了，發表這兩篇文章的「樹人」究竟是不是魯迅呢？事實上，據《20 世紀中文著作者筆名錄》記載，在 20 世紀的中國還有兩個人曾以「樹人」作為筆名，其中一個是吳玉章，然而拋開個人的學養、交際圈等諸種因素不管，僅就現在出版的吳氏年譜等資料看來，1921 年，正在奔忙於教育事業的吳氏也顯然沒有可能寫這樣的文章。另一個是王樹人，生於 1936 年，其時尚未出生，更不可能寫文章了。〔註2〕

　　而遍查魯迅、胡適、周作人等當年的日記、書信資料，卻也都同樣沒有相關的記載。特別是魯迅這一時期寫的文章一般在日記中都會有所反映的，然而這兩篇文章卻沒有只字片言提及。下面是魯迅 1921 年 5 月有寄稿記錄的日記：

〔註2〕 宋寶梁：《20 世紀中文著作者筆名錄》（修訂版），廣西師大出版社 2002 年版，第 1121 頁。

1 日：「晴，星期休息。下午寄孫伏園信，內二弟詩三篇，夜風。」〔註3〕

查 1921 年 5 月晨報，周作人的這三首詩當爲《歧路》、《蒼蠅》和《小孩》，分別發表於晨報第 7 版 1921 年 5 月 3 和 12 日。

3 日：「雨。午後寄孫伏園信並稿一篇。還齊壽山泉百。」

此處稿件應爲魯迅的譯稿《鼻子》，芥川龍之介原作，載於晨報第 7 版 1921 年 5 月 11～13 日。

13 日：「晴。上午寄孫伏園信並三弟文稿。晚理髮。夜得沈雁冰信。」

查《晨報》，應爲《動物的戀愛》載 5 月 17～19 日。此外 5 月 15 日和 28 日，魯迅日記中還有寄沈雁冰信並「三弟譯稿一篇」的記載，此外整個 5 月份就再沒有寄稿的記錄了。

然而儘管日記中沒有記載，但似乎不能僅憑這一點就斷定署名「樹人」的兩篇文章不是出自魯迅之手，因爲魯迅日記中也有漏記的現象。前面說魯迅在這一時期寫的文章日記中一般都會有所反映，但也是「一般」而已，並非絕對。有些已經確定是魯迅的作品，在日記中也並沒有記載。比如署名「風聲」，分別發表在 1921 年 5 月 6 日、7 日《晨報》第 7 版「雜感」欄中的《「生降死不降」》和《名字》，在魯迅日記中就沒有記載。

而更可疑的是，1921 年 5 月 20 日《民國日報‧覺悟》在發表「樹人」《讀胡適底《〈中國哲學史大綱〉》的當天，還發表了周作人署名「仲密」的兩首詩《小孩》（一）（二）。而這期間周作人因肋膜炎而住院，在他養病期間，買書，寄書，請假，寄稿，處理日常事務及往來書信等等都是由魯迅代理的。因此周作人寫於 5 月 4 日，分別發表於 5 月 17 日《晨報‧副刊》、5 月 20 日《民國日報‧覺悟》及 9 月 1 日《新青年》第 9 卷第 5 號的《小孩》（一）（二），應該也是魯迅代爲寄出的。但在魯迅日記中卻同樣也找不到相應的寄稿記錄。到 5 月 25 日才有往上海寄信的記錄：「午後寄沈雁冰信。寄孫伏園信。午後往視二弟」，並且內中也沒有提及稿件的事。很明顯這期間也有漏記的現象。

要搞清楚「樹人」是不是魯迅其實還有極爲重要的一點，那就是魯迅究竟有沒有給《民國日報‧覺悟》投過稿。從現有的數據來看，儘管《覺悟》的編輯與魯迅並沒有什麼過多的交往，但魯迅曾經給《覺悟》投過稿是可以

〔註3〕 三則日記均見《魯迅全集》卷 14，人民文學出版社 1981 年版，第 399～400 頁。

肯定的。發表於 1922 年 1 月 1 日《民國日報・覺悟》（1981 年版《魯迅全集》在注釋《愛羅先珂童話集》時說「除《古怪的貓》一篇未見在報刊上發表外，其它各篇在收入單行本前都曾分別發表于《新青年》月刊、《婦女雜誌》、《東方雜誌》、《小說月報》及《晨報副刊》」之說顯然是錯的）上的魯迅翻譯愛羅先珂的《古怪的貓》一文，就在其它地方均未發表過，很顯然這是作者自己寄去的，而在魯迅日記中也沒有相關記載。這麼多投寄稿件的事實在魯迅日記中都沒有反映，因此僅憑日記中無相關記載就輕而易舉地認定上述署名「樹人」的文章並非出自魯迅之手顯然是難以讓人信服的。

　　那麼《覺悟》於同一天發表周作人的詩和「樹人」的文章是因為魯迅在為周作人寄詩稿時同時寄去了自己的文章還是純屬巧合呢？《覺悟》上周作人的詩是否轉載自《晨報》而非魯迅寄去的呢？考察一下周作人作品的發表情況發現，這一時期周作人的文章和詩作在北京、上海幾個刊物同時發表並非偶然現象。比如此後分別作於 1921 年 6 月 17、21、22 日的《山居雜詩》（四）（五）（六）卻都發表在這年 6 月 25 日《晨報・副刊》，7 月 3 日《民國日報・覺悟》及 9 月 1 日《新青年》第 9 卷第 5 號等等。儘管上述詩作在京滬兩地發表有個時間差，但很難斷定晚幾天發表的《民國日報・覺悟》就是轉載自《晨報》，《覺悟》上雖有轉載的作品，但一般都會注明「轉自《晨報副刊》」等字樣。而更不能說《小說月報》發表的周作人的作品是轉載自上述兩家報刊，因為周氏兄弟都是《小說月報》的作者，給《小說月報》寄稿也都有日記、書信等資料左證。尤其是有些周作人的作品是同一天發表在京滬兩地的報刊上的，這更加說明了上海刊物並非轉載自北京的事實，例如他的《山中雜信（二）》就同時刊登在 1921 年 6 月 24 日的《晨報・副刊》和《民國日報・覺悟》上。當然這樣的情形是非常少的，事實上，由於當時郵遞時差、還有編輯編排稿件等原因，即便同時寄出的文章發表在北京和上海報刊上也總會有少則三五天、多則七八天的時間差。舉個例子來說，《文學研究會宣言》這篇由發起者同時交付京滬兩地媒體發表的宣言發在北京《晨報》上是 1920 年 12 月 3 日，發在《民國日報・覺悟》上則是 12 月 9 日，相差 6 天。假如周作人的《小孩》（一）（二）的確是寄給《覺悟》的而並非轉載，那麼就有可能是魯迅在為周作人往上海郵寄稿件時同時寄去了自己署名「樹人」的稿子。當然這是一種「大膽的假設」，可惜就目前所見的證據，仍然無法從正面證明這一「假設」。

　　應該說胡適對自己的《中國哲學史大綱》（上）這本書是非常看重的。李季曾在《胡適中國哲學史大綱批判》一書中批評胡適因此書而顯露出來的「驕傲自滿」，他說，「只要看他在 1927 年《整理國故與打鬼》中所說的一段話，就可以知道他因批評界的溺職，呈現出一種何等驕傲自滿的態度。」〔註 4〕胡適在這篇文章中說：「西瀅先生批評我的作品，單取我的《文存》，不取我的《哲學史》。西瀅究竟是一個文人；以文章論，《文存》自然遠勝《哲學史》。但我自信，中國治哲學史，我是開山的人，這一件事要算是中國一件大幸事。這一部書的功用，能使中國哲學史變色。以後無論國內國外研究這一門學問的人，都躲不了這一部書的影響。凡不能用這種方法和態度的，我可以斷言，你休想站得住。」〔註 5〕

　　對於胡適的這樣一種自信，李季批評道，「這段話的最後幾句，即使出於讀者之口，已不免是沒有分寸的拍馬，至出於作者之口那簡直是信口開河的吹牛了。」〔註 6〕

　　是否「驕傲自滿」，是否「信口開河的吹牛」我們姑且放在一邊不談，但這字裏行間的確可以看出《中國哲學史大綱》在胡適心中的地位。當年作為一名新派的留學生歸來，而在北京大學教授中國哲學史，胡適是很受舊學者們懷疑的，甚至差點被學生「驅逐」。而正是《中國哲學史大綱》使得他不僅在北大也在整個學術界站穩了腳跟。多年之後他仍然毫不掩飾對這部書的自賞實在是有理由的。在自己看重這部書的同時，他也異常留心各方面對此書的評論，1920 年 5 月 12 日《時事新報‧學燈》上發表了他給張東蓀的信，信中說：

　　　　東蓀先生：我們中國的報界向來沒有「書評」一欄，有時有「新書介紹」，也只是尋常的介紹，很少有嚴格的批評。這種缺點，實在是應該救正的，因為著作家若沒有批評家的監督，一定要墮落的，即如我的《哲學史大綱》出版以來，已經過五版了，英法文報都有書評，中文報只有《太平洋》評過一次，這是我很不幸的事。〔註 7〕

而在 1922 年 3 月 5 日的日記中胡適也提到梁啓超《評胡適的哲學史大綱》的演講，並記述了自己當場表示不同意見的經過，次日的日記中更是詳細反駁

〔註 4〕　李季：《胡適中國哲學史大綱批判‧序言》，神州國光社 1931 年 12 月版。

〔註 5〕　胡適：《胡適文集》（歐陽哲生編），人民文學出版社 1998 年版，第 434 頁。

〔註 6〕　李季：《胡適中國哲學史大綱批判‧序言》，神州國光社 1931 年版。

〔註 7〕　原載 1920 年 5 月 12 日《時事新報‧學燈》，見《胡適書信集 1907～1933》（上），耿雲志、歐陽哲生編，北京大學出版社 1996 年版，第 237 頁。

梁啓超的觀點。對於來自文化保守主義陣營對《中國哲學史大綱》的批評，
胡適更是針鋒相對的進行了反擊。作爲當時文化保守主義陣營的南高師──
東南大學的師生們曾對胡適進行批評，「先是繆鳳林在 1920 年 7 月 17、19～
25、27～31 日、8 月 1～3 日《時事新報・學燈》上連載《評胡適〈中國哲學
史大綱〉》的長文。繼之有 1921 年 11 月出版的《史地學報》創刊號上，柳詒
徵發表《論近人講諸子之學者之失》，批評章太炎、梁啓超、胡適在諸子學上
的偏失。」1924 年 5 月，《學衡》第 29 期又發表柳詒徵的《評陸德懋〈周秦
哲學史〉》。內中仍有對胡適《中國哲學史》的嚴厲批評，他說陸氏所做是因
爲胡適的《中國哲學史》「擇焉不精，語焉不詳」，對此胡適當時雖未反駁但
卻銘記在心，「所以他在 1933 年 6 月《清華學報》第 8 卷第 2 期上刊出的《評
柳詒徵編著〈中國文化史〉》一文中，對柳著進行了尖銳的批評，說柳詒徵沒
有經過現代史學訓練，『信古』而不『疑』，不重視新史料。」〔註 8〕

很顯然，胡適對於學界對《中國哲學史大綱》的批評是非常在意的，因
此發表在當時發行量極大、位列五四時期「四大副刊」之一《民國日報・覺
悟》上的「樹人」的文章他不可能沒有看到。梁啓超和學衡派諸子對此書的
抨擊他都或者在日記中或者公開進行了反擊，但對「樹人」這兩篇文章，他
卻沒有只字片言的回應。這大概只有兩種可能，一是「樹人」的文章確實擊
中了要害，比如指出用僞書等等，這屬於史料問題，證據確鑿，只能默認。
另一種可能則是「樹人」並非來自敵對（如文化保守主義）的陣營，而是胡
適的諍友──事實上《是誰改制？》一文中也的確表達了這樣的意思。當然，
這兩種可能也是可以「兼容」的。

也許是因爲當年太年輕氣盛，胡適即便認識到了《中國哲學史大綱》存
在的某些缺陷也難於公開承認（只在再版的「正誤表」中作了某些刪改），尤
其是自己以「史料若不可靠，歷史便無信史的價值」來批評別人，但恰恰自
己的著作中卻出現了用僞書的史料問題，這是很讓人尷尬的。所以面對「樹
人」的批評，向來愛惜名譽的他選擇了緘口不言。但在時隔數十年後的 1958
年，胡適在《〈中國古代哲學史〉臺北版自記》中的話卻又讓人聯想到 1921
年「樹人」批評他的那兩篇文章，他分明就是在對當年「樹人」的批評進行
響應。「自記」中寫道：

〔註 8〕 沈衛威：《「學衡派」譜系》，江西教育出版社 2007 年版，第 122 頁。書中對
學衡派諸子對胡適《中國哲學史大綱》的批評以及胡適的反擊作了詳細評述。

　　我現在翻開我四十年前寫成的這本書，當然可以看出許多缺點。我可以舉出幾組例子：（一）我當時還相信孔子做出的「刪詩書，訂禮樂」的工作，這大概是錯的。我在正誤表裏，已把這一類的話都刪去了。（二）我當時用《列子》裏的《楊朱篇》來代表楊朱的思想，這也是錯的。《列子》是一部東晉時人偽造的書，其中如《說符篇》好像摘抄了一些先秦的語句，但《楊朱篇》似乎很不可信。請讀者看看我的《讀呂氏春秋》（收在《胡適文存》三集）。……（三）此書第九篇第一章論《莊子時代的生物進化論》，是全書裏最脆弱的一章，其中有一節述「《列子》書中的生物進化論」也曾引用《列子》偽書，更是違背了我自己在第一篇裏提倡的「史料若不可靠，歷史便無信史的價值」的原則。我在那一章裏述「《莊子》書中的生物進化論」，用的材料，下的結論，現在看來，都大有問題。〔註9〕

其中「缺點」的第一條和第二條都分別對應「樹人」質問「是誰改制」和指出他「用偽書」的兩篇文章。第三條也與「用偽書」相關。胡適非但承認書中所存在的這些缺點，對於其中的一些表述甚至說道「這眞是一個年輕人的謬妄議論」！時隔數十年，當心緒平靜之後，胡適終於可以坦然地面對當年書中的一些令他尷尬的問題了，而不再是一味爭強好勝地反批評。

　　再來考察一下胡適與魯迅的交往。胡、魯之間的比較研究已成爲學界研究的一個熱點，不論是「揚胡抑魯」派還是「揚魯抑胡」派，對胡適與魯迅之間交往的考察都是其研究的一個重要內容。著名魯迅研究家孫郁先生在他的著作中曾引用大量的書信和日記等原始數據對胡適與魯迅的交往進行了詳盡的考察，對兩人不同的治學理路也進行了精彩的分析。孫先生說，「魯迅能與胡適走到一起，無論如何，是件值得紀念的事。但他們交往的幾年裏，談西洋學問的時候不多，議論政治的時候亦少，吸引雙方的，說來有趣，卻是談論『國故』。」〔註10〕這一「說來有趣」的發現其實是非常重要的，它十分敏銳地抓住了胡適與魯迅交際往還的重心。近年來，作爲學者的魯迅已被越來越多的研究者所關注。比如有學者就寫道：「魯迅去世時，眾多挽聯皆突出『青年導師』和『文壇泰斗』，唯有蔡元培將其學術功績放在第一位：『著述

〔註9〕　胡適：《中國古代哲學史・自記》，臺北遠流出版實業有限公司1986年版。
〔註10〕　孫郁：《胡適與魯迅：影響20世紀中國文化的兩位智者》，遼寧人民出版社2000年版，第46頁。

最謹嚴非徒中國小說史，遺言太沈痛莫作空頭文學家。』無獨有偶，周作人關於魯迅的悼念文章，也是先學術後創作。可見一批老朋友心目中，魯迅的學術成就起碼不比文學創作遜色。」〔註11〕作爲學者的魯迅，其抄校古籍是一個長期積累的過程，所取得的成就也已有眾多研究者給予高度評價，此不贅述。我們所要注意的是，如果從前魯迅抄校古籍純粹出於個人的學術興趣、是個人愛好的話，那麼 1920 年 8 月，魯迅被聘爲北京大學和北京高等師範學校的講師、講授中國小說史之後，對古籍的考訂、研究便更加成爲他的專業了。而也正是在這一時期，他跟胡適的交往多了起來，從現存的書信、日記數據中我們可以看到周氏兄弟爲胡適修改詩作，胡魯二人之間就《西遊記》、《紅樓夢》考證問題的探討以及借書往還，胡適爲周建人介紹工作等交往活動。其中對國學問題的探討是他們之間交往的主要內容。至於轟動一時的胡適的《中國哲學史大綱》，魯迅肯定是看過的，並且他還曾經郵寄給想看此書而又不方便購買的同鄉：就在《中國哲學史大綱》出版一個月後，1919 年 3 月 18 日魯迅的日記中就有「上午代二弟寄哲學史（一）冊與張梓生」〔註12〕的記載。總的看來，這一時期可算作是胡、魯交往的「黃金時期」。在這一時期中出現魯迅對胡適學術著作的批評也是順理成章的。也許有人會認爲正是因爲這一時期是胡、魯交往的「黃金時期」，才不可能出現魯迅對胡適著作如此嚴厲的批評。可是只要讀一讀《阿 Q 正傳》就不會作如此想了。《阿 Q 正傳》最初發表於 1921 年 12 月 4 日至 1922 年 2 月 12 日的《晨報‧副刊》，也正處於胡、魯交往的「黃金時期」，可是在這篇小說的「序」中，卻也有「至於其餘，卻都非淺學所能穿鑿，只希望有『歷史癖與考據癖』的胡適之先生的門人們，將來或者能夠尋出許多新端緒來……」等等明顯語含譏刺的話。孫郁先生對於胡、魯之間的學術交往評價道：「魯迅抄校古籍，探究小說舊史，用的是舊法，非孜孜以求，長時間積累，不能爲之。在校勘、搜尋、訂偽等方面，允推獨步。而胡適在考證上，非魯迅式的感悟和硬功夫，他運用材料，推理判斷，有一套學術理論。用他自己的話，便是『大膽的假設，小心的求證』……他們的互相借鑒，彼此交流，取長補短，給對方均留下了很好的印象。應當說，在對國學的梳理、探究中，兩人是互相影響著的。這一點，已

〔註11〕馮光廉、劉增人、譚桂林主編：《多維視野中的魯迅》，山東教育出版社 2002 年版，第 1055 頁。

〔註12〕見《魯迅全集》卷 14，人民文學出版社 1981 年版，第 336 頁。

成了文壇佳話了……」〔註13〕孫先生在此雖然側重於強調他們的「彼此交流，取長補短」，但以魯迅校勘、訂偽的「硬功」來對胡適式的「考據」，魯迅自然還是有其優勢，所以偶爾調侃一下胡適的「歷史癖與考據癖」是不在話下了。而要撰文指出胡適著作中的史料問題更屬正常的學術爭鳴與交流，與個人間的交情無涉──這一點，也正是今天的學術界所缺少的一種氛圍。

綜上言之，有種種證據都在指向發表批評胡適《中國哲學史大綱》文章的「樹人」可能就是魯迅，然而卻又沒有直接的證據證明這一點。審慎起見，我們只能認為是「疑似」魯迅佚文。但無論如何，署名「樹人」的這兩篇文章在眾多對《中國哲學史大綱》進行評論的文章中是非常重要的，從數十年後胡適的響應中就可以看出來。但長期以來卻沒有任何研究者對之進行過關注，這不能不說是件憾事。

〔註13〕孫郁：《胡適與魯迅：影響 20 世紀中國文化的兩位智者》，遼寧人民出版社 2000 年版，第 55～56 頁。

參考文獻

A. 史料類

1. 《北京大學日刊》。
2. 《晨報》。
3. 《晨報副鐫》。
4. 《獨立評論》。
5. 《解放與改造》(《改造》)。
6. 《京報副刊》。
7. 《每周評論》。
8. 《民國日報》。
9. 《少年中國》。
10. 《時事新報·學燈》。
11. 《文學旬刊》(《文學周報》)。
12. 《五四時期期刊介紹》，三聯書店 1978 年版。
13. 《現代評論》。
14. 《小說月報》。
15. 《新潮》。
16. 《新青年》。
17. 《新月》。
18. 《星期評論》。
19. 《浙江新潮》。
20. 《中國青年》。

B. 著作類

A

1. （奧）F・A・海耶克：《個人主義與經濟秩序》，北京：北京經濟學院出版社 1989 年版。

2. （英）阿倫・布洛克：《西方人文主義傳統》（董樂山譯），北京：生活・讀書・新知三聯書店 1997 年版。

3. （美）埃德加・斯諾：《西行漫記》（董樂山譯），北京：生活・讀書・新知三聯書店 1979 年版。

B

1. （法）布爾迪厄：《文化資本與社會煉金術：布爾迪厄訪談錄》（包亞明譯），上海：上海人民出版社 1997 年版。

2. （法）布爾迪厄：《藝術的法則：文學場的生成和結構》（劉暉譯），北京：中央編譯出版社 2001 年版。

C

1. 蔡元培：《蔡元培全集》，杭州：浙江教育出版社 1998 年版。

2. 曹聚仁：《文壇五十年》，上海：東方出版中心 1996 年版。

3. 陳麥青、楊家潤編：《老復旦的故事》，南京：江蘇文藝出版社 1998 年版。

4. 陳平原、山口守編：《大眾傳媒與現代文學》，北京：新世界出版社 2003 年版。

5. 陳平原、夏曉紅：《觸摸歷史——五四人物與現代中國》，廣州：廣州出版社 1999 年版。

6. 陳平原：《文學的周邊》，北京：新世界出版社 2004 年版。

7. 陳平原：《茱萸集》，瀋陽：春風文藝出版社 2001 年版。

8. 陳萬雄：《五四新文化源流》，北京：生活・讀書・新知三聯書店 1997 年 1 月版。

9. 陳望道：《陳望道文集》，上海：上海人民出版社 1980—1990 年版。

10. 陳孝全、周紹曾：《胡適、劉半農、劉大白、沈尹默詩歌欣賞》，南寧：廣西教育出版社 1989 年版。

11. 程光煒主編：《文人集團與中國現代文學》，北京：人民文學出版社 2005 年版。

D

1. （美）戴維・斯沃茨：《文化與權力：布爾迪厄的社會學》（陶東風譯），上海：上海譯文出版社 2006 年版。

2. 鄧明以：《陳望道傳》，上海：復旦大學出版社 2005 年 5 月第 2 版。

3. 丁帆：《中國鄉土小說史》，北京：北京大學出版社 2007 年版。

F

1. 方漢奇：《報史與報人》，北京：新華出版社 1991 年版。

2. 方漢奇主編：《中國新聞傳播史》，北京：中國人民大學 2002 年版。

3. 馮並：《中國文藝副刊史》，北京：華文出版社 2001 年版。

4. 馮光廉主編：《中國近百年文學體式流變史》，北京：人民文學出版社 1999 年版。

5. 復旦大學百年紀事編纂委員會：《復旦大學百年紀事（1905～2005）第一編》，上海：復旦大學出版社 2005 年版。

6. 復旦大學語言文學研究所編：《陳望道先生誕辰一百週年紀念文集》，上海：學林出版社 1992 年版。

7. 復旦大學語言研究室編：《陳望道文集》，上海：上海人民出版社 1980 年版。

G

1. 高平叔：《蔡元培年譜長編》，北京：人民教育出版社 1996 年版。

2. 高平叔、王世儒編：《蔡元培書信集》，杭州：浙江教育出版社 2000 年版。

H

1. （德）哈貝馬斯：《公共領域的結構轉型》（曹衛東等譯），上海：學林出版社 1997 年版。

2. 侯宜傑：《袁世凱傳》，天津：百花文藝出版社 2003 年版。

3. 胡適：《胡適全集》，合肥：安徽教育出版社 2003 年版。

4. 胡適：《胡適日記全編》（曹伯言整理），合肥：安徽教育出版社 2001 年版。

5. 黃髮有：《媒體製造》，濟南：山東文藝出版社 2005 年版。

J

1. （意）加林：《意大利人文主義》（李玉成譯），北京：生活‧讀書‧新知三聯書店 1998 年版。

2. 蔣夢麟：《西潮‧新潮》，長沙：嶽麓書社 2000 年版。

3. 姜濤：《「新詩集」與中國新詩的發生》，北京：北京大學出版社 2005 年版。

L

1. 李今：《個人主義與五四新文學》，哈爾濱：北方文藝出版社 1992 年版。

2. 李澤厚：《中國現代思想史論》，北京：生活‧讀書‧新知三聯書店 2008 年版。

3. 梁啓超：《梁啓超文集》（陳書良編），北京：燕山出版社 1997 年版。

4. 梁永安主編：《日月光華同燦爛：復旦作家的足迹》，上海：復旦大學出版社 2005 年版。

5. 林毓生：《中國傳統的創造性轉化》，北京：生活‧讀書‧新知三聯書店 1988 年版。

6. 劉大白：《白屋説詩》，北京：中國書店 1983 年版。

7. 劉宏權等主編：《中國百年期刊發刊詞 600 篇》，北京：解放軍出版社 1995 年版。

8. 劉小楓：《拯救與逍遙》，上海：上海三聯書店 2001 年版。

9. 魯迅：《魯迅全集》，北京：人民文學出版社 2005 年版。

N

1. 倪邦文：《自由者尋夢──「現代評論派」綜論》，上海：上海文藝出版社 1997 年版。

2. （英）尼克‧史蒂文森：《認識媒介文化──社會理論與大眾傳播》（王文彬譯），北京：商務印書館 2001 年版。

Q

1. 齊全勝主編：《復旦逸事》，瀋陽：遼海出版社 1998 年版。

2. 錢理群：《周作人傳》，北京：十月文藝出版社 2005 年版。

3. 秦紹德：《上海近代報刊史論》，上海：復旦大學出版社 1993 年版。

S

1. 三聯書店編輯部、美國人文雜誌社編：《人文主義：全盤反思》，北京：生活・讀書・新知三聯書店 2003 年版。

2. 上海魯迅紀念館編：《陳望道先生紀念集》，上海：復旦大學出版社 2006 年版。

3. 邵力子：《邵力子文集》，北京：中華書局 1985 年版。

4. 沈衛威：《「學衡派」譜系》，南昌：江西教育出版社 2007 年版。

5. 沈衛威：《回眸學衡派：文化保守主義的現代命運》，北京：人民文學出版社 1999 年版。

6. （英）史蒂文・盧克斯：《個人主義》（閻克文譯），南京：江蘇人民出版社 2001 年版。

7. 宋原放主編：《中國出版史料・現代部分》，山東教育出版社 2001 年版。

8. 蘇雪林：《蘇雪林文集》，合肥：安徽文藝出版社 1996 年版。

T

1. （美）唐德剛：《史學與文學》，上海：華東師範大學出版社 1999 年版。

2. 唐弢：《晦庵書話》，北京：生活・讀書・新知三聯書店 1980 年版。

W

1. 王彬彬：《風高放火與振翅灑水》，北京：人民文學出版社 2004 年版。

2. 汪暉、陳燕谷主編：《文化與公共性》，北京：生活・讀書・新知三聯書店 2005 年版。

3. 汪暉：《跨世紀學人文存：汪暉自選集》，桂林：廣西師範大學出版社 1997 年版。

4. 汪靜之：《蕙的風》，北京：人民文學出版社 1957 年版。

5. 王寧編：《易卜生與現代性：西方與中國》，天津：百花文藝出版社 2000 年 3 月第 1 版。

6. 王文彬：《中國報紙的副刊》，北京：中國文史出版社 1988 年 6 月版。

7. 王躍：《變遷中的心態——五四時期社會心理變遷》，長沙：湖南教育出版社 2000 年版。

8. 吳忠傑：《復旦往事》，桂林：廣西師範大學出版社 2005 年版。

X

1. 蕭斌如編：《劉大白研究資料》，天津：天津人民出版社 1986 年版。

2. 徐有成、柳浪編著：《復旦經緯：百年掌故及其他》，上海：上海人民出版社 2005 年版。

3. 許紀霖編：《二十世紀中國思想史論》（上、下），上海：東方出版中心 2000 年版。

4. 許志英、倪婷婷：《五四：人的文學》，南京：南京大學出版社 1992 年 10 月版。

5. 許志英、鄔恬：《中國現代文學主潮》，福州：福建教育出版社 2001 年版。

6. 薛明揚、楊家潤主編：《復旦雜憶》，上海：復旦大學出版社 2005 年版。

Y

1. 嚴如平、宗志文主編：《中華民國史料從稿：民國人物傳》（第九卷），北京：中華書局 1997 年版。

2. 楊揚：《文學的年輪》，石家莊：花山文藝出版社 2002 年版。

3. 楊義：《中國新文學圖志》，北京：人民文學出版社 1998 年版。

4. 楊義主編：《中國新文學圖志》，北京：人民出版社 1998 年版。

5. 葉楚傖：《葉楚傖詩文集》（葉元編），上海：上海三聯書店 1988 年版。

6. 葉楚傖：《葉楚傖先生文集》，中國國民黨中央委員會黨史委員會編輯出版，1983 年版。

7. 應國靖：《文壇邊緣》，上海：學林出版社 1987 年版。

8. 應國靖：《現代文學期刊漫話》，廣州：花城出版社 1986 年版。

Z

1. 曾健戎、劉耀華編：《中國現代文壇筆名錄》，重慶：重慶出版社 1986 年版。

2. 張光芒：《啓蒙論》，上海：三聯書店上海分店 2002 年版。

3. 張靜廬：《中國現代出版史料》，北京：中華書局 1959 年版。

4. 張全之：《火與歌——中國現代文學、文人與戰爭》，北京：新星出版社 2006 年版。

5. 張耀傑：《歷史背後：政學兩界的人和事》，桂林：廣西師範大學出版社 2006 年版。

6. 趙家璧：《編輯憶舊》，北京：三聯書店 1984 年版。

7. 趙家璧：《文壇故舊錄》，北京：三聯書店 1991 年版。

8. 趙家璧等：《編輯生涯憶魯迅》，石家莊：河北教育出版社 2001 年版。

9. 邱庭閣：《「人」與「文」的雙重關懷——二十年代〈晨報副刊〉研究》（復旦大學博士論文）。

10. 中共浙江省委黨史資料征集研究委員會、中共杭州市委黨史資料征集研究委員會編：《浙江一師風潮》，杭州：浙江大學出版社 1990 年版。

11. 中國第二歷史檔案館編：《中華民國檔案史料彙編（第三輯 文化)》，南京：江蘇古籍出版社 1987 年版。

12. 中國人民政治協商會議全國委員會、文史資料研究委員會辦公室編：《和平老人邵力子》，北京：文史資料出版社 1985 年版。

13. 中國人民政治協商會議上海市委員會文史資料委員會編：《上海文史資料選輯第七十九輯：葉楚傖紀念集》，上海：上海市政協文史資料編輯部 1996 年版。

14. 中國社會科學院近代史研究所編：《五四運動回憶錄》，北京：中國社會科學出版社 1979 年版。

15. 中華文化復興運動推行委員會編：《中國近代史論集 22：新文化運動》，臺北：臺灣商務印書館 1986 年版。

16. 鍾桂松：《沈澤民傳》，北京：中央文獻出版社 2003 年版。

17. （美）周策縱：《五四運動史》，長沙：嶽麓書社 1999 年版。

18. 周海波、楊慶東：《傳媒與現代文學之間》，北京：中國社會科學出版社 2004 版。

19. 周維強：《太白之風：陳望道傳》，浙江人民出版社 2006 年版。

20. 朱順佐：《邵力子》，石家莊：花山文藝出版社 1997 年版。

21. 朱順佐：《邵力子傳》，杭州：浙江大學出版社 1988 年版。

C. 論文類

1. 常青：《民國初年關於中國加入國際版權同盟問題的論爭》，載《河南大學學報》（社會科學版）2000 年第 2 期。

2. 陳望道：《關於上海馬克思主義研究會活動的回憶》，載《復旦學報》1980 年第 3 期。

3. 丁曉原：《從新文體到「隨感錄」》，載《中國現代文學研究叢刊》2006 年第 1 期。

4. 雷世文：《現代報紙文藝副刊的原生態文學史圖景》，載《中國現代文學研究叢刊》2003 年第 1 期。

5. 李光榮：《社團與中國現代文學》，載《學術探索》2001 年第 4 期。

6. 李憲瑜:《「公共論壇」與「自己的園地」──〈新青年〉「通信」欄》,載《中國現代文學研究叢刊》2002 年第 3 期。

7. 劉增人:《現代文學期刊的景觀與歷史研究反顧》,載《中國現代文學研究叢刊》2005 年第 6 期。

8. 羅志田:《外來主義與中國國情:「問題與主義」之爭再認識之三》,載《南京大學學報》(人文社會科學版)2005 年第 2 期。

9. 駱寒超、陳玉蘭:《論新詩的本體規範與秩序建設》,載《浙江旅遊職業技術學院學報》2006 年第 4 期。

10. 裴毅然:《蔡元培的「決鬥」》,載《書屋》2005 年第 3 期。

11. 錢益民:《復旦中國文學科的開拓者──邵力子》,載《復旦學報》2004 年第 2 期。

12. 沈衛威:《《大公報‧文學副刊〉與新文學姻緣》,載《山東師範大學學報》(人文科學版)2005 年第 2 期。

13. 石中晨:《戴望舒詩歌創作轉向論》,載《學術探索》2007 年第 2 期。

14. 孫玉石:《報紙文藝副刊與現代文學研究關係之隨想》,載《河南大學學報》(哲學社會科學版),2005 年第 1 期。

15. 王本朝:《文學傳播與中國現代文學》,載《貴州社會科學》2004 年第 1 期。

16. 王彬彬:《知識分子與人力車夫──從一個角度看五四新文化陣營的分化》,載《鍾山》2003 年第 5 期。

17. 王燁:《文學研究會與初期革命文學的倡導》,載《廈門大學學報》(哲學社會科學版),2006 年第 3 期。

18. 瘂弦:《蛹與蝶之間──過渡期的白話詩人劉大白》,載 1974 年 6 月《創世紀》第 36 期。

19. 鄭大華:《「五四」時期的思想文化鬥爭──以泰戈爾訪華爲中心》,載 2004 年 6 月 8 日《光明日報》「史學版」。

20. 鍾揚、郭春萍:《從「隨感錄」到「魯迅風」──陳獨秀與中國現代雜文》,載《江淮論壇》2004 年第 6 期。

21. 朱壽桐:《〈學燈〉與新文藝建設》,載《新文學史料》2005 年第 3 期。

22. 莊錫華:《五四新文學的文化淵源與學理反思》,載《文學評論》2006 年第 2 期。

後　記

　　四年前，我的第一本書出版，我在後記中寫道：這是我的第一本書，我想將它獻給天國中的父親……雖然遺憾父親的早逝，但那時我博士畢業後剛參加工作，母親身體還很健朗，一頁新的生活展開，未來彷彿充滿了希望。而此刻，當我整理眼前這本書稿的時候，母親作古也已快四年了。2010 年 5 月，母親查出癌症，短短四十天後就離開了我們。子欲養而親不待，母親的猝然離世，給我們留下了無盡的傷痛和遺憾。我曾經想過很多有關未來的圖景，母親半生劬勞，可以說沒過過什麼舒心的日子，將來我一定盡力讓她有個幸福的晚年。可是眼見苦盡甘來，她的生命卻猝然終止，我再也沒有機會去實現願望、反哺母親給我的愛了。

　　母親是一個普通的農村婦女。1954 年，舊曆的甲午年，她來到這個世界，到 2010 年離開，她在這世上總共停留了 56 年。和千千萬萬的普通人一樣，她的到來和離開，如同大海裏滴進或失去了一滴水，不會留下任何痕迹，也沒有人會注意到這前後的變化，只除了她的親人和兒女們。可就是這樣一個普通人，她的命運同半個多世紀以來發生在這片土地上的苦難和酸辛緊緊捆綁在了一起：「大躍進」與「人民公社化運動」的烏托邦實驗、「三年自然災害」的飢餓記憶、「文化大革命」的混亂與癲狂，以及「改革開放」以來農村所發生的點滴變化……都成了她個體成長記憶的重要組成部分。當然，說來也很平常，她的同齡人，只要沒在飢餓年代或運動中死去，都經歷了這些。可是，她所經歷的許多苦難又是絕大部分同齡人所沒有經歷過的，這是屬於個人的悲劇。比如幼年喪父、中年喪夫，比如喪夫後還要苦苦支撐整個家庭，贍養老人、撫養兒女……許多相識的人在母親故去之後都概歎：她這一生不容易。這一句「不容易」裏其實有著豐富的內涵，既指她這一生命運悲苦、常被憂患包圍，又對她暗暗欽佩、心存敬意。不說別的，在中國北方的農村，

一個文化水平不高、沒有什麼謀生之道的婦女，在丈夫去世之後僅憑一己之力供一雙兒女讀完大學就不多見──而且兩個孩子幾乎是同時上的大學！後來堂兄曾鄭重地跟我說，別說一個婦女，就是許多男人也做不到，就衝這一點，你的母親很偉大！

是的，我的母親很偉大。沒有她，我和姐姐讀完大學是不可想像的。天知道那些年她為支撐家庭、為籌措我們的學費和生活費承受了多少艱難！而當艱難的日子最終過去，我也最終完成學業，開始工作並能稍稍分擔一些家庭負擔的時候，母親卻遽然走了。這實在讓我難以面對。後來，有一次，我獨自在街頭，聽路邊商店的音箱中飄出汪峰的歌聲：「每當我在路上停下腳步，望著天空我都會看到你。每當我從荒蕪的夢中驚醒，流著眼淚我都能感覺到你。我思念的母親……」那一刻，我立即忍不住淚流滿面。母親走了，這一走就是永遠。如今，就讓我把這本小書，奉獻在母親靈前，感謝她這一世的養育之恩，也感謝她為我們所承受的種種委屈與酸辛！

這本書是在我的博士論文基礎上修改而成的，沒有母親的支持，我不可能完成學業。而多年來，業師沈衛威先生一直關心著我的學業和生活，這本書裏同樣凝聚著沈老師的大量心血。在師門七年，從他那裡所獲得的實在遠不止是思想和學問。現在又經他促成，將本書列入「民國文化與文學研究論叢」出版，沈老師的關懷和教誨，絕非一個謝字所能表達。而本書的最終出版也應感謝李怡教授和楊嘉樂先生所付出的辛勞，儘管為人做嫁衣，他們卻認真細緻，令人感佩。當然，一路走來，應當感謝的師友還有很多，在此我沒法一一列出他們的名字，但心中時刻銘記。感謝南京大學我的老師們，南大六年，受益終生；感謝山東大學文學院中國現當代文學研究所的老師和同事們，在這樣一個和諧的團隊中工作，我倍感幸運；當然也該感謝我的親人們，自母親去世後，連遭變故，一度心灰意冷，家中諸親對我倍加關懷，姐姐、姐夫以及妻子李暘覓和岳父母更是處處體貼照顧，重新給我帶來家的溫暖，使我能夠安定地讀書、寫作。沒有他們的付出，我也不能從容地修訂書稿並將之付梓。

本書還得到「教育部人文社會科學研究青年基金項目（12YJC751068）」的立項支持，在此一併申謝。

史建國

2014 年 3 月於濟南